RÉPUBLIQUE FRANÇAISE

DOCUMENTS RELATIFS À LA GUERRE
1914-1915-1916

RAPPORTS
ET
PROCÈS-VERBAUX D'ENQUÊTE
DE LA COMMISSION
INSTITUÉE
EN VUE DE CONSTATER LES ACTES COMMIS
PAR L'ENNEMI
EN VIOLATION DU DROIT DES GENS
(DÉCRET DU 23 SEPTEMBRE 1914)

III-IV

PARIS
IMPRIMERIE NATIONALE

MDCCCCXVI

DOCUMENTS RELATIFS À LA GUERRE

1914-1915-1916

COMMISSION

INSTITUÉE

EN VUE DE CONSTATER LES ACTES COMMIS

PAR L'ENNEMI

EN VIOLATION DU DROIT DES GENS

RAPPORTS

ET

PROCÈS-VERBAUX D'ENQUÊTE

III-IV

RÉPUBLIQUE FRANÇAISE

DOCUMENTS RELATIFS À LA GUERRE

1914-1915-1916

RAPPORTS

ET

PROCÈS-VERBAUX D'ENQUÊTE

DE LA COMMISSION

INSTITUÉE

EN VUE DE CONSTATER LES ACTES COMMIS

PAR L'ENNEMI

EN VIOLATION DU DROIT DES GENS

(DÉCRET DU 23 SEPTEMBRE 1914)

III-IV

PARIS

IMPRIMERIE NATIONALE

MDCCCCXVI

RAPPORTS

PRÉSENTÉS PAR LA COMMISSION

À M. LE PRÉSIDENT DU CONSEIL

(1er MAI 1915 ET 6 MAI 1915)

RAPPORT

PRÉSENTÉ

À M. LE PRÉSIDENT DU CONSEIL

PAR LA COMMISSION

INSTITUÉE

EN VUE DE CONSTATER LES ACTES COMMIS

PAR L'ENNEMI

EN VIOLATION DU DROIT DES GENS

(DÉCRET DU 23 SEPTEMBRE 1914.)

MM. Georges Payelle, *Premier Président de la Cour des Comptes; Armand* Mollard, *Ministre plénipotentiaire; Georges* Maringer, *Conseiller d'État, et Edmond* Paillot, *Conseiller à la Cour de Cassation, à M.* le Président du Conseil des Ministres.

Monsieur le Président du Conseil,

Les rapports que nous avons eu l'honneur de vous adresser jusqu'à présent relataient presque exclusivement des violations du droit des gens commises à l'égard de la population civile. Aujourd'hui, nous fondant à la fois sur des dépositions qui nous ont été faites et sur des témoignages reçus par des magistrats dans toutes les régions de la France où des blessés ont été transportés, nous sommes en mesure de vous renseigner plus complètement sur les actes de déloyauté ou de barbarie dont les combattants ainsi que le personnel médical attaché à nos armées ont été victimes de la part de l'ennemi.

I. — PRISONNIERS CIVILS OU MILITAIRES PLACÉS DEVANT LES TROUPES ENNEMIES.

A de nombreuses reprises, les Allemands se sont servis de prisonniers militaires ou civils comme de boucliers pour se protéger contre le feu des troupes françaises. Nous vous avons déjà signalé des procédés de cette nature employés à Courtacon (Seine-et-Marne), à Senlis, à Néry (Oise) (1) et à Combres (Meuse) (2). Ce n'étaient pas là des actes exceptionnels.

Le 24 août, près du bourg de Maulde (Nord), le sous-lieutenant de Gueydon, du 14e hussards, a vu une troupe allemande arriver sur son peloton en se faisant précéder par des femmes et des enfants qui poussaient des cris de terreur (3).

---

(1) V. Rapports et Procès-verbaux d'enquête de la Commission : I, pages 11, 37, 57, 184, 185. — (2) V. Rapports et Procès-verbaux d'enquête de la Commission, II pages 11, 27, 67. — (3) V. *infra*, Procès-verbaux d'enquête et Documents divers : n° 1.

Le 25 du même mois, pendant une retraite, entre Clairfayts et Sivry (Belgique), une arrière-garde du 34e régiment d'infanterie constata qu'une patrouille de douze uhlans s'avançait derrière une quinzaine de civils, de femmes, de jeunes filles et trois ou quatre enfants de huit à dix ans. Pris de flanc par le tir des Français, ces cavaliers s'enfuirent en abandonnant leurs prisonniers, dont aucun d'ailleurs ne fut blessé (1).

Le 27 août, le lieutenant Nazat, du 20e régiment d'infanterie, placé avec sa section dans un faubourg de Mouzon (Ardennes) pour garder les ruines d'un pont écroulé, vit trois ou quatre Allemands qui rasaient les murs en poussant devant eux des civils.

Un nouveau groupe ennemi tenta, quelques instants après, de traverser la rue; mais il en fut empêché par le feu des Français et subit d'assez grosses pertes. Les Allemands placèrent alors devant leurs rangs, sur toute la largeur de la voie publique, une douzaine d'habitants parmi lesquels se trouvaient un prêtre et un jeune homme de quinze à dix-sept ans. « Nous étions si près, a dit l'officier dans sa déposition, que je conserverai le triste souvenir de l'attitude résignée de ces pauvres gens marchant à la mort. »

Derrière ces prisonniers, l'ennemi tirait sur le détachement français. Le lieutenant Nazat vit ainsi son capitaine et plusieurs de ses hommes tomber auprès de lui.

Le tir de nos soldats, qui avait cessé à l'apparition des habitants, fut repris quand, à un certain moment, ceux-ci parvinrent à se grouper sur l'un des côtés de la rue; mais les Allemands, furieux de voir l'insuccès de leur procédé infâme, dirigèrent aussitôt leur fusillade vers les hommes dont ils venaient de se faire des boucliers. Plusieurs personnes roulèrent à terre. Elles purent toutefois se relever et se réfugier dans les maisons (2).

Pendant la nuit du 7 au 8 septembre, des hussards de la mort ont enfermé avec eux, dans le château de la famille Chazal, à Saint-Ouen-sur-Morin, tous les habitants du village et, pour éviter d'être bombardés, ont fait prévenir les Anglais des dispositions qu'ils venaient de prendre (3).

Du 24 au 28, entre Roye et Albert, le caporal Lenoir, du 317e régiment d'infanterie, s'est aperçu que l'ennemi tirait sur nos tranchées en s'abritant derrière des femmes, des enfants et des vieillards (4).

Le 29, M. Monterastelli, sujet italien, en dernier lieu chef mineur à Courrières, a été arrêté sans motif, dans cette localité, par des Allemands qui lui ont enlevé tout ce qu'il possédait, notamment sa bicyclette et une somme de cent six francs. Ils l'ont ensuite conduit en automobile sur la ligne de feu, où ils l'ont contraint à travailler à leurs tranchées pendant plusieurs jours. Dans la soirée du 4 octobre, au cours d'un combat, il a vu les soldats allemands forcer un groupe d'une dizaine de personnes, composé de femmes et d'enfants, à se tenir debout en face des Français, et tirer à genoux derrière ces malheureux. Ce fait s'est passé non loin du village de Tilloy (Pas-de-Calais) (5).

Dans la nuit du 25 au 26 septembre, une cinquantaine d'hommes du 68e régiment

---

(1) V. *infra*, Procès-verbaux d'enquête et Documents divers : nos 2 et 3; — (2) n° 4; — (3) n° 5; — (4) n° 6; — (5) n° 7.

d'infanterie, qui venaient d'être faits prisonniers, ont été employés par les Allemands à creuser une tranchée. Le lendemain, l'ennemi a prononcé contre nos troupes une attaque en se faisant précéder par ces hommes, disposés en colonne par quatre, encadrés de fantassins, et suivis par une ligne de tirailleurs. Le sous-lieutenant Terrier affirme avoir vu les Allemands, revolver au poing et fusil sous le bras, faire marcher ces prisonniers, en tirant des coups de feu pour forcer leur obéissance. Ces incidents sont relatés dans un rapport signé par un chef de bataillon français, trois autres officiers, un adjudant et un caporal. Ce dernier, qui avait été pris avec ses camarades, était parvenu à s'échapper (1).

Le 10 novembre, à l'ouest de Dixmude, les Allemands ont placé devant eux, en s'avançant vers nos lignes, une quarantaine de fusiliers marins désarmés et prisonniers. Plusieurs de ces hommes ont été massacrés. Quelques-uns, qui avaient tenté de se sauver en traversant l'Yser à la nage, ont essuyé les coups de fusil de l'ennemi et ont bientôt disparu sous l'eau (2).

II. — EMPLOI DE PROJECTILES ET D'ARMES INTERDITS PAR LES CONVENTIONS INTERNATIONALES.

Nous considérons comme surabondamment établi que les soldats allemands se servent fréquemment, dans les combats, de balles munies d'un dispositif destiné à rendre les blessures qu'elles font plus cruelles et plus dangereuses (3). Un procédé courant chez eux consiste à retourner le projectile dans la cartouche, c'est-à-dire à le placer la pointe en bas, de telle sorte que le culot se trouve à la hauteur du bord supérieur de la douille (4). Souvent aussi, la partie pointue de la balle est coupée, aplatie ou évidée. Des cartouches, dont les projectiles sont ainsi préparés, sont fabriquées industriellement à l'usage du revolver et sont renfermées dans des boîtes portant sur une étiquette la marque : « Parabellum » (5).

D'autres balles sont fendues longitudinalement en quatre, depuis la pointe jusqu'au quart de la longueur (6). Il en résulte que, quand le projectile a pénétré dans les chairs, l'enveloppe s'écarte en formant une étoile à quatre pointes. Il existe aussi des balles sur lesquelles les fentes sont placées à la partie médiane, et par suite de cette disposition, l'écrasement du lingot produit des renflements symétriques ayant chacun la forme de la moitié d'un anneau.

De tels projectiles, incontestablement préparés par des moyens mécaniques, ont été trouvés dans un grand nombre de cartouches allemandes, et, très souvent, on a constaté que, dans les chargeurs, la cartouche du milieu était munie d'une balle dum-dum (7). Nous en avons vu nous-mêmes plusieurs spécimens. A Sézanne, notamment, on nous a remis une cartouche portant une balle dont l'enveloppe ne recouvrait que la partie inférieure, et, par conséquent, disposée de telle manière que l'extrémité supérieure du lingot de plomb devait, en rencontrant un corps dur, se

---

(1) V. *infra*, Procès-verbaux et Documents : n° 8 ; — (2) n°s 9 à 14. D'autres faits de même nature sont établis par les pièces n°s 15 à 17, ou signalés accessoirement dans les pièces n°s 152 et 225 ; — (3) Le Ministère de la Guerre possède même à cet égard des documents de source allemande qui constituent de véritables aveux. On en trouvera un spécimen au n° 32 ; — (4) V. *infra*, n°s 18, 19, 21 ; — (5) n°s 20 à 23, et 25 ; — (6) n°s 24, 26, 27 ; — (7) n°s 28, 31.

rabattre sur la gaine et s'aplatir en forme de champignon. Cet engin avait été trouvé après la bataille, dans une tranchée allemande, près de Soizy-aux-Bois (1).

Beaucoup de médecins français ont eu l'occasion de constater sur nos soldats des blessures terribles produites par les uns ou les autres des projectiles que nous venons de décrire. Les témoignages sur ce point sont innombrables, et une grande quantité de photographies les corroborent d'une manière saisissante. Celles, par exemple, des plaies faites au soldat Oger, hospitalisé à Fontenay-le-Comte(2), et aux soldats Mercier et Hélard, soignés à Perpignan(3), sont tout à fait démonstratives. Sur la face dorsale de la main droite du dernier, l'orifice de sortie forme une étoile à quatre rayons, reproduisant avec une netteté parfaite la forme que doit affecter, après l'écartement des pointes, la balle fendue à l'extrémité.

Nous vous signalons aussi qu'un certain nombre de militaires allemands sont armés de baïonnettes dont le dos est garni d'encoches en dents de scie, depuis la poignée jusqu'aux deux tiers environ de la longueur de la lame. Quel que soit l'usage spécial auquel ces baïonnettes peuvent être destinées, il est incontestable que les soldats les utilisent pour combattre et qu'elles sont de nature à causer des blessures horribles (4).

III. — MASSACRES DE PRISONNIERS ET DE BLESSÉS.

Si nos ennemis ne se font aucun scrupule de se servir de moyens si manifestement contraires au droit des gens et aux conventions internationales, ils ne craignent pas davantage d'exercer les cruautés les plus barbares et les plus inutiles sur les blessés et les prisonniers.

Un de leurs chefs, le général Stenger, commandant la 58e brigade, n'a pas eu honte, dans un ordre dont le Ministère de la Guerre nous a fait connaître la teneur, de prescrire à ses soldats le massacre d'adversaires déjà mis dans l'impossibilité de se défendre.

Par cet ordre, donné le 26 août 1914, vers quatre heures du soir, notamment par le lieutenant Stoy, qui conduisait la 7e compagnie du 112e régiment d'infanterie, à Thiaville, à l'entrée du bois de Sainte-Barbe, il a été prescrit qu'à dater de ce jour, il ne fût plus fait de prisonniers; que les blessés, armés ou sans défense, fussent exécutés, et que les prisonniers, même en grandes formations compactes, fussent passés par les armes. Aucun ennemi vivant ne devait rester derrière la troupe (5).

Chargé de procéder à une enquête au sujet de cet ordre infâme et des circonstances dans lesquelles il avait pu être donné, M. Picard, commissaire de police mobile, attaché au contrôle général du service des recherches judiciaires, a interrogé un grand nombre de prisonniers allemands appartenant aux 112e et 142e régiments. Il résulte de leurs déclarations que les instructions du général Stenger ont été, le 26 août, près de Thiaville, transmises dans les rangs et répétées d'homme à homme. Aussitôt après la communication qui en a été faite par les officiers, entre autres par

---

(1) V. *infra*, Procès-verbaux et Documents : nos 29, 30. — (2) nos 33, 34; — (3) nos 35 à 37. D'autres faits de même nature sont établis par les pièces nos 38 à 46; et dans les pièces nos 52, 88, 105, 182, 194, 200, 257, 258, on trouvera encore mention de projectiles des divers types décrits ci-dessus. — (4) V. *infra*, nos 47 à 52; 241, 242, 257; — (5) no 53.

le commandant Muller et par le capitaine Crutius, tous deux du 112e, plusieurs blessés français ont été tués à coups de fusil (1). Ces massacres sont relatés dans le carnet trouvé sur le soldat Rothacher, de la 7e compagnie du 142e d'infanterie allemand, avec l'indication qu'ils ont été exécutés par ordre de la brigade (2).

Nous avons recueilli nous-mêmes des dépositions importantes, établissant d'une façon indiscutable la sauvagerie dont les soldats allemands et certains de leurs officiers font preuve à l'égard des blessés. Dans notre rapport du 17 décembre, nous en avons déjà relaté quelques-unes (3); la suite de notre enquête nous a permis d'établir, en outre, les faits suivants.

Le 22 août, après la bataille d'Ethe (Belgique), un poste de secours fut installé à Gomery par le docteur Sédillot, à l'extrémité de l'agglomération, dans une maison sur chaque côté de laquelle avaient été arborés des pavillons de la Croix-Rouge. On répartit un grand nombre de blessés dans cette maison, ainsi que dans une grange y attenant et dans plusieurs bâtiments voisins.

Le lendemain, vers onze heures du matin, le village fut envahi par une troupe allemande, et un lieutenant accompagné d'environ vingt-cinq hommes se présenta au poste Sédillot. Il le visita entièrement, puis se retira après avoir déclaré que « tout était correct », tandis qu'un sous-officier et un certain nombre de soldats restaient à proximité dans la rue. Ceux-ci paraissaient très surexcités. Ils vociféraient des menaces, en faisant le geste de couper le cou, et ne cessaient de crier : « Es ist der Krieg des Tods (C'est la guerre de la mort); Kugel in Kopf! (une balle dans la tête) ».

Le docteur, qui, par mesure de prudence, avait fait rentrer tout son personnel, venait de donner des soins au lieutenant-interprète Deschars, quand il vit un sous-officier ennemi et quelques hommes faire irruption dans la chambre où il se trouvait auprès de ce blessé, avec le médecin auxiliaire Vayssière, un étudiant en médecine et un ou deux infirmiers. Le sous-officier ordonna à tous les Français présents de sortir, en leur déclarant qu'ils allaient être fusillés. M. Sédillot tenta de lui expliquer qu'il n'y avait là que des médecins et des blessés, et lui demanda de faire venir le lieutenant dont il avait déjà reçu la visite; mais l'Allemand, le visant immédiatement à la tête avec un revolver français dont il était muni, lui tira un coup de cette arme, que l'aide-major put heureusement faire dévier par un geste instinctif, grâce auquel il ne fut atteint qu'à l'épaule. En même temps, l'agresseur criait à ses soldats : « Feuer! Feuer! » et des coups de feu éclataient de toutes parts. Atteint à nouveau de deux balles, l'une à la cuisse droite, l'autre au bras gauche, le docteur Sédillot tombait dans l'entrebâillement d'une porte et était tiré dans la pièce voisine par un de ses infirmiers, tandis que le sous-officier brûlait la cervelle au lieutenant Deschars. Alors se produisit une scène de carnage abominable. Le médecin auxiliaire Vayssière et l'infirmier Bourgis s'étant couchés pour éviter la mort, un soldat s'approcha d'eux, tua M. Vayssière d'un coup de fusil, puis, mettant le canon de son arme sur la poitrine de Bourgis, envoya successivement à ce dernier deux balles, qui glissèrent sur les côtes et ne produisirent que des blessures en séton. Les Allemands incendièrent

(1) V. *infra*, Procès-verbaux et Documents : n°s 54 à 69 — (2) n° 70. Le fait a encore été confirmé par le carnet du réserviste Brenneisen et l'interrogatoire d'un sous-officier badois prisonnier : n°s 71 et 72.
(3) V. Rapports et Procès-verbaux d'enquête de la Commission : I, pages 43 à 45, 218 à 221.

ensuite la maison, et le soldat qui avait tué M. Vayssière et blessé l'infirmier jeta sur le dos de chacun de ceux-ci une poignée de paille enflammée.

Quelques instants après, quand les meurtriers se furent retirés, Bourgis put se débarrasser de la paille qui consumait ses vêtements et sauter, par une fenêtre, dans le jardin. Au bout de vingt minutes, trois Allemands, l'ayant découvert dans une planche de choux où il s'était caché, l'obligèrent à se relever, en lui faisant sentir la pointe de leurs baïonnettes, et le contraignirent à traverser une grange en flammes dans laquelle soixante ou quatre-vingts blessés en train de brûler poussaient des cris affreux. Aux deux portes de la grange, des sentinelles tiraient sur ceux qui essayaient de se sauver. De la chambre dans laquelle il était étendu, le docteur Sédillot, par des fenêtres basses, voyait tomber ces malheureux. Il entendait des bruits de course éperdue, des cris d'effroi et des appels désespérés, tandis que les Allemands criaient avec fureur : « Noch einer! Noch einer! » (Encore un! Encore un!)

Comme le feu qui dévorait la grange avait gagné la maison, l'aide-major se traîna sur le plancher et c'est alors qu'il aperçut, à travers la fumée, les ennemis fouillant les morts et achevant les victimes qui respiraient encore. Il put, en s'aidant des mains et des dents, monter par une échelle dans un faux grenier, où il eut la chance de découvrir une petite ouverture à travers laquelle il lui fut possible de respirer. Par ce trou, il vit les Allemands s'éloigner et plusieurs de ses camarades sauter du premier étage de la maison principale, notamment le docteur de Charette, qui était blessé, et le lieutenant du cadre de Saint-Cyr Jeannin, qu'il avait amputé d'un pied dans la matinée. Ce dernier, en se précipitant, perdit son pansement, et son moignon pénétra dans la terre. Tous les blessés qui restèrent dans la maison furent brûlés; M. Sédillot, qui entendait leurs cris et qui se voyait sur le point de partager leur sort, sauta enfin à son tour dans le jardin. Dans sa chute, il se brisa le péroné droit. Après être resté jusqu'à la nuit, avec ses compagnons, au milieu des choux, il put regagner les ruines de la maison et se mettre à l'abri dans la cave, où il retrouva un certain nombre de ses hommes.

Pendant ce temps, les blessés qui étaient parvenus à sortir avaient été bientôt rejoints, et on les avait conduits au pied du mur du cimetière pour les fusiller. C'est là que Bourgis, lui aussi, fut amené. Quand il y arriva, les Allemands commençaient à massacrer un premier groupe de prisonniers. Il fut placé dans le second, qui comprenait une douzaine d'hommes. A l'instant où, sur l'ordre d'un sous-officier, le peloton d'exécution faisait feu, il se laissa tomber à terre, bien qu'il n'eût pas été atteint. Une demi-heure plus tard, deux soldats moins féroces que les autres le relevèrent, et il demeura prisonnier.

Le 24, le docteur Sédillot, en sortant de la cave, trouva, dans le jardin et dans la rue, une grande quantité de cadavres. C'étaient ceux de ses blessés. Il en reconnut plusieurs, notamment un qui était en chemise avec une gouttière à chaque jambe. Il fut alors arrêté par des hommes qui n'appartenaient pas au même régiment que les massacreurs et conduit au cimetière, où il fut mis en présence d'un grand nombre de corps alignés le long du mur. Bientôt, quatre Français blessés, le docteur de Charette et trois soldats qui étaient accusés d'avoir tiré, furent amenés auprès de lui. Tous jurèrent que cette accusation était fausse, et l'un des soldats montra ses deux bras cassés, prouvant ainsi l'impossibilité dans laquelle il était de se livrer au moindre acte d'agression. Un capitaine n'en ordonna pas moins l'exécution des quatre prisonniers. Elle eut lieu sur la route, à trente mètres du docteur Sédillot. Avant d'être fusillé, M. de Charette pria l'officier qui venait de le condamner à mort de faire parvenir à sa famille son portefeuille, qu'il lui remit.

Après ces terribles événements, l'aide-major Sédillot a été soigné successivement dans deux hôpitaux, puis transféré à Ingolstadt, où il a été retenu du 16 septembre au 21 mars et traité comme un prisonnier de droit commun.

Quand, après le rapatriement de plusieurs infirmiers, des journaux français ont publié des récits relatifs aux atrocités qui avaient été commises à Gomery, il a été appelé à la Kommandantur et a subi un interrogatoire devant un lieutenant attaché au conseil de guerre. Celui-ci a cherché à l'intimider, l'a menacé de cellule et de prison, et lui a notifié qu'il risquait de cinq à dix ans de forteresse si une seule de ses déclarations se trouvait contredite par quelque autre témoin. M. Sédillot a cru devoir se montrer extrêmement prudent et invoquer un prétendu obscurcissement de sa mémoire. Encore le procès-verbal constatant sa déposition a-t-il été rédigé d'une façon tellement tendancieuse que le docteur n'a cru devoir le signer que le lendemain, après l'avoir fait rectifier.

Selon les souvenirs de Bourgis, les massacres de Gomery auraient été commis par des hommes du 47e régiment d'infanterie. Le docteur Sédillot croit, sans cependant pouvoir l'affirmer, que les soldats allemands qui ont assassiné ses camarades et ses blessés appartenaient au 6e régiment, tandis que ceux qui l'ont fait prisonnier et ont fusillé M. de Charette faisaient partie du 47e. Ce qui est certain, en tout cas, c'est que cent ou cent vingt blessés ont péri sous les balles ou dans les flammes (1).

Le 3 ou le 4 septembre, des ennemis pénétrèrent chez M. Varloquet, garde particulier à Fontaine-les-Corps-Nuds (Oise), et, après lui avoir demandé s'il ne cachait pas de soldats français, lui déclarèrent en avoir trouvé un dans une maison voisine; au bout de quelques instants, en effet, le garde vit passer un sergent d'infanterie escorté de plusieurs Allemands. Arrivé devant un mur, à la sortie du village, le groupe s'arrêta; un officier adressa quelques mots au prisonnier et lui tira un coup de revolver dans la tempe gauche. Deux jours après le meurtre, des Allemands redressèrent le cadavre contre le mur et défilèrent devant lui en chantant.

La victime a pu être identifiée, grâce à quelques lettres portant son adresse, qui étaient tombées de son sac : c'était le sergent réserviste Paul Mayer, du 354e régiment d'infanterie (2).

Le 4 septembre, à Maixe (Meurthe-et-Moselle), le soldat de 1re classe Berjat, du 156e, fut atteint par six balles. Il était étendu sur le champ de bataille, après le combat, quand une patrouille du 3e régiment d'infanterie bavarois, occupée à retourner les morts, s'approcha de lui. Les hommes qui la composaient semblèrent se concerter; puis l'un d'eux, s'étant porté à quatre ou cinq pas du blessé, lui tira un coup de fusil à la tête. La balle entra au-dessous de l'œil droit et sortit sous le menton, après avoir fracassé la bouche et fait à l'infortuné une blessure horrible qui l'a complète-

(1) V. *infra*, Procès-verbaux et Documents : n°s 73 à 76, et 236 *in fine*; — (2) n° 77.

ment défiguré. Les déclarations de Berjat sont absolument confirmées par les constatations des professeurs Quénu et Terrien, de la Faculté de médecine de Paris, et par les docteurs Chevalier, Neuvy et Mawas (1).

Le 6 septembre, vers six heures du soir, le capitaine Maussion, du 35e de ligne, fut blessé à la cuisse, près de Bouillancy (Oise), à un moment où son régiment était obligé de se replier. Le lendemain, on le retrouva mort, portant au front une blessure faite par une balle. Le coup avait été tiré à bout portant, car le drap du képi était brûlé. On a constaté en outre que le cadavre avait été dévalisé (2).

Le 7 septembre, aux environs d'Haraucourt (Meurthe-et-Moselle), le soldat Michot, du 146e d'infanterie, eut la cuisse brisée par une balle, et pendant six jours, avec trois de ses camarades, il resta étendu sur le sol. Le 8, un Allemand porteur d'un pli étant passé à proximité, les quatre blessés l'appelèrent pour lui demander à boire; mais cet homme ne s'arrêta que pour leur tirer un coup de fusil à chacun. L'un des Français fut tué (3).

Le 20 ou le 21 septembre, d'après ce que nous a déclaré, à l'hôpital du lycée de Grenoble, le sergent Guilhaume, du 367e, quatre hommes de ce régiment, partis en patrouille sous le commandement du sous-officier Constantin, ont été surpris par une troupe bavaroise dans le bois « le Brûlé », près de Remenauville. Les cinq militaires, après avoir été désarmés, fouillés et dévalisés, ont reçu, chacun, de la main même du capitaine qui conduisait le détachement ennemi, un coup de revolver dans la région du cœur. Les soldats ont ensuite déboutonné les capotes des victimes, pour s'assurer que les coups avaient bien porté; puis ils ont achevé avec les crosses de leurs fusils ceux qui respiraient encore, sauf le caporal Grenouilhat. Celui-ci a pu s'échapper, ramper entre les lignes allemandes et rejoindre son régiment. Il portait une blessure à la poitrine (4).

Enfin, le lieutenant Deloncle, du 231e régiment, nous a affirmé avoir entendu, dans la soirée du 8 au 9 février, au nord de Soissons, des hurlements de douleur venant des tranchées reprises par les Allemands, et ce cri, plusieurs fois répété : « Assassins! assassins! » (5).

A côté de ces crimes, dont nous tenons personnellement le récit de la bouche même des victimes ou des témoins, il en est d'autres, en nombre immense, qui ont été établis par les enquêtes auxquelles des magistrats de l'ordre judiciaire ont procédé, sur tous les points du territoire, auprès des militaires soignés dans les hôpitaux. Beaucoup de blessés ont rapporté que, quand ils étaient restés étendus sur le champ de bataille, ils avaient assisté au meurtre de camarades achevés à coups de fusil ou de revolver, à coups de crosse ou de baïonnette, par des soldats, des sous-officiers et même des officiers allemands. D'autres, très nombreux également, ont déclaré qu'eux-mêmes avaient été l'objet de tentatives d'assassinat, au cours desquelles ils avaient reçu de nouvelles blessures. Quantité d'entre eux ont été en outre dévalisés.

Ces faits se sont passés partout où l'on a combattu. Parmi tous ceux qui ont été

---

(1) V. *infra*, Procès-verbaux et Documents : nos 78, 79; — (2) n° 80; — (3) n° 81; — (4) nos 82, 83; — (5) n° 84.

constatés par les procès-verbaux des parquets, nous nous bornerons à citer les suivants, à titre d'exemples :

Le 6 ou le 7 août, une patrouille du 31e régiment de dragons français se dirigeait de la forêt de Bezange-la-Grande vers Vic-sur-Seille, quand, à 1.500 mètres environ de cette localité, elle fut attaquée par un avant-poste formé de quelques hommes du 7e dragons prussien et d'un sous-officier, volontaire d'un an, nommé Reinhart, cycliste au 138e régiment d'infanterie. Le cavalier français Louis Henry, originaire de Reims, ayant été blessé, tomba de cheval. Les ennemis se précipitèrent alors sur lui et l'achevèrent. Son cadavre, qui a été examiné par le docteur X..., portait cinq blessures: l'une avait été produite par un coup de baïonnette, et les quatre autres par des balles. Tandis que le médecin procédait à l'examen du corps, survint le sous-officier Reinhart, qui déclara brutalement « qu'il était inutile de chercher à constater si le soldat était mort, car c'était lui-même qui s'était chargé de lui donner son compte » (1).

Le 9 août, entre le col de Sainte-Marie et le col de Saales, le chasseur Léonard, du 31e bataillon, marchait avec sa section, ayant à sa gauche et à une vingtaine de mètres en arrière une petite troupe d'infanterie de ligne, quand les Allemands sortirent de leurs tranchées en nombre très supérieur. Il fallut se résoudre à reculer, et on dut abandonner deux sergents d'infanterie blessés, qu'on entendait crier. Le lendemain, le terrain ayant été repris, Léonard et ses camarades retrouvèrent les deux sous-officiers morts avec la gorge tranchée (2) (3).

Le 16 août, le soldat Vincent, du 21e de ligne, a trouvé, à proximité d'un village situé sur la frontière d'Alsace, le cadavre d'un soldat du 17e, percé de coups de baïonnette. Quand ce malheureux était tombé, il venait d'être frappé d'une balle qui lui avait fracturé la cuisse. Des Bavarois, s'étant alors avancés, l'avaient achevé avec sa propre baïonnette et la lui avaient enfoncée dans la bouche (4).

Le soldat Mallet, du 142e, a été blessé, le 18 août, au combat de Bisping (Lorraine). Tandis qu'il était étendu sur le champ de bataille, il a vu, vers dix heures du soir, une patrouille allemande accompagnée d'officiers ou de sous-officiers arriver avec une lanterne. L'un des hommes de cette troupe a tiré à bout portant un coup de revolver sur un lieutenant blessé qui gisait à une vingtaine de mètres de Mallet. Le lendemain, ce dernier a pu se rendre compte que le lieutenant était mort et avait été dévalisé. Un de ses camarades, blessé aussi, lui a raconté que la même patrouille avait achevé également un adjudant du 122e régiment d'infanterie (5).

Le 20 août, à Sarrebourg, vers huit heures et demie du soir, pendant que son régiment battait en retraite, le soldat Gauthier, du 98e de ligne, mis hors de combat par une balle au poignet gauche, se dissimula derrière un buisson pour se panser. Pendant qu'il était occupé à cette opération, il fut découvert par un groupe d'Alle-

---

(1) V. *infra*, Procès-verbaux et Documents : n° 85; — (2) n° 86; — (3) Ici se trouvait relatée la mort du lieutenant Quinquet, du 95e d'infanterie, qui, d'après deux dépositions faites devant le procureur de la République de Bourges, aurait été achevé à coups de crosse, après avoir été blessé au combat de Blamont, dans la nuit du 14 au 15 août 1914. Il résulte de nouveaux renseignements recueillis par la Commission, que cette version ne peut être considérée comme certaine. — (4) V. *infra*, n° 87; — (5) n° 88.

mands composé de six soldats et d'un officier. L'un des soldats lui porta un coup de baïonnette qui l'atteignit au dos et le traversa de part en part, sans cependant le tuer (1).

Le 22 du même mois, dans la plaine de Florenville (Belgique), le caporal Arnault, du 59e régiment d'infanterie, après avoir combattu pendant toute la journée, se trouvait vers le soir avec un détachement d'environ cent cinquante hommes. Ses camarades et lui transportèrent à l'orée d'un bois une vingtaine de blessés pour leur donner des soins; mais, à la vue d'importants renforts ennemis, ils durent les abandonner pour se retirer en arrière, dans l'intérieur de la forêt. Au milieu de la nuit, ils virent des Allemands porteurs de falots parcourir le champ de bataille et se diriger vers le lieu où les blessés avaient été déposés. « Que se passa-t-il alors? — dit le caporal — Nous entendîmes des voix, des cris, nous distinguâmes des gestes, et ce fut tout. Les Allemands se retirèrent; nous allâmes aussitôt voir nos blessés, mais aucun d'eux n'était vivant. Les malheureux avaient été achevés à coups de crosse et de baïonnette. Tous avaient été fouillés et volés. Leurs capotes et leurs vestes étaient défaites; leurs poches étaient retournées. » (2)

Le 25 août, à Erbéviller (Meurthe-et-Moselle), le sous-lieutenant Castetbieilh, du 32e d'infanterie, vit tomber devant lui trois hommes de sa section, les nommés Vilaineau, Leroux et Benoît, blessés, le premier par un éclat d'obus à la poitrine, le second par une balle dans le ventre et le troisième par une balle dans les reins. Contraint de se replier, il les laissa derrière une haie, à cent cinquante ou deux cents mètres des Bavarois. Le lendemain, en venant reprendre les positions abandonnées, il se porta, avec les sergents Fourré et Henrié, à l'endroit où il comptait relever ses soldats; mais il les trouva morts tous trois. Le cadavre de Vilaineau portait deux plaies, l'une derrière l'oreille droite, l'autre dans le cou, au sommet de la poitrine. Leroux et Benoît avaient reçu chacun une balle, le premier dans l'oreille et le second sous le menton.

La déposition du lieutenant Castetbieilh se trouve corroborée par celle du soldat Ebraly. Avec dix-sept de ses camarades, blessés comme lui, cet homme a été surpris à Erbéviller par les Bavarois. Il a été frappé d'une balle à l'épaule, et tous ses compagnons, parmi lesquels il cite Vilaineau, Leroux et Benoît, ont été massacrés (3).

Le même jour, près de Courbesseaux (Meurthe-et-Moselle), le sergent Pageaut, du 279e régiment d'infanterie, ayant reçu une balle dans l'épaule, était étendu auprès d'un sous-officier du 79e, nommé Martin, quand arriva sur lui une section allemande déployée en tirailleurs. L'officier qui commandait cette troupe adressa en français la parole à Martin et, comme celui-ci ne répondait pas, lui tira à bout portant un coup de revolver dans le ventre. Il fit ensuite, avec son sabre, sauter le képi que Pageaut avait placé sur ses yeux pour se garantir du soleil, et dit : « Êtes-vous blessé? » Le sergent répondit affirmativement en montrant le sang dont sa capote était couverte. L'Allemand leva alors son sabre, et deux soldats portèrent chacun à Pageaut un coup de crosse sur la tête (4).

---

(1) V. *infra*, Procès-verbaux et Documents : n° 89; — (2) n° 90; — (3) n°s 91, 92; — (4) n° 93.

Le 26 du même mois, près de Rambervillers, le soldat Allignet, du 95e de ligne, resté depuis la veille sur le champ de bataille où il était tombé, aperçut un officier allemand qui, accompagné d'un soldat et armé d'un revolver, examinait tous les Français étendus sur le sol et massacrait ceux qui donnaient signe de vie. Lui-même reçut de cet officier une balle dans la joue gauche (1).

Le lendemain 27, le soldat Romeu, du 24e d'infanterie coloniale, atteint de deux balles, près de Beaumont (Meuse), venait de se coucher par terre quand l'ennemi arriva sur son régiment, qui dut se replier. Il vit alors des soldats allemands prendre par les oreilles deux de ses camarades blessés, les retourner et leur enfoncer ensuite leur baïonnette en pleine poitrine. Les victimes poussaient des cris déchirants. Pour faire croire qu'il était mort, Romeu se barbouilla la figure avec le sang qui coulait d'une de ses jambes, et les assassins, en passant près de lui, se bornèrent à lui porter quelques coups de crosse (2).

Le soldat Siorat, du 63e régiment d'infanterie, fut surpris, le 28 août, aux environs d'Yoncq (Ardennes), dans une tranchée où il s'était traîné après avoir été blessé. Un officier allemand lui demanda en français des renseignements sur sa blessure, puis, après lui avoir ordonné de se mettre debout et de tenir les mains en l'air, lui releva le devant de sa capote et lui tira deux coups de revolver dans le ventre. Siorat tomba évanoui, mais survécut à ce lâche attentat (3).

Le 28 août également, le sous-officier Poudade, sergent au 78e de ligne, remarqua, pendant le combat de Raucourt (Ardennes), en passant près d'une ferme abandonnée, des lambeaux de pansements individuels tout ensanglantés qui étaient épars devant la porte. Il pénétra dans l'immeuble, pensant que des Français pouvaient s'y trouver sans secours; mais sa stupéfaction fut grande quand il découvrit, inanimés, dans la paille, cinq blessés du 14e régiment d'infanterie qui avaient été achevés. Les corps de ces cinq jeunes gens étaient lardés de coups de baïonnette; leurs crânes, ainsi que le démontraient des empreintes très nettes, avaient été défoncés à coups de crosse et à coups de talon. Leurs poches étaient retournées et leurs musettes avaient été fouillées (4).

Le 8 septembre, le soldat Mathieu, du 78e d'infanterie, atteint à la jambe gauche, tomba près de Vitry-le-François; une heure après, il reçut un violent coup de crosse d'un soldat ennemi qui, avec plusieurs autres, était occupé à achever les blessés. Un peu plus tard, des officiers allemands arrivèrent. Tous avaient au poing le sabre nu. L'un d'eux planta son arme dans le côté droit d'un blessé français, et un autre, se penchant sur Mathieu, qui eut heureusement la présence d'esprit de retenir sa respiration, lui plaça sa main sur la bouche, puis, le croyant mort, finit par s'éloigner (5).

Le même jour, près d'Haraucourt (Meurthe-et-Moselle), le soldat Schgier, du 226e régiment, a assisté au meurtre de son lieutenant, M. Michaud. Cet officier, grièvement blessé, était étendu à terre, quand une douzaine de chasseurs du 2e bataillon de la garde impériale lui enlevèrent son revolver et lui en déchargèrent

---

(1) V. *infra*, Procès-verbaux et Documents : n° 94; — (2) n° 95; — (3) n° 96; — (4) n° 97; — (5) n° 98.

trois coups dans la tête. Vigoureusement poursuivis, les meurtriers furent passés à la baïonnette par nos fantassins (1).

Le 8 septembre encore, le sous-lieutenant Béneteau, du 337e, fut atteint de quatre balles, dans un engagement au sud d'Ecury-le-Repos (Marne). Ses hommes l'emportèrent, bien qu'ils fussent à ce moment chargés par les Allemands; mais bientôt, sur son ordre formel, ils se résignèrent à le déposer sur le sol et à s'éloigner. Quatre soldats de la garde prussienne, régiment Alexandre, se précipitèrent alors sur l'officier et lui portèrent quatre coups de baïonnette à la poitrine et au côté droit (2).

Le 9 du même mois, aux environs de Maurupt (Marne), le soldat Forestier, du 128e de ligne, frappé de plusieurs coups de baïonnette, demeura étendu sur le champ de bataille. A côté de lui se trouvait un homme du 72e qui, grièvement blessé, ne cessait de crier et de se plaindre A un certain moment, Forestier vit une patrouille ennemie se porter vers ce malheureux et, sur l'ordre d'un officier, le tuer à coups de fusil. Les Allemands ne tirèrent pas tous ensemble, mais s'amusèrent à faire feu à tour de rôle, en s'éloignant (3).

Le 10, près de Rembercourt-aux-Pots (Meuse), le fantassin Sarre, du 106e, blessé à la hanche droite et couché à terre, a été l'objet d'une tentative de meurtre de la part d'un officier allemand, qui lui a tiré à bout portant un coup de revolver à l'épaule (4).

Le 13, à Vic-sur-Aisne, le lieutenant Graille, du 238e, est tombé, blessé par une balle qui lui a traversé la tête au-dessous des orbites. Deux soldats allemands se sont alors jetés sur lui en l'injuriant ignoblement, et lui ont porté des coups de botte sur le visage, sur les bras et sur la poitrine. Ils lui ont ensuite, l'un après l'autre, déchargé leur fusil derrière l'oreille droite, mais ne lui ont fait ainsi que des blessures superficielles (5).

Le 22 septembre, dans la forêt d'Argonne, le caporal Antoine, du 4e régiment d'infanterie coloniale, a vu, sur le champ de bataille où il était étendu, un officier allemand s'approcher d'un blessé français et le pousser du pied en lui demandant son nom. Au moment où ce soldat se soulevait pour répondre, l'Allemand lui a brûlé la cervelle d'un coup de revolver (6).

Le 24, le soldat Lechleiter, du 346e, blessé la veille d'une balle au ventre, non loin de Lérouville, a été témoin de faits qu'il a rapportés dans les termes suivants: « Trois Allemands (autant que je puis préciser, un capitaine et deux sous-officiers d'infanterie) parcouraient le champ de bataille et achevaient les blessés français qu'ils ne pouvaient emmener prisonniers. Pour échapper à cette triste fin, j'ai dû moi-même faire le mort quand ils sont passés à côté de moi. J'ai vu notamment un de mes camarades du 346e, dont je ne sais pas le nom, qui gisait à trois ou quatre mètres de moi, ayant les deux jambes fracturées, subir les pires violences de la part de ces individus, qui voulaient, malgré son état, l'obliger à se lever. Les Allemands, tout en lui faisant signe de les suivre, lui disaient : « Viens avec nous »; et comme

---

(1) V. *infra*, Procès-verbaux et Documents : n° 99; — (2) n° 100; — (3) n° 101, — (4) n°s 102, 103; — (5) n° 104; — (6) n° 105.

mon camarade cherchait à leur faire comprendre que c'était impossible, vu son état, ces trois brutes l'ont frappé à coups de crosse; puis, comme il ne se levait toujours pas, ils lui ont tiré, à bout portant, deux coups de fusil dans la tête. J'ai vu également d'autres blessés français subir le même sort» (1).

Le 12 octobre, le zouave Ascione, du 4ᵉ régiment, tombé blessé, au plateau de Craonne, près de deux camarades qui gémissaient, vit un officier allemand sortir d'une tranchée et achever les deux soldats à coups de revolver dans la tête (2).

Dans une lettre qu'il a adressée au président de la Commission, M. Renaud, sous-lieutenant au 76ᵉ de ligne, atteste, également sous serment, qu'au combat de Vaubecourt, le 6 septembre, le soldat Colin, de son régiment, entouré et désarmé par les Allemands, a été frappé par derrière d'un coup de baïonnette qui lui est entré sous l'aisselle gauche pour sortir près du nombril; et qu'à la fin du même mois, près du pavillon Saint-Hubert, trois hommes et un caporal du 76ᵉ, ayant été blessés en patrouille, ont été achevés par l'ennemi à coups de fusil dans la tête, ainsi qu'à coups de crosse et de talon (3).

Bien d'autres faits du même genre et non moins criminels ont, comme nous l'avons dit plus haut, été révélés aux magistrats par des militaires qui tous ont déposé sous la foi du serment. Ils sont consignés dans un nombre extrêmement considérable de procès-verbaux (4). Certains même sont relatés dans les carnets qui ont été trouvés sur des prisonniers ou sur des cadavres allemands. C'est ainsi que nous possédons la photographie d'un récit écrit sur son calepin par le soldat Fahlenstein, du 34ᵉ fusiliers (IIᵉ Corps), au sujet de massacres commis, le 28 août, aux environs de Péronne, entre Moislains et Proyart (Somme). Voici la traduction de ce document:

« Il y avait là huit à dix Français blessés ou morts, entassés les uns sur les autres. Ceux qui pouvaient encore marcher furent faits prisonniers et emmenés; les grands blessés, ceux qui étaient atteints à la tête ou aux poumons et ne pouvaient plus se relever, furent achevés d'une balle. C'est l'ordre qui nous a été donné. » (5).

Plusieurs de nos soldats ont affirmé, en outre, avoir constaté personnellement que des militaires français avaient été horriblement mutilés ou torturés par les Allemands. D'autres disent avoir vu des détachements ennemis brûler des blessés dans des meules de paille ou dans des bâtiments en feu. Comme les témoignages qui relatent de telles atrocités sont isolés, nous ne croyons pas, bien qu'il n'y ait aucune raison de douter de leur sincérité, devoir en faire état avant d'avoir pu les contrôler soigneusement; et nous nous bornerons à vous signaler, pour le moment, les faits suivants, qui nous ont paru dès maintenant hors de toute contestation possible :

Le 23 août, dans les environs de Lobbes (Belgique), les Allemands ont incendié une ferme et y ont fait périr volontairement dans les flammes un certain nombre de nos blessés. Ce crime est attesté par deux dépositions d'autant plus convaincantes qu'elles ont été recueillies dans deux villes différentes. L'une, celle du soldat Gaye-

---

(1) V. *infra*, Procès-verbaux et Documents : n° 106; — (2) n° 107; — (3) n° 108. — (4) Voir, entre autres, aux Procès-verbaux et Documents, les dépositions n° 154 et nᵒˢ 158 à 232. Ces dépositions, non analysées au présent Rapport, ne représentent d'ailleurs qu'une faible partie de celles qui ont été recueillies. D'autres massacres de blessés ou de prisonniers se trouvent relatés accessoirement dans les pièces nᵒˢ 13, 14, 240, 242, 243, 247, 257, 284, 286, 323. — (5) V. *infra*, n° 109.

Mendagne, du 144e régiment d'infanterie, a été reçue par le juge d'instruction du tribunal de Brest; l'autre, celle du soldat Bergès, du 24e de ligne, a été faite devant le substitut du procureur de la République de Bernay (1).

Le 25 août, au cours d'un engagement près du village de Sainte-Barbe (Vosges), des chasseurs à pied furent obligés de se replier et plusieurs d'entre eux, étant blessés, se cachèrent sous des gerbes ou derrière des meules de paille.

Quelques minutes après, des soldats du 114e régiment d'infanterie allemand étant survenus, se mirent à les chercher et tuèrent à coups de talon de bottes et à coups de crosse tous ceux qu'ils découvrirent.

Une vingtaine de chasseurs ont péri dans ces conditions horribles, et leurs bourreaux ont placé des factionnaires pour empêcher les habitants du village d'aller relever les cadavres. Ces actes de cruauté ont été révélés au juge d'instruction de Louhans par les époux Rollin, de Thiaville, qui ont été entendus séparément (2).

Les enquêtes judiciaires poursuivies parallèlement à la nôtre fournissent aussi la preuve, maintes fois renouvelée, que l'inhumanité des troupes allemandes ne s'est pas manifestée seulement à l'égard des blessés : bien des prisonniers en ont également été victimes.

Le 21 août, le sergent Gonnet, du 334e régiment d'infanterie, s'étant trouvé cerné avec son peloton par des forces considérables, après une lutte assez vive, se vit contraint de se rendre. Ses soldats et lui agitèrent leurs mouchoirs et déposèrent leurs fusils, puis se dirigèrent sans armes vers les Allemands, qui les laissèrent approcher. Quand ils arrivèrent à une cinquantaine de mètres des lignes ennemies, ils furent accueillis par une vive fusillade, qui en faucha un grand nombre. Le sergent lui-même fut atteint de cinq balles (3).

Le 27 août, à Mézières, les Allemands ont fusillé tous les soldats d'une section du 14e de ligne qu'ils avaient faits prisonniers. Un détachement du 2e régiment du génie, dans les rangs duquel était le sapeur Delage, a retrouvé les cadavres, qui avaient encore les mains liées derrière le dos (4).

Le 29 août, une trentaine d'hommes du 99e furent cernés par des Allemands à la ferme des Tiges, près de Saint-Dié. Quelques-uns, qui se tenaient sur le seuil de la porte, levèrent les bras et agitèrent un drapeau blanc. Un lieutenant ennemi s'avançant aussitôt leur fit un signe d'assentiment, puis leur ordonna de déposer les armes. Dès qu'ils furent désarmés, il les fit sortir et on les aligna contre un mur. Se rendant compte du sort qui leur était réservé, les malheureux implorèrent l'officier, et un des soldats de celui-ci joignit ses supplications aux leurs. L'exécution n'en eut pas moins lieu. Les prisonniers, rudement poussés contre le mur, furent impitoyablement fusillés par un peloton d'assassins qui tirait sur eux à cinq ou six pas. Bien que non atteint par les balles, le soldat Palayer se laissa tomber. Après avoir fait le mort, il escalada une échelle et se cacha dans un grenier au milieu de la paille. A peine y était-il blotti, qu'un Allemand venait autour de lui enfoncer sa baïonnette dans les

---

(1) V. *infra*, Procès-verbaux et Documents : nos 110, 111 ; — (2) nos 112, 113. On rapprochera ces témoignages de ce qui a été dit plus haut de l'ordre donné à ses troupes par le général Stenger, notamment le 26 août et précisément au même endroit. — (3) V. *infra*, n° 114 ; — (4) n° 115.

bottes de fourrage. Le soldat Reynard, qui, lui aussi, s'était jeté à terre au moment de l'exécution, put se réfugier dans une cave, où il retrouva cinq de ses camarades. Tous les six y restèrent jusqu'au 11 septembre, se nourrissant de choucroute et de pommes de terre crues.

La scène d'horreur que nous venons de rapporter est établie par les témoignages des soldats Palayer, Grand, Dufaud, Blanc et Reynard, qui ont échappé au massacre (1).

Le 7 septembre, dans la Marne, le sous-lieutenant Baudens, du 88e de ligne, fut obligé, après un violent combat, d'abandonner sur le terrain un certain nombre de blessés, notamment le sergent Dalier, le caporal Montauriol, les soldats Baudéan, Cazaubon, Daste, Lauteret et Segas. Tous ces militaires ont été retrouvés les mains liées et odieusement massacrés.

Entre le 7 et le 12 septembre, une troupe formée d'éléments appartenant à plusieurs régiments, étant à la poursuite de l'ennemi, découvrait en effet, à proximité de la route, non loin du camp de Mailly, les cadavres d'une patrouille française du 88e de ligne, composée d'un sergent, d'un caporal et de six hommes. Ces militaires, dont les mains étaient liées derrière le dos, avaient été fusillés par les Allemands. Ce fait a été attesté, par des soldats différents, au juge de paix de Tournus (Saône-et-Loire), au juge de paix de Saint-Laurent (Hautes-Pyrénées), aux commissaires de police des 1er et 3e arrondissements de Toulouse, au juge de paix de Verfeil (Haute-Garonne), au procureur de la République de Bourges, au procureur de Montpellier, au juge de paix de Monflanquin (Lot-et-Garonne) et au juge de paix de Villeneuve-sur-Lot (2).

Le 8 septembre, d'après les déclarations faites par le soldat Maillet, du 2e zouaves, au juge de paix de Verfeil, et par le soldat Gagneau, du même régiment, à un commissaire de police de Toulouse, ces hommes ont vu, en se portant à l'attaque du village de Saint-Prix (Marne), les corps d'environ vingt-cinq tirailleurs algériens qui avaient eu le crâne défoncé avec leurs propres fusils. Les crosses étaient couvertes de sang (3).

Le 20 septembre, dans la région de Soissons, le soldat Fougerouse et une douzaine de ses camarades furent faits prisonniers. Après avoir été désarmés, déséquipés, fouillés et pour la plupart dévalisés, ils furent placés, les bras en l'air, à deux mètres d'une tranchée, de laquelle les Allemands tirèrent sur eux. Cinq furent tués; quant à Fougerouse, qui a rapporté ces faits, il a reçu deux balles, l'une au biceps droit et l'autre au poignet gauche (4).

Entre le 21 et le 23 septembre (5), trois sections de la 3e compagnie du 67e de ligne, qui avaient été envoyées en reconnaissance à la lisière du bois de Saint-Remy, au sud-est de Verdun, furent capturées par les Allemands; mais bientôt, devant l'offensive d'un bataillon de renfort, ceux-ci durent se replier. Ne voulant pas s'embar-

---

(1) V. *infra*, Procès-verbaux et Documents : nos 116 à 121; — (2) nos 122 à 135; — (3) nos 136, 137; — (4) no 138; — (5) Nous avons réuni ici, en ce qui concerne les massacres de la Tranchée de Calonne et du bois de Saint-Remy, des renseignements qui avaient été présentés séparément dans le Rapport publié au *Journal Officiel* du 3 août 1915. Il paraît en effet établi qu'il s'agit, sinon du même fait, du moins d'épisodes d'une même affaire. V. *infra*, nos 139 à 149.

rasser alors de leurs prisonniers, ils les massacrèrent presque tous à coups de fusil et à coups de crosse. Sur quatre-vingts hommes environ, très peu échappèrent à la mort; le lieutenant Delfossé, qui avait dirigé la reconnaissance, fut parmi les victimes (1).

Dans une déposition recueillie par le procureur de la République de Privas, le soldat Chevalier, du 261ᵉ, après avoir raconté les circonstances dans lesquelles il a été fait prisonnier, le 21 septembre, avec six autres soldats, sur les Hauts-de-Meuse, entre Thillot et Saint-Maurice-sous-les-Côtes, a poursuivi son récit comme il suit : « Le lendemain matin, vers huit ou neuf heures, le capitaine allemand nous a fait signe de nous coucher dans un chemin tracé à travers les taillis. Nous nous étions placés derrière un arbre, en groupe, agenouillés, croyant qu'il allait y avoir une attaque; mais l'officier nous a fait signe que ce n'était pas ainsi qu'il fallait se placer et nous a fait coucher l'un auprès de l'autre, face au sol, du côté de l'arbre faisant face au chemin. En me retournant légèrement, j'ai vu que sept ou huit soldats allemands, dont les pieds devaient être à environ un mètre des nôtres, nous visaient avec leurs fusils. Ils ont tiré deux salves au commandement. A la première, je n'ai pas été touché; mais à la seconde, j'ai reçu une balle à la cuisse et une autre au mollet. J'avais fait le mort. A la première décharge, mon voisin, Moulin, originaire d'Aubenas, a eu la tête fracassée et des débris sont tombés sur moi; en outre, j'ai senti un autre corps tomber en travers sur mes jambes. Un autre de mes camarades, originaire d'Alissas, blessé par les décharges, a demandé pitié au nom de sa femme et de ses enfants: on lui a donné un coup de baïonnette. Il a de nouveau imploré pitié, faisant signe qu'on lui tirât une balle dans la tête ou dans le cœur : mais on lui a lancé un second coup de baïonnette. Il a encore pu demander pitié, et alors un troisième coup de baïonnette l'a étendu. Les Allemands ont ensuite coupé des branches pour nous en recouvrir, et ils sont partis environ un quart d'heure après. Vers trois heures, j'ai repoussé le corps qui me couvrait en partie, je suis sorti, et j'ai pu rejoindre les lignes françaises au 288ᵉ d'infanterie. J'ai indiqué au major de Génicourt comment j'avais été blessé. On en a pris note. »

Ajoutons que, le lendemain, le 288ᵉ régiment a retrouvé, gisant dans le bois, au carrefour formé par la Tranchée de Calonne et la route de Vaux-les-Palameix à Saint-Remy, une quinzaine des victimes de ce drame. « Un sous-officier était encore en vie, dit dans son rapport le colonel Chiché, commandant la 134ᵉ brigade; il fit un récit impressionnant de ce que les malheureux avaient vécu. Entourés dans le bois et blessés pour la plupart, ils avaient été emmenés prisonniers par les Allemands dans leur mouvement en avant. Quand les Allemands durent se replier, ils les firent coucher à terre et les fusillèrent sans autre forme de procès, avec une sauvagerie inouïe; certains cadavres avaient la tête littéralement en bouillie. Indigné de ces atrocités, le colonel regagnait la route, quand on l'avertit que les mêmes faits s'étaient produits dans la partie du bois au nord de la Tranchée de Calonne. Là se trouvait un véritable charnier : une quarantaine de Français des 54ᵉ, 67ᵉ et 259ᵉ étaient couchés à terre, la tête fracassée. »

---

(1) Il résulte de renseignements fournis à la Commission par la famille du lieutenant Delfosse, que cet officier a survécu à ses blessures.

Enfin, le réserviste Dauvé, du 54e d'infanterie, déclare que le 22 septembre, blessé d'un éclat d'obus à l'épaule gauche, il fut pris avec vingt-quatre de ses camarades; mais presque aussitôt une troupe française forçait les Allemands qui les avaient capturés à se replier. Ceux-ci, obligés d'abandonner leurs prisonniers, firent un feu de salve sur eux avant de s'éloigner. Quatre hommes seulement, parmi lesquels Dauvé, échappèrent au massacre.

Le 26 du même mois, dans la Marne, le soldat Blondel, du 207e, après avoir été fait prisonnier et désarmé, a reçu d'un Allemand un coup de fusil qui lui a traversé la poitrine (1).

Le même jour, le réserviste Lafleur, du 21e colonial, fut surpris par un détachement que conduisait un lieutenant du 69e régiment bavarois d'infanterie. Cet officier lui ordonna de se mettre au garde-à-vous, lui brisa son fusil contre un arbre, puis, sortant son revolver de l'étui, en tira au soldat désarmé un coup à bout portant en plein visage. Lafleur tomba dans un fossé au bord de la route et fut alors dévalisé. Au bout de deux heures, les ennemis s'étant retirés, chassés par les obus français, le blessé put se rapprocher de nos lignes. On le transporta dans la maison de son colonel, où on lui fit un premier pansement (2).

Le 26 septembre également, près de Vienne-la-Ville (Marne), le caporal Duvauchelle, du 328e, et sa section ont tué trois Allemands dans un groupe qu'ils ont dispersé. S'étant alors avancés, ils ont trouvé parmi les cadavres un fantassin français qui portait à la poitrine et au ventre cinq plaies faites par des baïonnettes, et à une jambe une blessure provenant d'un coup de feu. Ce malheureux respirait encore. Fait prisonnier pendant la nuit, à la ferme de Melzicourt, il avait été emmené par les Allemands et placé en avant. Une balle française l'avait atteint à la jambe, et au moment de s'enfuir, les ennemis l'avaient frappé de leurs baïonnettes (3).

Vers la fin de septembre, M. Verney, capitaine au 2e régiment du génie, a vu, à cinq ou six kilomètres du village de Petites-Perthes (Marne), dix-huit prisonniers qui avaient été fusillés par les Allemands après avoir été ligotés à l'aide de courroies de musette (4).

Dans la nuit du 25 au 26 octobre, une troupe ennemie, dissimulée dans les fossés d'une route, près de Dixmude, captura quelques fusiliers marins et les entraîna à travers champs pour les conduire jusqu'à ses tranchées; mais elle se trompa de direction et tomba dans les lignes françaises. Se voyant en danger d'être pris, les Allemands tirèrent alors sur leurs prisonniers et en tuèrent plusieurs à coups de fusil et à coups de baïonnette. Le capitaine de frégate Jeanniot trouva la mort dans ce massacre (5).

IV. — ATTENTATS CONTRE LE PERSONNEL SANITAIRE. BOMBARDEMENTS D'AMBULANCES.

Nos ennemis affectent d'ignorer d'une façon absolue les immunités qui sont garanties par la convention de Genève au personnel médical des armées. Ils font

(1) V. *infra*, Procès-verbaux et Documents : n° 150; — (2) n° 151; — (3) n° 152; — (4) n° 153. D'après l'analogie de certains détails, il est possible que ce fait se confonde avec celui qui est rapporté page 21 comme s'étant passé, entre le 7 et le 12 septembre, non loin du camp de Mailly. — (5) V. *infra*, nos 155 à 157.

prisonniers nos médecins, tirent sur eux fréquemment, ouvrent à chaque instant le feu sur les brancardiers ou les infirmiers, et bombardent les ambulances ainsi que les voitures sanitaires.

Le 22 août, après la bataille de Mercy-le-Haut (Meurthe-et-Moselle), le médecin auxiliaire Mozer, interne des hôpitaux de Paris, qui avait passé une partie de la journée à soigner des blessés, essuya dans la soirée le feu d'une patrouille ennemie. Il s'abrita alors derrière une voiture et tenta de s'expliquer en allemand. Une voix lui répondit en français : « Levez-vous et venez ». Ayant obéi, il se trouva en présence d'un sous-officier qui, après l'avoir fouillé, le conduisit auprès d'un capitaine. Ce dernier lui enleva son revolver et lui ordonna de le précéder pour entrer dans une maison. En arrivant près de la porte, comme le capitaine disait au médecin de tourner la tête, celui-ci sentit que l'officier lui plaçait sur la tempe gauche le canon du revolver. Pensant qu'on voulait simplement l'effrayer, et ayant entendu d'ailleurs jouer plusieurs fois le barillet de l'arme qui était au cran de sûreté, il fit bonne contenance; mais il finit par se retourner pour demander si ce qu'il croyait être une mauvaise plaisanterie n'allait pas prendre fin. Aussitôt, un coup partit. Atteint derrière l'oreille gauche par une balle qui sortit au-dessous de l'œil droit, M. Mozer tomba sur le sol, souffrant atrocement et crachant le sang.

Ayant pu néanmoins regarder de côté, tandis qu'il était étendu, il vit que son agresseur continuait à le viser, et il l'entendit en même temps dire : « Ne bougez pas »; mais à cet instant, un autre officier allemand, s'interposant, interpella violemment le meurtrier et releva le blessé, en s'écriant : « C'est une honte et une infamie qu'on vient d'accomplir ! » M. Mozer a heureusement survécu à sa grave blessure, et c'est lui-même qui nous a fait le récit de l'attentat dont il a été victime (1).

A la même date du 22 août, l'aide-major de 1re classe Schneyder avait reçu l'ordre de rester à Raon-sur-Plaine pour y soigner une trentaine de blessés avec le docteur X... Vers midi, l'ennemi, étant venu occuper le village, installa autour du bâtiment dans lequel avait été organisée l'ambulance une batterie qui, pendant deux heures, tira sans discontinuer sur notre artillerie située à quatre kilomètres. Celle-ci, qui voyait le grand pavillon de la Croix-Rouge flotter au-dessus de la maison, ne répondit pas. Comme le docteur Schneyder protestait auprès des Allemands, on l'engagea à aller demander aux troupes françaises de s'éloigner.

Le lendemain, une ambulance allemande arriva à Raon. Le professeur Vulpius, de l'université d'Heidelberg, qui la commandait, prévint immédiatement les médecins français qu'ils allaient être, avec leurs blessés, dirigés vers l'Allemagne. M. Schneyder lui fit remarquer que presque tous ces derniers, atteints de plaies abdominales, n'étaient pas en état de supporter un voyage long et pénible; mais il ne fut pas écouté. Le médecin allemand s'absenta ensuite pendant un certain temps; puis, à quatre heures, quand il revint, il déclara à ses confrères français « qu'il allait procéder à une petite formalité dont il avait l'habitude ». Il s'agissait simplement de les contraindre à lui remettre tout l'argent qu'ils avaient sur eux. Les blessés furent ensuite fouillés et dévalisés.

---

(1) V. *infra*, Procès-verbaux et Documents : n° 233.

A six heures, on entassa ces derniers, ainsi que quatre infirmiers, dans des camions automobiles et on les envoya en captivité. Quant à l'aide-major Schneyder et au docteur X..., ils furent conduits à Strasbourg et enfermés au Festung-Lazaret.

Dans cette ville, un général, après avoir examiné le reçu que, à force d'instances, ils avaient obtenu du professeur Vulpius, leur fit restituer l'argent dont ils avaient été dépouillés.

Au bout de douze jours, les deux médecins ont été renvoyés en France (1).

Le 26 août, M. Morillon, médecin-major au 25e territorial, se portait avec quatre infirmiers et M. l'aumônier Fourneau vers le pont de la gare de Cambrai, pour secourir un capitaine et un soldat blessés. Les Allemands, qui étaient sur le toit de la gare et dans un belvédère, à cent cinquante mètres à peine de là, et qui voyaient par conséquent les brassards des Français, laissèrent ceux-ci s'approcher jusqu'auprès d'une chaussée, à quelques mètres du pont, puis ouvrirent le feu sur eux. Une balle traversa le képi du docteur (2).

Le 31 du même mois, l'aide-major de 1re classe Bender, ayant été désigné pour rester dans le petit village de Fossé (Ardennes), avec des blessés que les troupes françaises, qui se repliaient, étaient dans l'impossibilité d'emmener, passa la nuit à soigner environ deux cents hommes. Le lendemain matin, en attendant l'arrivée imminente de l'ennemi, il prit la précaution de faire rassembler toutes les armes et vider les cartouchières, pour ne donner prétexte à aucune agression. Vers neuf heures et demie, bien qu'il eût fait couvrir plusieurs maisons de pavillons de la Croix-Rouge, une batterie allemande ouvrit le feu sur l'ambulance à 1.500 mètres et tira pendant à peu près une heure. Plusieurs bâtiments s'effondrèrent; mais quatre hommes seulement furent atteints. Bientôt arriva une patrouille de uhlans. Le docteur Bender s'avança vers l'officier qui la commandait et le pria de lui procurer des secours, en lui faisant connaître qu'il avait la charge de deux cents blessés. L'Allemand lui répondit: « Je m'en fous! » et ajouta que si le médecin français voulait prévenir les troupes qui étaient à proximité, il n'avait qu'à aller les trouver lui-même. C'est ce que M. Bender tenta de faire. A la sortie du village, il vit des tirailleurs, une compagnie formée en colonne par quatre, à cent cinquante mètres de lui, et un groupe d'officiers qui lui parurent être de grades élevés. Comme il montrait son brassard et son fanion, on lui fit signe d'approcher et de lever les bras. Il obéit; mais, quand il ne fut plus qu'à une vingtaine de mètres de l'ennemi, il entendit des coups de feu et tomba atteint d'une balle à la jambe droite. Aussitôt les Allemands se précipitèrent sur lui, le relevèrent en le traitant d'assassin, en lui mettant des revolvers sur la gorge et en lui déclarant qu'il allait être fusillé, parce qu'il avait tiré. Malgré ses dénégations, il fut attaché à un arbre, tandis qu'un peloton se groupait autour de lui. A ce moment survint un officier supérieur qui l'injuria grossièrement et, toujours sous le même prétexte, le menaça de mort à nouveau. L'aide-major protesta vivement: « Allez au village, s'écria-t-il, et si vous y trouvez un seul homme ayant une arme, fusillez-moi. » L'officier parut alors se calmer et répondit : « S'il en est ainsi, vos hommes ne seront pas tués; mais

(1) V. *infra*, Procès-verbaux et Documents: n° 234 ; — (2) n° 235.

vous, vous avez tiré: aussi vous serez fusillé. Je vous fais la grâce d'attendre, et vous saurez avant de mourir si vos hommes doivent être épargnés. » Quelques instants après, un capitaine, qui, en tirant sa montre de sa poche, avait déclaré que le prisonnier avait encore un quart d'heure à vivre, ouvrit la tunique de celui-ci, en sortit un portefeuille et s'empara d'une somme de quatre cents francs qui y était placée.

Sur ces entrefaites, des coups de feu ayant retenti sur la gauche, les Allemands partirent en toute hâte, et le docteur, après de longs efforts, parvint à se détacher et à rentrer à Fossé. Il a remarqué que ses agresseurs portaient à leurs casques des coiffes retournées et croit avoir distingué à travers ces coiffes le chiffre 67. En tout cas, le régiment auquel il a eu affaire dans les circonstances que nous venons d'exposer appartenait à l'armée du Kronprinz.

Bientôt d'autres troupes se présentèrent dans le village, et le lendemain matin, des Prussiens entassèrent un grand nombre de nos blessés sur des voitures pour les transporter à Stenay (Meuse) avec le docteur Bender, à qui un officier donna sa parole d'honneur que les Français qui devaient rester à Fossé seraient soignés.

A Stenay, où on assigna comme logement au personnel de l'ambulance une caserne d'artillerie, le médecin demanda vainement un peu de secours pour installer les blessés qui étaient venus avec lui, ainsi que cent quatre-vingts autres qui lui avaient été amenés dans un état effroyable, et, bien que souffrant lui-même des blessures qu'il avait reçues, il dut procéder à cette opération sans autre aide que celle de deux infirmiers qui l'avaient accompagné depuis son départ de Fossé. Pendant ce temps, les Allemands, sans lui apporter le moindre secours, fumaient leur pipe auprès des voitures. Plusieurs jours durant, nos soldats ne reçurent de l'ennemi aucune nourriture. Ils hurlaient de faim, et seraient sûrement morts d'inanition sans le dévouement admirable d'une jeune fille, Mlle Huon, qui, au péril de sa vie, parvint à les ravitailler un peu. Dans les derniers jours seulement, M. Bender put obtenir quelques aliments et quelques objets de pansement ; mais le major allemand repoussa sa demande, quand il supplia qu'on opérât ses grands blessés ou qu'on lui permît de les opérer lui-même. Presque tous sont décédés faute de soins. Un soldat français, pourtant, fut amputé. Bien qu'il n'eût reçu au pied qu'une blessure sans gravité, un major ennemi lui coupa la cuisse, et comme M. Bender indigné demandait des explications au sujet de cette opération que rien ne justifiait, le médecin allemand se borna à lui répondre : « Ce sera un soldat de moins contre nous dans la guerre future ».

Cependant, les blessés qu'on avait laissés à Fossé étaient abandonnés sans soins et mouraient de faim et d'infection. Prévenu de cette situation, M. Bender fit une démarche pour rappeler la parole qui lui avait été donnée ; mais, quand il rentra à la caserne, il fut roué de coups de crosse. Dans les journées qui suivirent, mis deux fois au mur sous les prétextes les plus vains, il faillit être fusillé.

On le transféra ensuite à Montmédy, où on l'enferma pendant deux jours dans la citadelle, sans lui donner ni à boire ni à manger. Là, il fut encore menacé de mort, et il vit des prisonniers français employés à la construction d'un chemin de fer qui devait servir au transport des canons et des obus allemands. Enfin, conduit à Ingolstadt, il demeura interné pendant près de sept mois, traité sans égards, mal nourri, mal logé, et soumis comme ses camarades à des humiliations pénibles (1).

Le 21 août, en entrant dans le village de Villers-Poterie (Belgique), le capitaine Vaudremer, du 39e régiment d'infanterie, mit quelques soldats à la disposition d'un médecin de tirailleurs. Ces hommes, munis de brassards, allèrent ramasser des blessés et les portèrent jusqu'à une voiture d'ambulance qui stationnait devant une grange, sur la grand'route. Bientôt les Allemands, qui avaient cerné le village, s'emparèrent de deux points permettant de battre la route des deux côtés, et de là, tirèrent sur les brancardiers, les médecins et la voiture. Comme leur tir était réglé à 200 mètres, ils ne pouvaient se méprendre sur la qualité de ceux qu'ils visaient (2).

Le 22 août, le caporal infirmier Lefort, du 104e, était resté avec quelques-uns de ses hommes près de la gare d'Ethe, après la retraite de son régiment. Tandis qu'il venait d'enlever d'un hangar plusieurs blessés pour les transporter à la mairie, il fut surpris par une compagnie qui appartenait, croit-il, au 6e régiment d'infanterie bavarois. L'officier qui la commandait, prétextant que les infirmiers présents à la mairie étaient en nombre trop considérable, en prit douze qu'il fit mettre au milieu de sa troupe et qu'il emmena avec d'autres prisonniers. Quelques instants après, Lefort entendit une fusillade, et des habitants du village lui dirent que ses camarades venaient d'être massacrés. S'étant rendu un peu plus tard sur les lieux du carnage, il constata en effet que soixante soldats français, dont vingt-cinq infirmiers ou brancardiers, avaient été fusillés. Le même jour, les Allemands incendièrent le hangar sous lequel étaient encore des blessés, qu'on n'avait pas eu le temps de transporter à la mairie. Vingt ou trente périrent dans les flammes (3).

Le 3 septembre, près de Saint-Dié, entre Saulcy et la commune d'Entre-deux-Eaux, huit brancardiers du 132e allaient, sans armes, chercher dans une maison deux blessés du 23e, quand ils aperçurent des Allemands à la lisière d'un bois. Ceux-ci, au nombre d'une douzaine, après leur avoir fait signe d'avancer, tirèrent sur eux dès qu'ils les virent bien nettement : deux hommes furent blessés et deux autres disparurent (4).

Au cours d'un combat près de La Neuville, à une date qui n'est pas précisée dans le procès-verbal des déclarations faites par les sergents Blétry et Holchout, du 267e, des brancardiers de ce régiment furent envoyés sur le terrain pendant une accalmie pour relever les blessés et les morts. Les Allemands les laissèrent tout d'abord faire leur service; mais quand ils constatèrent que six brancards étaient sortis, ce qui impliquait la présence à découvert de douze à quinze hommes, ils ouvrirent immédiatement le feu (5).

Il est établi en outre, par les enquêtes, que l'armée allemande tire continuellement sur nos ambulances comme sur nos convois sanitaires, et qu'elle le fait

(1) V. *infra*, Procès-verbaux et Documents : nos 236, 237 ; — (2) n° 238 ; — (3) nos 239 à 243 ; — (4) n° 244 ; — (5) nos 245, 246. D'autres faits de même nature sont établis par les pièces nos 247 à 256, ou accessoirement relatés dans les dépositions nos 14, 73 à 76, 86, 161, 188, 257, 277.

en pleine connaissance de cause. Cela résulte d'un très grand nombre de dépositions.

C'est ainsi que, le 25 août, l'hôpital de Baccarat fut en butte au feu de l'artillerie, après avoir été désigné aux batteries ennemies par la fusée d'un aéroplane qui l'avait survolé (1); que, le 10 septembre, un poste de secours établi à Seraucourt (Meuse) et le 11 octobre, l'ambulance de Minaucourt (Marne) furent également repérés par des avions et ensuite fortement bombardés (2). C'est ainsi encore qu'à Xivry-Circourt, le 22 août, les Allemands ont tiré à une distance de quarante mètres sur des voitures portant le pavillon de la Croix-Rouge (3); qu'à Berry-au-Bac (4), à Réméréville (5) et en bien d'autres endroits, ils ont dirigé volontairement leurs obus sur des bâtiments ou des convois dans lesquels étaient entassés des blessés (6).

A côté de ces faits, d'un caractère général, il en est d'autres plus spéciaux, qui démontrent bien les sentiments de haine implacable dont sont animés nos adversaires. Ce sont les agressions commises par les blessés allemands envers les Français qui les secouraient. Il en a été dénoncé un certain nombre; en voici quelques exemples :

Le 22 août, près de Saint-Médard (Belgique), deux officiers français ont trouvé la mort dans des circonstances que plusieurs témoignages présentent comme identiques: le capitaine Coustre, du 108e régiment d'infanterie, donnait à boire à un ennemi blessé, quand celui-ci le tua d'un coup de revolver à la poitrine. Au cours de la même affaire, un officier allemand blessé demanda à boire au capitaine Lesourt, du 50e de ligne; au moment où, son quart à la main, le capitaine se penchait, l'Allemand lui brûla traîtreusement la cervelle (7).

Le 31 août, devant le village de Voncq (Ardennes), le capitaine Mazet et l'adjudant Valette, du 326e, virent un soldat allemand étendu sur le champ de bataille tirer deux coups de revolver sur un de nos soldats, qui s'éloignait après lui avoir donné à boire (8).

Dans le courant du mois de septembre, le soldat Dejean, aide-pharmacien incorporé au 341e, ayant rencontré pendant un combat un officier allemand blessé, s'empressa de le secourir; mais, comme il s'apprêtait à le panser, il reçut de cet officier un coup de revolver dans le bras (9).

Nous voulons arrêter ici, Monsieur le Président du Conseil, ce rapport, que nous aurions pu faire beaucoup plus long, si nous n'avions craint de répéter indéfiniment le récit de faits sans cesse renouvelés dans des conditions presque identiques. Aussi bien, les exemples déjà nombreux, extraits de la volumineuse enquête dont nous vous apportons aujourd'hui un résumé, suffiront à vous renseigner sur les procédés de guerre de nos ennemis et à vous démontrer amplement que l'armée allemande, si cruelle, comme nous l'avons établi précédemment, à l'égard des

---

(1) V. *infra*, Procès-verbaux et Documents: nos 257, 258; — (2) nos 259, 260; — (3) no 261; — (4) nos 262 à 270; — (5) nos 271, 272; — (6) nos 273 à 317, et, accessoirement, nos 9, 34 [Nota], 97, 99, 224, 236, 238, 241, 243, 249, 255; — (7) nos 318 à 327; — (8) no 328; — (9) no 329.

populations civiles, ne méconnaît pas moins, vis-à-vis des combattants, les lois les plus élémentaires du droit des gens et les devoirs les plus sacrés de l'humanité.

Veuillez agréer, Monsieur le Président du Conseil, l'expression de notre respectueux dévouement.

Paris, le 1er mai 1915.

G. PAYELLE, *président*.
Armand MOLLARD.
G. MARINGER.
PAILLOT, *rapporteur*.

RAPPORT

PRÉSENTÉ

À M. LE PRÉSIDENT DU CONSEIL

PAR LA COMMISSION

INSTITUÉE

EN VUE DE CONSTATER LES ACTES COMMIS

PAR L'ENNEMI

EN VIOLATION DU DROIT DES GENS

(DÉCRET DU 23 SEPTEMBRE 1914.)

PREMIER EMPLOI PAR LES ALLEMANDS DE GAZ ASPHYXIANTS COMME MOYEN DE COMBAT.

MM. Georges PAYELLE, *Premier Président de la Cour des Comptes; Armand* MOLLARD, *Ministre plénipotentiaire; Georges* MARINGER, *Conseiller d'État, et Edmond* PAILLOT, *Conseiller à la Cour de Cassation, à M.* LE PRÉSIDENT DU CONSEIL DES MINISTRES.

MONSIEUR LE PRÉSIDENT DU CONSEIL,

Nous avons l'honneur de vous faire connaître que nous venons de nous transporter au Quartier-Général de l'armée française en Belgique et dans le département du Nord, pour procéder à une enquête au sujet de l'emploi, par les Allemands, de gaz asphyxiants contre nos troupes. Le résultat de nos investigations auprès des officiers témoins du fait, et des médecins qui ont soigné les victimes, ne saurait laisser aucun doute sur la réalité et l'importance de cette nouvelle violation du droit de la guerre. En voici d'ailleurs le résumé :

Le 22 avril, un rapport d'aviateur signala qu'une fumée jaune avait été aperçue de place en place entre Bixschoote et Langemarck, dans les tranchées allemandes (1). Vers cinq heures du soir, un épais nuage de vapeurs lourdes, d'un vert jaunâtre, sortait des mêmes tranchées et, poussé par la brise, arrivait sur les lignes alliées, suivi par des contingents ennemis qui s'avançaient en tirant des coups de fusil. Nos hommes ressentirent immédiatement des picotements et une irritation intolérables dans la gorge, le nez et les yeux, ainsi que des suffocations violentes et de fortes douleurs dans la poitrine, accompagnées d'une toux incoercible. Beaucoup tombèrent pour ne plus se relever. D'autres, essayant vainement de courir, durent, sous les balles et les obus, se replier en titubant, en proie à des souffrances cruelles, et pris de vomissements dans lesquels apparaissaient des filets de sang. La plupart de ceux qui purent s'échapper furent malades pendant plusieurs jours et un certain nombre d'entre eux, malgré les soins qu'on leur prodigua, ne tardèrent pas à succomber aux suites d'accidents pulmonaires causés par l'asphyxie (2).

---

(1) V. *infra*, Procès-verbaux et Documents : n°s 330, 331 ; — (2) n°s 332 à 341, 347, 348, et 350 à 354.

Le 22 avril également, dans la région de Boesinghe, l'ennemi a couvert le terrain occupé par nos soldats d'obus qui, en éclatant, dégageaient des gaz suffocants (1). Depuis, à plusieurs reprises, et notamment le 27 avril (2) et le 2 mai, il s'est encore servi des mêmes moyens avant d'attaquer. Il semble du reste que les Allemands aient l'intention de généraliser l'usage de procédés de ce genre, formellement interdits par les conventions internationales, et qu'ils s'y soient déterminés depuis longtemps déjà, car ils ont préparé, à cet effet, tout un matériel, dont les déclarations d'un prisonnier ont, dès le 14 avril, révélé l'existence. Ce matériel consiste en des récipients en métal, munis de tubes commandés par des robinets (3). L'homme qui en a fourni la description aurait été envoyé à l'instruction à Roulers pour y apprendre le maniement des engins, et, d'après lui, les bouteilles à gaz se trouveraient disposées sur une partie du front, à raison d'une batterie de vingt bouteilles tous les quarante mètres.

Le 27 avril, un autre prisonnier, sous-lieutenant d'infanterie, a dit à l'officier interprète chargé de l'interroger, qu'il considérait les gaz asphyxiants comme une nouvelle arme au service de l'Allemagne; et dans une lettre qui a été trouvée sur un soldat allemand, celui-ci écrivait, le 26, à sa mère : « Vraisemblablement, on va donner maintenant leur compte à ces maudits Anglais. Nous avons employé un nouveau moyen de combat contre lequel ils sont tout simplement sans défense » (4).

Enfin, ce qui prouve mieux encore une organisation longuement préparée, c'est que les troupes qui se sont jetées, le 22 avril, sur les tranchées françaises, étaient munies d'appareils destinés à les protéger contre l'asphyxie. Certains hommes avaient la tête recouverte de masques volumineux qui les faisaient ressembler à des scaphandriers. Les autres, en plus grand nombre, portaient sur le nez et sur la bouche une muselière en caoutchouc en forme de groin, d'une fabrication très ingénieuse. Un de ces derniers instruments, trouvé sur le terrain, nous a été remis. Il se fixe à l'aide d'un élastique passant derrière la nuque. Son extrémité est formée par une paroi percée de plusieurs trous, à laquelle est adapté à l'intérieur un tampon imprégné d'une substance de nature à neutraliser l'effet des gaz. L'aspiration se fait à travers ce tampon, et l'expulsion de l'air respiré se produit au moyen d'une petite valve en mica jouant dans un dispositif métallique placé sur l'un des côtés de l'appareil (5).

M. Kling, directeur du Laboratoire municipal de Paris, a été chargé par M. le Ministre de la Guerre de déterminer la nature du gaz qui a été employé par les Allemands contre nos soldats. Il résulte de ses recherches que ce produit est du chlore gazeux, qui doit être considéré comme un « agent suffocant meurtrier », capable de provoquer la mort par asphyxie secondaire (6).

Veuillez agréer, Monsieur le Président du Conseil, l'assurance de notre respectueux dévouement.

Paris, le 6 mai 1915.

G. Payelle, *président.*
Armand Mollard.
G. Maringer.
Paillot, *rapporteur.*

(1) V. *infra*, Procès-verbaux et Documents : n°s 339, 349; — (2) n° 350; — (3) n°s 342, 344, 345; — (4) n° 343; — (5) n°s 334, 342, 345, 346, 356; — (6) n° 355.

PROCÈS-VERBAUX D'ENQUÊTE

ET DOCUMENTS DIVERS

À L'APPUI DU RAPPORT DU 1ER MAI 1915

I

PRISONNIERS CIVILS OU MILITAIRES

PLACÉS DEVANT LES TROUPES ENNEMIES.

N° 1.

DÉPOSITION faite, le 19 janvier 1915, à Paris, devant la Commission d'enquête instituée par décret du 23 septembre 1914.

De Gueydon (Louis), 23 ans, sous-lieutenant au 14e régiment de hussards :

Je jure de dire la vérité.

Le 24 août, dans le bourg de Maulde, j'ai vu les troupes allemandes arriver sur nous en se faisant précéder par des femmes et par des enfants, pour se protéger contre notre feu. Ces malheureux, poussés par l'ennemi, faisaient entendre des cris de terreur.

Après lecture, le témoin a signé avec nous.

Nos 2, 3.

DÉPOSITIONS reçues, le 19 novembre 1914, à Rennes, par M. Biarnais, commissaire de police.

Saint-Jean (Jean-Baptiste), 23 ans, sergent au 34e régiment d'infanterie, actuellement en traitement à l'hôpital annexe de la rue du Manège :

Le 25 août dernier, alors que le 34e régiment battait en retraite de Clairfayts (France) à Sivry (Belgique), la compagnie commandée par le capitaine de Vulpillières, dont je faisais partie, était disposée en arrière-garde pour protéger la retraite. A un moment donné, la compagnie se réfugia sous bois pour laisser avancer vers nous une patrouille de uhlans composée d'environ douze hommes, qui se tenaient derrière une voiture devant laquelle marchaient, face à nous, une quinzaine de personnes : hommes, jeunes femmes et filles, et trois ou quatre enfants de huit à dix ans.

De nos camarades qui se trouvaient sur le flanc de cette patrouille purent tirer sur elle sans inconvénient pour les personnes civiles placées devant. Ce tir fit arrêter la patrouille. Aussi notre capitaine nous donna l'ordre de tirer en l'air, ce que nous fîmes. Les uhlans, qui s'étaient alors cachés derrière les hommes, les femmes et les enfants, se replièrent, abandonnant ces derniers, qu'ils avaient pris au village de Sivry et contraints de marcher devant eux dans la direction de Clairfayts.

Aucune de ces personnes n'a été blessée; mais elles nous rapportèrent que cette patrouille avait tout pillé dans leurs demeures.

Je ne connais aucune des personnes dont je viens de parler; mais mon camarade Lucbernet, actuellement en traitement ici-même, — qui était également présent, — pourra vous confirmer ma déclaration.

Lecture faite, persiste et signe avec nous.

LUCBERNET (Justin), 28 ans, soldat au 34e régiment d'infanterie :

Je faisais partie de la même compagnie que le sergent Saint-Jean et me trouvais présent lorsque les faits rapportés par lui sont survenus. Je ne puis donc que les confirmer, en ajoutant qu'ils sont absolument exacts.

Lecture faite, persiste et signe avec nous.

N° 4.

DÉPOSITION reçue, le 27 février 1915, à MARMANDE, par M. DUPIN, juge d'instruction.

NAZAT (Henry), né à Bordeaux le 19 octobre 1890, lieutenant de réserve au 20e régiment d'infanterie :

Serment prêté.

J'affirme avoir vu les faits relatés ci-après, qui se sont passés à Mouzon (Ardennes), le 27 août 1914, où la compagnie à laquelle j'appartenais avait reçu l'ordre d'empêcher le franchissement de la Meuse par l'ennemi. En particulier, ma section établie dans le faubourg de Mouzon, à une trentaine de mètres au sud du pont écroulé, avait pour mission d'interdire le passage à cet endroit.

J'ai vu une première fois trois ou quatre soldats allemands raser les murs en poussant devant eux des civils. J'ai su plus tard qu'ils cherchaient par ce moyen à pénétrer dans les maisons d'où ils pensaient pouvoir tirer sur nous. Un coup de fusil bien ajusté étendit l'un des Allemands et nous débarrassa des autres, qui détalèrent.

D'autres vinrent ensuite et essayèrent, isolément ou par groupes, de traverser en courant la rue, qu'une partie de ma section battait d'un feu intense. Les Allemands eurent là des pertes assez sensibles pour ne plus faire de tentative.

C'est alors qu'ils eurent recours à ce procédé infâme de placer un rideau humain dans toute la largeur de la rue qui prolonge le pont. Ils avaient disposé une douzaine d'habitants, parmi lesquels le curé et un jeune garçon de quinze à dix-sept ans. Nous étions si près, que je conserverai le triste souvenir de l'attitude résignée de ces pauvres gens marchant au supplice.

De derrière ces boucliers vivants, les Allemands nous tiraient dessus. C'est ainsi que mon capitaine et que plusieurs hommes furent tués à mes côtés. Notre tir, par contre, s'était arrêté à l'apparition des habitants. Il reprit lorsque ceux-ci, dans un mouvement instinctif, se groupèrent d'un même côté de la rue, mettant ainsi à découvert une fraction allemande qui se trouvait placée derrière. Nous abattîmes encore quelques ennemis; tous les autres se dispersèrent.

Furieux que ce procédé ne leur eût point permis de s'avancer, les Allemands, en manière de vengeance immédiate et féroce, dirigèrent leur fusillade sur les habitants dont ils s'étaient fait des boucliers. Plusieurs civils roulèrent à terre; mais je crois qu'ils ne furent que blessés, car nous les vîmes, un instant après, se relever plus ou moins péniblement et chercher refuge dans les maisons voisines.

Débordés de tous côtés, nous dûmes nous replier. J'ignore ce qui s'est passé ensuite.

Lecture faite, persiste et signe avec nous.

N° 5.

DÉPOSITION faite, le 14 octobre 1914, à Saint-Ouen-sur-Morin (Seine-et-Marne), devant la Commission d'enquête instituée par décret du 23 septembre 1914.

Chazal (Antoine), ancien maire, 50 ans, à Saint-Ouen-sur-Morin :

Je jure de dire la vérité.

Dans la nuit du 7 au 8 septembre, les Allemands, qui avaient déjà antérieurement occupé la commune, sont revenus. C'étaient des hussards de la mort. Ils ont enfermé toute la population du village, hommes, femmes et enfants, dans notre château, où ils s'étaient mis eux-mêmes à l'abri, et ont fait prévenir les Anglais qui les poursuivaient de la mesure qu'ils avaient prise pour éviter d'être bombardés. J'ai été enfermé moi-même; et quand les Anglais m'ont délivré, ils m'ont raconté ce que les Allemands leur avaient fait savoir.

Des soldats ont essayé de violenter deux jeunes filles; mais un sous-officier, averti, est venu à temps les protéger, et on nous a promis de punir les coupables. Ces derniers faits se sont passés pendant la première occupation, dans la nuit du 5 au 6 septembre.

Après lecture, le témoin a signé avec nous.

N° 6.

DÉPOSITION reçue, le 20 octobre 1914, à Ecommoy (Sarthe), par M. Guion, juge de paix.

Lenoir (Gaston), 28 ans, caporal au 317e d'infanterie :

Serment prêté.

Du 24 au 28 septembre dernier, jour où j'ai été blessé (je ne puis préciser davantage), me trouvant dans les tranchées du champ de bataille entre Roye et Albert, dans l'après-midi, j'ai vu les Allemands, qui se trouvaient à ce moment à six cents mètres environ, tirer sur nos tranchées en se protégeant par un cordon de vieillards, de femmes et d'enfants pris parmi la population du pays. Ils tiraient par-dessus la tête de ces malheureux, et nous ne pouvions naturellement leur répondre; seule, notre artillerie, qui pouvait tirer au delà dudit cordon, a fait battre l'ennemi en retraite, et ces gens, délivrés, vinrent à nous. Ces personnes nous dirent qu'elles étaient du pays.

Lecture faite, persiste et signe avec nous.

N° 7.

DÉPOSITION reçue, le 28 octobre 1914, à SAINT-CALAIS, par M. GAUDRILLET, procureur de la République.

MONTERASTELLI (François), né à Modane (Italie) le 1er février 1882, chef mineur, domicilié en dernier lieu à Courrières (Pas-de-Calais), actuellement en résidence à Saint-Calais :

Serment prêté.

Je suis en France depuis le 8 janvier 1913 et je travaillais, en qualité de chef mineur, aux mines de Courrières depuis le 18 avril 1914, quand la guerre a été déclarée. Au moment de la mobilisation, le travail ayant cessé, je me suis mis à vendre des journaux pour gagner ma vie; je vendais notamment le *Courrier du Pas-de-Calais*, journal publié à Arras. Le 29 septembre, j'ai été fait prisonnier par les Allemands, qui m'ont confisqué tout ce que je possédais : une somme de cent six francs, fruit de mes économies, ma bicyclette, mes journaux, enfin tous mes papiers d'identité. Ils m'ont ensuite conduit en automobile fermée sur la ligne de feu, où j'ai dû faire des tranchées, sous la surveillance des soldats, pendant plusieurs jours; dans l'après-midi du 4 octobre, un officier allemand dont j'ignore le grade m'a interrogé, puis m'a fait remettre les pièces d'identité qui m'avaient été enlevées, et de plus, ma pipe et mon couteau. Ce même jour, 4 octobre, à la tombée de la nuit, un combat s'est engagé entre les troupes allemandes et les troupes françaises: c'est alors que j'ai vu les soldats allemands forcer un groupe d'une dizaine de personnes, composé de femmes et d'enfants, à se tenir debout en face des Français, puis prendre la position du tireur à genou derrière ce groupe et tirer sur les Français; ce fait se passait à cinquante mètres environ de moi. Je ne puis dire si des femmes ou des enfants ont été tués ou blessés; mais ce que j'affirme, c'est que j'ai bien vu les soldats allemands tirer abrités par le groupe de femmes et d'enfants qu'ils avaient forcé à se mettre devant eux. Je ne saurais préciser d'une façon exacte l'endroit où je me trouvais à ce moment; cependant, je ne devais pas être éloigné du village de Tilloy (arrondissement d'Arras).

Dans la nuit du 4 au 5 octobre, ayant profité d'un moment d'inattention des sentinelles, j'ai réussi à m'évader. Je suis tombé ensuite dans les lignes françaises, où l'on m'a conservé quelque temps; puis, comme j'étais muni d'un laissez-passer régulier qui m'avait été délivré à Courrières, on m'a laissé libre. J'ai, dans la suite, rencontré un certain nombre de personnes qui, comme moi, erraient à l'aventure. Enfin, le 18 octobre, les autorités françaises nous ont tous réunis, puis nous ont fait prendre le train qui nous a conduits à Hazebrouck, puis à Saint-Omer, à Amiens, à Creil, à Rouen, au Mans, enfin à Saint-Calais.

Au cours de mon voyage, j'ai entendu bon nombre de personnes de la région du Nord faire le récit d'actes d'atrocité commis par les soldats allemands; mais, en ce qui me concerne, je n'ai été témoin que du fait que je viens de vous raconter.

Lecture faite, persiste et signe avec nous.

N° 8.

RAPPORT du lieutenant-colonel PAYERNE, commandant le 68e régiment d'infanterie, à M. le général commandant le IXe Corps d'armée.

Prosnes, le 5 octobre 1914.

En exécution de la note de service n° 1041 du IXe Corps d'armée, en date du 3 octobre courant, j'ai l'honneur de vous adresser ci-après des renseignements complémentaires sur les faits qui se sont passés, les 25 et 26 septembre, devant le front des 1re, 3e et 9e compagnies du 68e régiment.

Le 25 septembre, vers 18 heures 30, le commandant Bardollet, avec les 1re, 3e et 9e compagnies, s'est porté à l'assaut des tranchées allemandes qui étaient devant son front, à 1.200 m. N. E. de la cote 98, s'en est emparé, s'y est retranché et a poussé plus avant dans le bois avec les 1re et 9e, précédées de reconnaissances.

Vers 19 heures 30, une contre-attaque allemande s'étant produite, un certain nombre d'hommes de ces compagnies, et en particulier de la 9e qui se trouvait à gauche, ont été faits prisonniers (environ cinquante). Les compagnies ont été ramenées aux tranchées allemandes, où elles sont restées jusqu'au petit jour sans être attaquées.

Pendant la nuit, les prisonniers, qui avaient été désarmés par les Allemands, ont été employés à construire une tranchée face aux Français. Le fait est certifié par le caporal Devergne (9e compagnie), qui ne peut indiquer le numéro du régiment qui les a ainsi employés.

Au petit jour, une nouvelle attaque allemande se produisit sur le front des 9e, 1re et 3e compagnies.

Les Allemands se firent précéder dans cette attaque par les prisonniers faits la veille, qui furent formés en colonne par quatre, encadrés par les Allemands en colonnes en échelons refusés à droite et à gauche. Ils étaient suivis à cent cinquante mètres par une ligne de tirailleurs, suivie elle-même par des lignes de sections par quatre.

Ce fait est certifié par le caporal Devergne, qui ne peut expliquer quels moyens les Allemands ont employés pour les faire marcher devant eux.

Il certifie en outre que la 1re compagnie, devant laquelle il se trouvait alors avec la colonne de prisonniers, a hésité à tirer, voyant des Français, puis a fini par tirer sur les colonnes allemandes qui les encadraient à droite et à gauche, et que les Allemands, ayant perdu du monde, se sont reformés autour d'eux et les ont ramenés en arrière; qu'enfin, avec deux ou trois hommes qu'il n'a plus revus depuis, il est parvenu à s'échapper et à rejoindre la 1re compagnie.

Le sous-lieutenant Terrier, de la 1re compagnie, qui a suivi l'attaque des Allemands au petit jour, affirme avoir vu les Allemands, revolver au poing et l'arme sous le bras, faire marcher les prisonniers devant eux en tirant des coups de revolver et des coups de feu pour forcer leur obéissance.

L'adjudant Dufour, de la même compagnie, certifie le même fait.

Le sous-lieutenant Gallet, de la 8e compagnie, était en réserve derrière la 1re; il fut envoyé avec sa section pour dégager la droite de la 1re compagnie, menacée d'enveloppement; il exécuta une contre-attaque sur les Allemands, tuant deux officiers dont il a rapporté les jumelles, et refoulant la gauche allemande. Témoin du fait cité précédemment, il le confirme également.

Cette attaque allemande au petit jour fut d'ailleurs repoussée, grâce à l'intervention de la section de la 8e sur la droite de la 1re et grâce aussi au feu, tardif il est vrai, de la 1re compagnie postée dans ses tranchées.

Sur la gauche de la 1re, à la 9e compagnie (lieutenant Foujanet), la contre-attaque allemande étant précédée des prisonniers français, les gradés hésitèrent également à faire feu et une petite reculade se produisit, d'ailleurs rapidement arrêtée.

Conclusions : Des interrogatoires auxquels j'ai procédé, il résulte les faits certains suivants :

1° Les Allemands ont fait travailler, le 25, dans la nuit, les prisonniers français désarmés et leur ont fait construire une tranchée face aux tranchées françaises (déclaration du caporal Devergne).

2° Au petit jour, la contre-attaque allemande s'est fait précéder des prisonniers français, qui ont été contraints à marcher par la menace des coups de revolver des Allemands (affirmation du capitaine de Salvator, des sous-lieutenants Terrier et Gallet et de l'adjudant Dufour).

3° Il n'existe plus, dans les unités du 68e, aucun des trois ou quatre hommes qui se sont échappés avec le caporal Devergne. Ils ont dû être tués au cours des combats des jours suivants.

4° Le caporal Devergne, pas plus que les gradés des unités engagées les 25 et 26, n'ont pu me faire connaître le numéro du régiment allemand qui a employé les prisonniers français.

Il a été rendu compte dans un rapport précédent que les régiments qui se trouvaient en face du 68e étaient le 157e (renseignement certain) et probablement aussi les 162e et 163e.

Le lieutenant Foujanet a signalé en outre, dans son rapport, avoir eu affaire au 4e régiment de la garde (régiment Augusta).

Nous soussignés certifions que les faits pour lesquels nous sommes mis en cause dans ce rapport sont l'expression de l'exacte vérité.

Signé : *Chef de bataillon* SALVATOR. — *Lieutenant* FOUJANET. — *Sous-lieutenant* TERRIER. — *Sous-lieutenant* GALLET. — *Adjudant* DUFOUR. — *Caporal* DEVERGNE.

N° 9.

DÉPOSITION reçue, le 16 novembre 1914, à MELUN, par M. JOZON, juge d'instruction.

MARC (Charles), 29 ans, soldat au 1er régiment de fusiliers-marins, actuellement en traitement à l'hôpital auxiliaire n° 23 :

Serment prêté.

Le 10 novembre dernier, aux environs de Dixmude, j'ai vu des Allemands qui avaient placé devant eux des fusiliers-marins prisonniers. Et, en avançant sur nous, ils leur faisaient dire, en français naturellement, de ne pas tirer. Quand ils furent près de nous, les Allemands les tuèrent par derrière. Quelques-uns furent aussi atteints par des balles françaises. Il y en eut qui eurent la présence d'esprit de se jeter dans l'Yser ou de se coucher par terre.

J'ai vu aussi, à Dixmude, les Allemands diriger toute la journée le feu de leur artillerie sur notre hôpital.

Lecture faite, persiste et signe avec nous.

N°s 10, 11, 12, 13.

DÉPOSITIONS reçues, le 18 novembre 1914, au Mans, par M. Legal, commissaire de police.

Ayraud (Léon), 24 ans, soldat au 2e régiment de fusiliers-marins, actuellement en traitement à l'hôpital temporaire n° 20 :

Serment prêté.

Le 10 novembre, à Dixmude (Belgique), j'ai vu des fusiliers-marins, qui avaient été désarmés par les Allemands, marcher en avant des lignes ennemies qui avançaient vers les tranchées françaises. C'est ainsi que nous n'avons pu tirer comme on aurait voulu.

Lecture faite, persiste et signe avec nous.

Salson (Marcel), 20 ans, soldat au 1er régiment de fusiliers-marins, actuellement en traitement à l'hôpital temporaire n° 20 :

Serment prêté.

Le 10 novembre, vers trois heures de l'après-midi, à l'ouest de Dixmude, j'ai vu des Allemands, cachés dans un repli de terrain, placer en avant de leurs lignes une quarantaine de fusiliers-marins désarmés et prisonniers, de façon à nous empêcher de tirer.

Lecture faite, persiste et signe avec nous.

Wauters (Georges), 18 ans, soldat au 1er régiment de fusiliers-marins, actuellement en traitement à l'hôpital temporaire n° 20 :

Serment prêté.

Le 10 novembre, vers trois heures de l'après-midi, à l'ouest de Dixmude, j'ai vu des Allemands, cachés dans un déblai, placer sur la route en remblai des fusiliers-marins français désarmés et prisonniers, de façon à nous empêcher de tirer. Nos prisonniers nous firent des signes de détresse; nous traversâmes la rivière pour aller à leur secours, et à notre approche, les Allemands tirèrent sur nos soldats prisonniers. Ceux-ci essayèrent de se sauver en traversant l'Yser à la nage, et à ce moment, l'ennemi continua à tirer dessus. Quelques-uns furent blessés et disparurent dans l'eau.

Lecture faite, persiste et signe avec nous.

Clolus (Louis), 20 ans, soldat au 1er régiment de fusiliers-marins, actuellement en traitement à l'hôpital temporaire n° 20 :

Serment prêté.

Le 10 novembre, vers une heure et demie de l'après-midi, près de Dixmude, j'ai vu des Allemands, cachés dans le déblai d'une route, placer sur la route en remblai, en avant de leurs lignes, des fusiliers-marins français désarmés et prisonniers, de façon à nous empêcher de tirer.

J'ai vu aussi deux de mes camarades en armes se rendre à l'ennemi, parce qu'ils voyaient qu'ils ne pouvaient rejoindre nos lignes, les Allemands étant devant et derrière eux. A ce moment, les Allemands s'approchèrent à cinq ou six pas d'eux et les fusillèrent.

Lecture faite, persiste et signe avec nous.

N° 14.

DÉPOSITION reçue, le 20 janvier 1915, à Honfleur (Calvados), par M. Jacomet, juge de paix.

Villouvier (Joseph), 25 ans, soldat au 2e régiment d'infanterie de marine :

Serment prêté.

Le 10 novembre, à dix heures du matin, à Dixmude, au cours d'une attaque, nous avons eu une compagnie prisonnière. Le lendemain matin, au petit jour, nous nous rendîmes compte que les Allemands faisaient faire des tranchées par nos prisonniers près de la ligne du chemin de fer passant à côté du cimetière. Quelques jours après, sur la route d'Eessen, les Allemands, prononçant une attaque, firent mettre les prisonniers français devant leurs propres troupes; six furent tués, le septième fut sauvé par des tirailleurs algériens.

Je dois encore vous raconter que, toujours à Dixmude, fin octobre, à dix heures du soir, nous eûmes à subir une attaque allemande au cours de laquelle une compagnie de notre régiment réussit à se glisser, sans être vue, dans la ville. Il s'y trouvait quelques soldats belges et quelques matelots. Ces derniers, voyant les Allemands et ne se trouvant pas en force, battirent en retraite. Les Allemands se mêlèrent avec eux pendant environ un kilomètre et allèrent à l'ambulance française, où ils tuèrent un médecin de la marine et blessèrent l'aumônier; ils firent prisonniers un commandant, un second-maître et trois matelots — le second-maître s'appelait Le Galbec — qu'ils menèrent dans une ferme que nous attaquâmes. Pendant cette attaque, les Allemands tuèrent les prisonniers et se rendirent ensuite.

Lecture faite, persiste et signe avec nous.

FAITS NON CITÉS DANS LE RAPPORT.

N° 15.

DÉPOSITION reçue, le 1er décembre 1914, à Toulouse, par M. Lefillastre, commissaire de police.

Forney (Aubin), 28 ans, soldat au 347e d'infanterie, actuellement en traitement à l'hôpital temporaire n° 302 :

Serment prêté.

Au moment des combats qui ont eu lieu près de la ville de Nouzon (Ardennes) et alors que nous battions en retraite, j'ai été témoin des faits suivants :

Un matin, j'ai vu une troupe allemande débouchant de la route pénétrer en ville; une dizaine de femmes et d'enfants la précédaient et nous mirent, par conséquent, dans l'impossibilité de nous servir de nos armes.

Quelques heures plus tard et lorsque les Allemands eurent occupé la ville, ils garnirent les fenêtres de mitrailleuses devant lesquelles ils placèrent une femme ou un enfant, de façon à pouvoir tirer sur nous et à nous empêcher de leur répondre. D'autres tireurs procédèrent de la même façon, de telle sorte que nous dûmes abandonner le village sans avoir pu tirer qu'à peine quelques coups de fusil. Tous les hommes de ma compagnie sont témoins des mêmes faits et, pour les corroborer, je puis citer les noms de Valette, Mathieu, appartenant également à la 24ᵉ compagnie.

Je suis blessé aux deux mains et par conséquent dans l'impossibilité d'écrire.

(Suit la signature du commissaire de police.)

N° 16.

DÉPOSITION reçue, le 30 octobre 1914, à TOURS, par M. MARCOMBES, procureur de la République.

PASSEL (Benoît), 29 ans, caporal au 216ᵉ d'infanterie :

Serment prêté.

Le 13 septembre, sur les bords de l'Aisne, poursuivi par les Allemands, je me suis couché et j'ai fait le mort. En passant vers nous, un Allemand, me croyant blessé, m'a frappé à coups de crosse; mais, bien entendu, je n'ai pas bougé. Puis ils se retirèrent et, en passant sur nous, ils ne dirent rien.

Le 20 septembre, dès la pointe du jour, ma compagnie fut faite prisonnière; nous nous désarmâmes nous-mêmes, sur l'ordre des Allemands, puis ils nous mirent en tirailleurs avec eux et nous forcèrent à nous tenir ainsi contre le feu des lignes françaises. C'est dans ces conditions que j'ai été blessé par une balle française. Le soir, les Français firent eux-mêmes prisonnier tout le détachement qui nous encadrait.

Lecture faite, persiste et signe avec nous.

N° 17.

DÉPOSITION reçue, le 27 février 1915, à CAHORS, par M. KORN, procureur de la République.

COLLE (Céleste-Aimé), 33 ans, soldat au 287ᵉ d'infanterie :

Serment prêté.

Le 30 octobre 1914, à Vailly (Aisne), vers cinq heures du soir, j'ai constaté qu'il y avait en avant des lignes allemandes une rangée de prisonniers français que les ennemis avaient ainsi disposés, au risque de les faire tuer ou blesser par nous, pour se protéger contre notre tir. Je dois dire que nous n'avons tiré aucun coup de feu sur nos camarades ainsi exposés.

Lecture faite, persiste et signe avec nous.

II

EMPLOI DE PROJECTILES ET D'ARMES INTERDITS PAR LES CONVENTIONS INTERNATIONALES.

N° 18.

LETTRE du général d'Urbal, commandant la VIIIe armée, au général commandant en chef.

Au Quartier-Général, le 27 décembre 1914.

J'ai l'honneur de vous envoyer un chargeur à balles retournées, trouvé sur un cadavre allemand, le 26 décembre 1914, dans le Bois triangulaire au sud de Bixschoote, ainsi qu'une des pattes d'épaules de la tunique portée par l'homme. Cet homme appartiendrait au 7e régiment d'infanterie, 9e division, Ve Corps d'armée.

Signé P. O. : *Le Chef d'État-major.*

N° 19.

RAPPORT du lieutenant Vatin, de l'état-major de la 48e brigade, au général commandant la 48e brigade d'infanterie.

Mourmelon-le-Grand (Camp), le 3 octobre 1914.

J'ai l'honneur, en conformité des ordres que vous m'avez donnés, de vous rendre compte de ce qui suit :

Le 2 octobre, le capitaine Crouzette, de la 8e compagnie du 100e régiment d'infanterie, a trouvé, dans un bois situé à huit cents mètres environ au sud de la voie romaine de Reims à Suippes, une cartouche annexée au présent procès-verbal.

Cette cartouche allemande présente cette particularité que la balle a été retournée dans la douille, de manière que le culot de la balle se trouve à la hauteur du bord supérieur de la douille. Cette balle a été soigneusement sertie dans la douille, ce qui a écarté toute présomption que l'opération ait pu être faite par un soldat français.

Après avoir pris connaissance du présent rapport et m'avoir remis la dite cartouche, le capitaine Crouzette et un certain nombre de ses subordonnés ayant assisté à la découverte de la cartouche à l'endroit indiqué l'ont signé avec nous.

(*Suivent les signatures.*)

N° 20.

RAPPORT du lieutenant Vatin, de l'état-major de la 48ᵉ brigade, au colonel Méric, commandant la 48ᵉ brigade d'infanterie.

Au Camp de Châlons, le 3 octobre 1914.

Vous m'avez permis de faire une enquête sur une cartouche « expansive » allemande trouvée dans une tranchée allemande, il y a quelques jours. J'ai l'honneur de porter à votre connaissance les résultats de cette enquête.

Cette cartouche a été trouvée par le soldat réserviste Delautre (Noël), en présence de l'adjudant Magrangeas (René) et du soldat réserviste Meuriche (Victor), tous de la 11ᵉ compagnie du 126ᵉ d'infanterie, le 28 septembre, à six heures trente du matin.

Interrogé par nous, le soldat Delautre a déclaré :

« Je me trouvais avec ma compagnie à combler (boucher) des tranchées faites par les Allemands la nuit précédente, lorsque j'ai trouvé cette balle en avant d'une tranchée, du côté des Allemands. Le soldat Meuriche était auprès de moi et l'a vue en même temps que moi à terre, avant qu'elle soit ramassée : c'est moi-même qui l'ai ramassée. Je l'ai montrée aussitôt à mon camarade Meuriche et l'ai remise ensuite à l'adjudant Magrangeas, qui l'a portée au capitaine Massoubre. »

Le soldat Meuriche nous a ensuite fait la déposition suivante :

« J'étais avec mon camarade Delautre, occupé à boucher des tranchées, lorsqu'il a ramassé sur le sol la cartouche et me l'a montrée, en disant : « Tiens, une cartouche allemande ». Je lui ai répondu : « C'est une cartouche explosible ». Comme l'adjudant était à quelques pas de nous, Delautre lui a remis la cartouche. »

Nous avons interrogé l'adjudant Magrangeas, qui nous a répondu ce qui suit :

« Le 28 au matin, j'avais commandé quelques hommes de ma section, parmi lesquels Delautre et Meuriche, pour boucher des tranchées que les Allemands avaient faites la nuit précédente dans le prolongement de celles qu'occupait ma section. Vers six heures trente du matin, Delautre m'apporta la cartouche en question, qu'il venait de trouver à l'emplacement où il travaillait, et qu'il prenait pour une cartouche allemande explosible. J'ai aussitôt pris la cartouche et l'ai portée au capitaine Massoubre, en lui rendant compte de ce qui venait de se passer. »

Ayant demandé au capitaine Massoubre de nous dire ce qu'il savait à ce sujet, il nous fit cette réponse :

« Lors de l'attaque effectuée dans la nuit du 27 au 28 (septembre) par les Allemands sur les tranchées du 114ᵉ, nos ennemis firent reculer ce régiment et creusèrent des tranchées sur le plateau à quatre cents mètres nord de la chaussée romaine et à six cents mètres sud du mot *les Deux Arbres* (carte E. M. 80.000ᵉ, Châlons). En comblant une de ces tranchées, le soldat Delautre (Noël), de la 11ᵉ compagnie du 126ᵉ (capitaine Massoubre), n° du répertoire 05263, trouva la cartouche ci-jointe avec la balle à enveloppe de maillechort interrompue sur la partie ogivale, cartouche portant les inscriptions R. W. S. N. — M. 88 8 m/m. »

Ayant recueilli ces renseignements, j'ai considéré cette enquête comme terminée et signé le présent rapport en même temps que les témoins dont la déposition a été consignée ci-dessus.

(*Suivent les signatures.*)

N° 21.

PROCÈS-VERBAL dressé par l'autorité militaire (281e régiment d'infanterie, 131e brigade, 58e division, Xe armée).

Le 7 décembre 1914, le sous-lieutenant Évrard, de la 18e compagnie du 281e, se portait en avant avec sa section dans une tranchée allemande, en avant de Vermelles, lorsqu'il rencontra quatre cadavres de soldats allemands, dont un sous-officier.

Ce dernier fut fouillé par les deux soldats Richard et Mancino, qui retirèrent de ses cartouchières plusieurs chargeurs. L'un d'eux contenait des cartouches dont les balles avaient été tronquées (dum-dumisées) et un autre des cartouches à balles renversées. Le sergent Ricome, sous-officier adjoint au commandant du 5e bataillon, était présent.

Ces cartouches sont contenues dans le scellé n° 1 accompagnant le présent procès-verbal.

En outre, les objets suivants ont été découverts sur le même sous-officier :

1° deux médailles vraisemblablement volées à un instituteur;

2° des boucles d'oreille dont l'étiquette prouve qu'elles ont été soustraites dans un magasin de bijouterie.

Ces objets sont contenus dans un paquet n° 2 expédié avec le premier à M. le Ministre de la Guerre (Direction du Contentieux).

Ci-joint deux paquets scellés.

Fait à Vermelles, le 13 décembre 1914.

(*Suivent les signatures.*)

N° 22.

NOTE DE TRANSMISSION d'une balle dum-dum trouvée sur un officier allemand.

Cléry-sur-Somme, le 21 septembre 1914.

Balle dum-dum prise dans le barillet d'un revolver trouvé sur un officier allemand du Kraftfahrbataillon n° 2 au Pavé (carrefour routes Cambrai-Péronne, Cambrai-Saint-Quentin, 12 kilomètres sud de Cambrai), le 20 septembre 1914, lors de l'attaque d'un convoi automobile.

Signé : *Lieutenant* G. Héron, *du 22e dragons.*

Vu et contrôlé :
Signé : M. Wallace,
Capitaine commandant le 22e dragons.

Vu et transmis :
Le Colonel commandant P. I. la 3e brigade,
Signé : Robillot.

Vu et Transmis. — L'officier allemand porteur de ce revolver a été tué dans le combat.

Le Général commandant la 5e D. C.
P. O. *L'Officier d'état-major,*
Signé : De Banville.

N° 23.

LETTRE du général commandant le IIe Corps de cavalerie au Ministre de la Guerre, à Bordeaux.

Les Lauriers, 16 octobre 1914.

J'ai l'honneur de vous adresser à toutes fins utiles un chargeur de cartouches à balles explosibles, trouvé dans la cartouchière d'un chasseur à pied allemand tué à Neuf-Berquin (1er régiment de chasseurs).

P. O. : *Le Sous-Chef d'état-major,*

Signé : Boucherie.

N° 24.

RAPPORT du lieutenant-colonel Leleu, directeur de la Section technique de l'artillerie. (Exécution d'un ordre ministériel du 5 septembre 1914.)

Paris, le 7 septembre 1914.

La cartouche communiquée est une cartouche allemande réglementaire, avec balle S montée sur un étui fabriqué à Spandau, le 3 août 1909.

Les incisions ont dû être pratiquées sur la balle une fois la cartouche terminée. Ce sont deux traits de scie de 0 mm. 5 environ, pratiqués en croix sur l'ogive, à une profondeur de 6 mm.

Pour l'examen, l'enveloppe a été enlevée, afin qu'on pût se rendre compte si le noyau était bien le noyau normal simplement incisé en même temps que l'enveloppe. C'est ce qui a été constaté.

Cette balle n'est donc pas exactement une balle dum-dum telle que les fabriquait, une fois le type arrêté, la manufacture de Calcutta, c'est-à-dire une balle à *sommet* du noyau découvert avec incisions longitudinales pratiquées à partir du bord supérieur de l'enveloppe.

C'est, comme l'étaient les premières cartouches anglaises employées dans le Tchitral, un bricolage postérieur à la fabrication, opéré néanmoins par un ouvrier disposant d'un étau et d'une scie à métaux. L'opération a donc dû être faite systématiquement sur une certaine quantité de munitions.

La valeur balistique des balles incisées de cette façon, sans modification de noyau, doit être, tant qu'elles ne rencontrent pas d'obstacles, exactement celle des balles S ordinaires.

Si elles ricochent sur un corps dur, leur avant, plus facilement déformable, peut déterminer des déviations latérales de grande amplitude qui diminuent les chances de balayer tout au moins le terrain, dans un tir mal réglé en distance.

Quant à leurs effets meurtriers spéciaux, ils ne peuvent être de l'ordre attribué aux balles qui se champignonnent, puisque le noyau n'est pas découvert à l'extrémité. Trois cas peuvent se présenter :

Ou la balle rencontre un os résistant, et les quatre baguettes, s'aplatissant en croix, forment une sorte de petit moulinet à quatre bras qui tirebouchonne les parties traversées au delà du point d'aplatissement;

Ou, la balle traversant des muscles épais, il se peut que le noyau coulisse dans l'enveloppe en l'entre-bâillant et constitue ainsi deux projectiles à trajet capricieux;

Enfin, il est possible, à travers des parties minces ou molles, que la balle à pointe incisée se comporte comme une balle ordinaire (1).

Quoi qu'il en soit, il n'y a aucun doute que ces balles soient interdites par les règles du droit international. Elles tombent sous le coup de l'article de la déclaration de La Haye du 29 juillet 1899, par lequel « les puissances contractantes s'interdisent l'emploi de balles qui s'épanouissent ou s'aplatissent facilement dans le corps humain, telles que les balles à enveloppe dure dont l'enveloppe ne couvrirait pas entièrement le noyau *ou serait pourvue d'incisions* ».

Le Lieutenant-Colonel directeur de la Section technique de l'artillerie,

Signé : V. LELEU.

N° 25.

RAPPORT du lieutenant-colonel LELEU, directeur de la Section technique de l'artillerie. (Exécution d'un ordre ministériel parvenu le 11 septembre 1914.)

Paris, le 13 septembre 1914.

Les cinq cartouches reçues sont des munitions allemandes établies pour le pistolet Parabellum (Borchardt Lueger) de 9 mm., qui paraît avoir été substitué depuis deux ou trois ans dans l'armée allemande au pistolet de même système de 7 mm. 65.

Ce pistolet automatique, à chargeur de huit cartouches, tire normalement à la vitesse V_{10} de 370 mètres (2) une cartouche à balle enveloppée (noyau de plomb durci et chemise de maillechort), exactement de même forme extérieure que la balle des cartouches communiquées.

Celles-ci ont été fabriquées par la Deutsche Waffen und Munitionen Gesellschaft [D. W. M.] dans la succursale de Carlsruhe [K.] (3).

La balle, de même organisation que la balle normale, porte à l'avant un trou conique analogue à celui pratiqué dans la balle 1886 pour constituer la cartouche de stand modèle 1906, mais avec cette différence que le bord de l'enveloppe est serti en dedans de la cavité. (Voir la photographie de la cartouche coupée.)

Ces balles rentrent donc dans la catégorie des balles genre dum-dum, dites par les armuriers anglais : « solid nose hollow », tête résistante à nez creux.

L'effet de la cavité ne paraît pas d'ailleurs être celui qu'on attendrait d'après les analogies avec les balles de fusil : quatre des cartouches communiquées, tirées dans les caisses à sciure de bois, deux avec interposition d'une planche réalisant la rencontre préalable d'un corps

---

(1) A la connaissance du rédacteur, aucune expérience n'a été faite sur les balles ainsi modifiées. Celles du médecin général Bruns ont porté sur des balles de fusil et de pistolet à ogive partiellement découverte.

(2) Vitesse mesurée sur des cartouches normales avant le tir sur la caisse à sciure.

(3) Longueur totale de la cartouche... 29 m/m.
Poids total.................... 12 gr. 35.
Poids de la balle.............. 7 gr. 92.
Poids de la charge............. 0 gr. 350.

dur, se sont comportées exactement comme les cartouches ordinaires tirées en même temps qu'elles.

Quoi qu'il en soit, l'intention d'augmenter les effets vulnérants par une sorte d'explosion de l'avant de la balle n'est pas douteuse.

Les cartouches examinées, destinées au pistolet réglementaire allemand Parabellum de 9 mm., rentrent dans la catégorie des projectiles interdits par le paragraphe 1er du corps de la déclaration de La Haye, du 29 juillet 1899.

Ci-joint deux photographies montrant la cartouche entière et la cartouche coupée.

Signé : V. Leleu.

N° 26.

RAPPORT du médecin-major de 2e classe Épaulard, chef de service au 133e régiment d'infanterie, à M. le Médecin principal médecin-chef de la 41e division d'infanterie, à Saint-Dié (XXXIVe corps d'armée, 1re armée).

La Voivre, 19 novembre 1914.

Conformément à l'ordre prescrivant de signaler tout attentat reconnu au droit des gens et aux conventions internationales en vigueur, j'ai l'honneur de vous rendre compte qu'il a été trouvé, dans une maison de La Voivre, une balle allemande du type dit « dum-dum ».

La cartouche est complète et non tirée. Elle a été trouvée dans une maison où cantonnaient des officiers, sans que l'on pût en indiquer la provenance. Cette cartouche est conforme à l'ancien modèle en usage dans l'armée allemande, avec balle cylindrique. Le culot porte les lettres S. F. M., deux étoiles et deux G entrecroisés.

La balle porte, sur son pourtour, quatre rainures profondes d'un millimètre, entaillant complètement la chemise de métal blanc pour aller jusqu'à la masse intérieure. Ces rainures ont environ 1/4 de millimètre de largeur et ont 13 mm. 5 de longueur. Elles sont longitudinalement creusées et diamétralement placées deux à deux, à intervalles absolument égaux. Elles prennent naissance à 5 millimètres de l'extrémité de la balle. Elles sont absolument rectilignes, mais présentent quelques très minimes bavures. De l'une des rainures part, vers l'extrémité de la balle, une rayure du métal, également rectiligne et fort accusée. La rainure voisine est, de même, prolongée par une rayure peu visible.

Il résulte de ces constatations que la balle trouvée correspond en tous points au type dit *dum-dum*, que les quelques bavures et irrégularités trouvées aux rainures permettent d'écarter l'hypothèse que la préparation de ces balles ait été faite en manufacture; mais que la précision millimétrique du travail effectué exclut l'hypothèse de la préparation par un soldat quelconque, porteur de cette cartouche.

Il y a certainement, dans ce cas, un travail d'armurerie exécuté avec des outils spéciaux et dans un atelier.

Signé : Dr Épaulard.

Vu et transmis.

Le chef de corps qui a examiné la cartouche partage l'avis émis dans le dernier alinéa de la lettre de M. le médecin-major Épaulard.

N° 27.

NOTE du Général commandant la Ve armée au Général commandant en chef.

Quartier-Général, le 17 octobre 1914.

Le général commandant la Ve armée a l'honneur de transmettre au général commandant en chef une balle allemande tailladée sur les côtés. Cette balle a été ramassée le 16 octobre, sur la cote 108, au sud-est de Berry-au-Bac.

P. O. : *Pour le Chef d'état-major,*
Signé : E. Girard.

N° 28.

PROCÈS-VERBAL dressé, le 17 septembre 1914, par le lieutenant Leroy (Victor), du 54e régiment d'infanterie.

Je soussigné, Leroy (Victor), lieutenant de réserve au 54e de ligne, certifie avoir trouvé dans une prairie près de Courcelles-sur-Aire, un tas de cartouches allemandes parmi lesquelles se trouvaient de nombreux chargeurs de cinq cartouches (environ une cinquantaine). J'ai remarqué que chaque chargeur contenait au milieu une balle dont la pointe était fendue en quatre; j'ai fait constater le fait en présence des lieutenants Vignes et Roquigny, du 54e, ainsi que du sergent Fournel, et j'ai prélevé au hasard sur ce tas de cartouches un chargeur muni de ses cinq cartouches, dont une, celle du milieu, est fendue en quatre à la pointe.

Je remets ce chargeur avec la présente note pour valoir ce que de droit.

Le 17 septembre 1914.

Signé : Leroy.

(*Suivent les autres signatures.*)

N°s 29, 30.

DÉPOSITIONS faites, le 9 octobre 1914, à Sézanne (Marne), devant la Commission d'enquête instituée par décret du 23 septembre 1914.

Haniez (René), 21 ans, employé à Sézanne :

Je vous remets une cartouche munie d'une balle dum-dum que mon père a trouvée sur le champ de bataille, dans une tranchée allemande, à peu de distance du village de Soizy-aux-Bois. Comme vous pouvez le constater, l'enveloppe de métal blanc ne recouvre pas entièrement le lingot de plomb, qui est arrondi à l'extrémité supérieure.

Après lecture, le témoin a signé avec nous.

Gauter (Henri), 52 ans, négociant en vins à Sézanne :

Sur la demande d'un médecin-major de l'hôpital auxiliaire installé au collège, j'ai photographié la blessure d'un soldat des troupes d'Afrique qui paraissait avoir été atteint par une balle explosible. J'ai fait deux clichés : l'un de l'orifice d'entrée de la balle, l'autre de l'orifice de sortie. Je vous ferai parvenir incessamment une épreuve de chacun de ces clichés.

Après lecture, le témoin a signé avec nous.

N° 31.

DÉPOSITION faite, le 24 octobre 1914, à FLEURY-SUR-AIRE (Meuse), devant la Commission d'enquête instituée par décret du 23 septembre 1914.

MATHIEU (Charles), 53 ans, maire de Fleury-sur-Aire :

Je jure de dire la vérité.

Après le passage de l'ennemi, un soldat français m'a fait voir un chargeur allemand contenant cinq cartouches, dont deux étaient munies de balles portant quatre fentes à l'extrémité de l'ogive, de façon à diviser la partie supérieure en forme de croix quand la balle rencontre un corps dur.

Après lecture, le témoin a signé avec nous.

N° 32.

EXTRAIT d'un carnet trouvé sur un prisonnier allemand (1).

Grosses Hauptquartier d. 24. 9. — Die französische Heeresleitung hat die Erschiessung aller deutscher Offiziere, Beamten, Unteroffiziere und Mannschaften angeordnet bei denen Dum-dumgeschosse vorgefunden werden. Alle Militärpersonen und Beamten sind daher anzuhalten, sich sämtlicher Geschosse zu entledigen die etwa als Dum-dumgeschosse angesehen werden könnten. Als Dum-dumgeschosse könnte auch solche Pistolenmunition gelten die nicht mit Vollmantelgeschoss ausgestattet ist, sondern an deren Spitze der Mantel abgeschnitten und so umgefalzt ist, dass der Bleikern sichtbar war, dies soll bei der Munition der Parabellum Pistole z. B. der Fall sein. Solche Munition in deren Bleikern Löcher gebohrt sind kommt auch als Dum-dumgeschoss in Frage. Das abgeplattete Vollmantelgeschoss der vorschriftsmässigen Armeepistole ist nicht als solche anzusehen.

Feindl. Militärpersonen bei denen dum-dum oder ähnliche Geschosse gefunden werden sind unverzüglich zu erschiessen.

Um einwandsfrei festzustellen, wo auf der französisch-englischen Front Dum-dumgeschosse verwendet werden, sind dahingehende Meldungen, wieviel Dum-dumgeschosse bei den verschiedenen Armeen erbeutet sind, und welchen Truppen sie abgenommen wurden baldigst hierherzusenden. Beifügung von Proben der gefundenen d-d. Munition ist erwünscht.

13. 10. — Unter der Inf. Munition einzelner Mannsch(aften) des Korps sind vereinzelt sowohl Patronen der sogenannten Zerscheller Munition als auch Patronen, deren Spitzen anscheinend durch Bereibung mit einem harten Gegenstand geringfügig abgeflacht ist. Sämtliche Mannschaften sind darauf hinzuweisen, dass sie wegen des Dum-dumgeschoss ähnlichen Charakters dieser Munition sich der Gefahr aussetzen, erschossen zu werden, falls sie mit derartiger Munition in Feindeshand fallen.

---

(1) Diverses pièces, jointes à ce carnet, semblent indiquer qu'il a appartenu au Feldwebel Kohler, du 7e régiment de réserve.

TRADUCTION.

Grand Quartier général, le 24 septembre. — Le Commandement d'armée français a ordonné de fusiller tous les officiers, fonctionnaires, sous-officiers et soldats allemands qui seraient trouvés porteurs de projectiles dum-dum. Tous les militaires et fonctionnaires doivent donc être exhortés à se défaire de tout projectile qui pourrait en quelque manière être considéré comme projectile dum-dum. Pourraient ainsi compter comme balles dum-dum telles munitions de revolver dont la balle, au lieu d'être complètement recouverte, présente à la pointe le manteau coupé et retourné de façon que le noyau de plomb est visible, ce qui serait le cas, par exemple, des munitions du revolver Parabellum. Les balles dont le noyau de plomb a été percé de trous peuvent aussi rentrer dans la catégorie des projectiles dum-dum. Au contraire, la balle aplatie à manteau plein de notre revolver d'ordonnance ne peut être considérée comme telle.

Les militaires ennemis sur qui seront trouvés des balles dum-dum ou autres projectiles analogues seront fusillés sur-le-champ.

Pour établir indiscutablement sur quels points du front franco-anglais des projectiles dum-dum auront été employés, on devra envoyer ici d'urgence des rapports indiquant en quelle proportion des projectiles de cette sorte auront été trouvés dans le butin pris aux différentes armées, et à quelles troupes ils auront été pris. Il est à désirer que des spécimens des munitions dum-dum ainsi découvertes soient joints au rapport.

13 octobre. — Il arrive qu'individuellement certains hommes du corps aient parmi leurs munitions d'infanterie tant des cartouches dites « Zerscheller » (1) que des balles dont la pointe est aplanie d'une façon insignifiante comme par frottement avec un objet dur. Tous les hommes doivent être avertis que le caractère de ces projectiles se rapprochant des balles dum-dum, ils s'exposent à être fusillés s'ils tombent aux mains de l'ennemi munis de pareilles cartouches.

N° 33.

DÉPOSITION reçue, le 16 octobre 1914, à Fontenay-le-Comte, par M. Chebrou, procureur de la République.

Oger (François), 33 ans, soldat au 337e d'infanterie :

Serment prêté.

Le 27 septembre, vers quatre heures du soir, à Bazentin, près d'Albert (Somme), j'ai été blessé par une balle explosible au cours d'un engagement avec les Allemands. La balle, qui m'a atteint à la main gauche, a pénétré de dedans en dehors. Le point d'entrée, à la paume de la main, était marqué par une toute petite ouverture ; à l'extérieur, au contraire, sur le dos de la main, la balle, à la sortie, m'a occasionné une très large blessure en déchirant les chairs entre l'auriculaire et l'annulaire, sur une longueur de cinq centimètres environ. Ma blessure a été photographiée par les soins du médecin traitant, et je vous remets une épreuve de la photographie qu'il m'a donnée pour vous la remettre. Je ne suis pas encore guéri et je ne sais pas quand ma guérison pourra être complète.

Après lecture, persiste et signe avec nous.

---

(1) Le verbe *zerschellen* signifie « se briser, éclater ».

N° 34.

DÉPOSITION reçue, le 17 octobre 1914, à Fontenay-le-Comte, par M. Chebrou, procureur de la République.

Le Faguays (Fernand), docteur en médecine, médecin-chef à l'hôpital militaire de Fontenay-le-Comte :

Serment prêté.

J'ai eu dans mon service le soldat Oger, présentant une blessure de la main; j'estime qu'étant données la forme de la blessure et la nature des dégâts, cette blessure ne peut être due qu'à une balle explosible.

Cette blessure a été photographiée et j'en ai joint une épreuve à l'envoi de photographies de blessures de cette nature, adressées il y a quelques jours au service du contentieux sur sa demande. Ce cas est, en effet, le sixième que je constate dans mon service (1).

Lecture faite, persiste et signe avec nous.

---

(1) Comme il est dit au Rapport, la Commission a eu communication de très nombreuses dépositions faites par des médecins, au sujet de blessés français qui présentaient des plaies provenant indubitablement de projectiles allemands de la nature de ceux dont il est question dans les pièces ci-dessus. Ces dépositions étant à peu près toutes identiques, nous nous bornons à en reproduire quelques-unes. Suit une mention sommaire des autres :

Des plaies causées par des balles de ce genre ont été constatées notamment par le docteur Mikdjian, médecin-chef de l'hôpital auxiliaire n° 108, à Joigny, sur les soldats Miljeu, du 66e régiment d'infanterie; Frossais, du 64e régiment d'infanterie; et sur le sergent Loizeau, du 93e régiment d'infanterie, blessés tous trois, le 8 septembre, à Fère-Champenoise; — par le docteur Hautefort, chef de clinique à la Faculté de Paris, aide-major à l'hôpital d'évacuation n° 5, à Arcis-sur-Aube, sur le soldat Clérentin, du 120e régiment d'infanterie, blessé, le 8 octobre, dans la forêt de l'Argonne; — par le docteur Maquet, médecin traitant à l'hôpital militaire de Ganges (Hérault), sur le soldat Maître, du 29e bataillon de chasseurs à pied, blessé, le 8 septembre, à Rembercourt; — par le docteur Girard, médecin à l'hôpital de Confolens, sur les soldats Blot, du 72e régiment d'infanterie, et Gschickt, du 147e régiment d'infanterie; — par le docteur Guirlet, médecin-chef du commandement d'étapes de la gare régulatrice de Gray, sur un blessé dont le nom n'est pas indiqué; — par les docteurs Chapoy, professeur à l'École de médecine de Besançon, Tissot et Gomet, médecins à l'ambulance auxiliaire n° 102, à Besançon, sur les soldats Humbert, du 21e régiment d'infanterie, blessé, le 26 août, à Raon-l'Étape; Javayron, du 21e bataillon de chasseurs alpins, blessé, le 14 septembre, à Saint-Jean-d'Ormont; Antichan, du 80e régiment d'infanterie, blessé, le 28 septembre, à Flirey; Gallois, du 222e régiment d'infanterie, blessé, le 30 août, à Saint-Dié; et sur le caporal Martinez, du 62e bataillon de chasseurs alpins de réserve, blessé, le 29 août, entre Saint-Dié et Fraize; — par le docteur Richaud, médecin-chef de l'hôpital temporaire de Brignoles, sur le soldat Benoit, du 240e régiment d'infanterie, blessé, le 12 octobre, aux environs de Saint-Mihiel; — par le docteur Évrot, médecin à l'hôpital auxiliaire n° 4, à Chambéry, sur le soldat Parizot, du 56e régiment d'infanterie, blessé, le 1er octobre, à Mécrin; — par le docteur Bord, médecin des formations sanitaires de Dun-le-Palleteau, sur le soldat Roman, du 22e régiment colonial, blessé, le 10 septembre, à Norrois (Marne); — par le docteur Sallé, médecin-chef de l'hôpital n° 51, à Varzy (Nièvre), sur le soldat Jeard, du 111e régiment d'infanterie, blessé, pendant la nuit du 9 au 10 septembre, dans les environs de Bar-le-Duc; — par le docteur David, chef du service de santé à Casteljaloux, sur les soldats Montier, du 5e régiment d'infanterie, blessé en un endroit non désigné, et Rodé, du 12e régiment d'infanterie, blessé, le 18 septembre, à Craonne; — par le docteur Brandala, médecin-chef de l'hôpital civil de Lectoure, sur les soldats Pons, du 9e régiment d'infanterie; Pédibat, du 49e régiment d'infanterie; Mohamed ben Mohamed, du 8e régiment de tirailleurs algériens; Le Gouge, du 41e régiment d'infanterie; — par le docteur Thouvenet, médecin-chef de l'hôpital temporaire n° 1, à Limoges, sur les soldats Coudray, du 64e régiment d'infanterie; Dhalluin, du 49e régiment d'infanterie; Messager, du 5e régiment d'infanterie; Darrière, du 49e régiment d'infanterie; — par le docteur Bonnaud, mé-

N°s 35, 36, 37.

DÉPOSITIONS reçues, le 24 octobre 1914, à Perpignan, par M. Latrobe, juge substituant le procureur de la République.

Hélard (Jacques), 32 ans, soldat au 219e d'infanterie, actuellement en traitement à l'hôpital militaire :

Serment prêté.

J'ai été blessé, entre le 7 et le 8 septembre, d'une balle explosible à la main droite, pendant que nous combattions à Fère-Champenoise; l'orifice d'entrée du projectile dans la paume de la main est tout petit, tandis que la sortie est énorme et affecte une forme étoilée. La balle a traversé ma main et s'est perdue ensuite.

[Nous faisons défaire le pansement du nommé Hélard et nous constatons que l'orifice d'entrée de la balle dans la paume de la main est extrêmement petit, tandis que, sur

---

decin à l'hôpital auxiliaire n° 203, à Villefranche (Rhône), sur le soldat Cornu, du 61e régiment d'infanterie, blessé, le 24 septembre, au sud de Montfaucon; — par le docteur Boccard, médecin à l'hôpital auxiliaire n° 211, à Jujurieux (Ain), sur le soldat Francony, du 157e régiment d'infanterie, blessé, le 28 septembre, à Deconville (Meuse); — par le docteur Castay, aide-major à l'hôpital temporaire n° 14, à Pau, sur le soldat Saïd Mustapha, tirailleur algérien; — par le docteur Munier, médecin-chef de l'hôpital temporaire de Grenade-sur-l'Adour, sur le soldat Hue; — par le docteur Belliard, médecin à l'hôpital temporaire de Parentis-en-Born (Landes), sur le soldat Bisian, du 147e régiment d'infanterie, blessé, le 21 septembre, en un endroit non désigné; — par le docteur Lemée, médecin traitant à l'hôpital civil de Saint-Sever, sur l'adjudant Cadet, du 125e régiment d'infanterie, blessé, le 24 août, aux environs de Nomeny; — par le docteur Carle, médecin à l'hôpital militaire de Morcenx (Landes), sur le soldat Chérouze, du 158e régiment d'infanterie; — par le docteur Erny, aide-major à l'hôpital temporaire n° 5, à Pau, sur le soldat Viste, du 58e régiment d'infanterie, blessé, le 19 août, à Dieuze; — par le docteur Morisse, médecin chef de l'hôpital temporaire n° 16, à Castelsarrasin, sur les soldats Perraud, du 65e régiment d'infanterie, blessé, le 7 septembre, à Fère-Champenoise; Bézard, du 247e régiment d'infanterie, blessé, le 6 septembre, au Grand-Morin; Moreau, du 87e régiment d'infanterie, blessé, le 16 septembre, à la bataille de la Marne (quantité de petits débris dans les plaies); Nouleau, du 282e régiment d'infanterie, blessé, le 6 septembre, à Fère-Champenoise; Ursault, du 8e régiment d'infanterie, blessé, le 17 septembre, à la bataille de l'Aisne; Puyo, du 12e régiment d'infanterie, blessé, le 14 octobre, à la bataille de l'Aisne; Collet, du 70e régiment d'infanterie, blessé, le 17 septembre, à Craonne (le sinus frontal était ouvert. Il a fallu débrider l'os, d'où l'on a retiré des esquilles nombreuses et une quantité de petits débris métalliques. Le visage était entièrement criblé de grains de poudre et de grenaille); — par le docteur Bataille, chirurgien-chef de l'hôpital temporaire n° 6 *bis*, à Rouen, sur les soldats Bouglé, du 315e régiment d'infanterie, blessé, le 13 septembre, aux environs de Roye; Terral, du 4e régiment de zouaves, blessé, le 10 septembre, à Guéroy (Oise); Souïla, du 3e régiment de tirailleurs algériens, blessé, le 19 septembre, aux environs de Soissons; — par les docteurs Blois, médecin-chef de l'hôpital complémentaire n° 54, à Tournus, et Chamay, aide-major au même hôpital, sur les soldats Perthuis, du 113e régiment d'infanterie; Ligex, du 2e bataillon colonial; Lefranc, du 150e régiment d'infanterie; Grillon, du 131e régiment d'infanterie; Grimaux, du 67e régiment d'infanterie; — par le docteur Morin, médecin-chef de l'hôpital complémentaire n° 22, à Laval, sur les soldats Pautrel, du 130e régiment d'infanterie, blessé, le 10 août, à Mangiennes; Boussoufara Mohamed, du 4e régiment de tirailleurs algériens, blessé, le 22 septembre, à Arras; Kervran, du 4e bataillon d'infanterie coloniale du Maroc, blessé, le 22 septembre, à Lassigny; Chastanet, du 305e régiment d'infanterie, blessé, le 22 septembre, à Fontenoy; Jeaudot, du 238e régiment d'infanterie; et sur le sergent Reny, du 332e régiment d'infanterie; — par le docteur Abadie, major de 2e classe, affecté aux hôpitaux de Vire, sur le soldat Charasson, du 290e régiment d'infanterie, blessé, le 29 octobre, près d'Ypres; et sur le caporal Dossa, du 8e régiment de tirailleurs indigènes, blessé, le 29 octobre, près de Furnes; — par le docteur

le dessus de la main, la sortie du projectile, en partie cicatrisée aujourd'hui, est encore large de deux ou trois centimètres, et qu'on voit, sur les côtés de la plaie, quatre cicatrices nettement étoilées.]

Lecture faite, persiste et ne signe, ne pouvant.

Mercier (Ernest), soldat au 32e d'infanterie, actuellement en traitement à l'hôpital militaire :

Serment prêté.

J'ai été atteint, entre le 7 et le 8 septembre, d'une balle explosible à la main gauche, pendant le combat de Fère-Champenoise; la balle qui m'a atteint n'est pas restée dans la blessure.

[Nous faisons défaire le pansement du nommé Mercier, et nous constatons que la blessure qu'il a reçue présente exactement les mêmes caractéristiques que celle du soldat Hélard, c'est-à-dire petit orifice de pénétration, sortie très large et nettement étoilée.]

Lecture faite, persiste et signe avec nous.

Atger (Joseph-Edgard), 37 ans, docteur en médecine, médecin auxiliaire à l'hôpital militaire :

Serment prêté.

C'est moi qui ai soigné les blessés Hélard (Jacques), Primel (Yves) et Mercier (Ernest). A mon avis, les blessures dont ils ont été atteints proviennent incontestablement de balles explosibles ou plus exactement de balles coupées en croix.

Les blessures d'Hélard et de Mercier ont été photographiées, et je vous enverrai une épreuve les représentant.

Lecture faite, persiste et signe avec nous.

Pommeray, aide-major de 1re classe à l'hôpital complémentaire n° 30, à Trouville, sur le soldat Ponchy, du 136e régiment d'infanterie, blessé, le 22 août, aux environs de Charleroi, dans une ambulance sur laquelle tiraient les Allemands; — par le docteur Jonchères, médecin-chef de l'hôpital temporaire n° 13, à Saintes, sur le soldat Massoni, du 8e régiment d'infanterie coloniale, blessé, le 27 août, à Beaumont; — par le docteur Jacquemard, médecin traitant à l'hôpital temporaire n° 21, à Moulins, sur le soldat Dachy, du 91e régiment d'infanterie, blessé, le 16 octobre, dans la Marne; — par le docteur Trolley, médecin traitant à l'hôpital militaire n° 24, à Houlgate, sur le soldat Jouanne, du 317e régiment d'infanterie, blessé, le 9 septembre, à Nanteuil-le-Haudouin; — par le docteur Canaguier, chirurgien à l'hôpital temporaire n° 30, au Mans, sur le soldat El Merehed Mohammed, du 17e régiment de tirailleurs algériens, blessé, le 14 septembre, en Belgique; — par le docteur Aghavnian, médecin traitant à l'hospice d'Évron, sur les soldats Jouannic, du 317e régiment d'infanterie; Isabelle, du 315e régiment d'infanterie; Degaille, du 315e régiment d'infanterie, blessés tous trois, le 31 octobre, au Quesnoy; Lepas, du 317e régiment d'infanterie, blessé, le 29 octobre, au même lieu; — par le docteur Lechat, aide-major de 2e classe à l'hôpital temporaire n° 23, à Château-du-Loir, sur l'adjudant Gaudrillet, du 4e régiment de tirailleurs algériens, blessé, le 4 septembre, à Artonges (Aisne); sur le sergent Mamady Koné, du 4e régiment de tirailleurs sénégalais, blessé, le 11 octobre, à Canny-sur-Matz (Oise); et sur les soldats Milhau, du 24e régiment d'infanterie coloniale, blessé, le 8 septembre, à Blaise-sous-Arzillières (Marne); Blomme, du 16e bataillon de chasseurs, blessé, le 9 septembre, à Sézanne; Sansom, du 5e régiment d'infanterie, blessé, le 6 septembre, à dix kilomètres de Montmirail; — par le docteur Des Forges, médecin traitant

N° 38.

DÉPOSITION reçue, le 18 octobre 1914, à Tartas (Landes), par M. Arroux, juge de paix.

Marion (Étienne), 27 ans, soldat au 62ᵉ d'infanterie, hospitalisé à Tartas :

Serment prêté.

Le 5 octobre courant, j'ai été blessé au combat de Duile, département de la Somme, à la main droite. La nature de la blessure me permet d'affirmer qu'elle a été produite par une balle explosible dite *dum-dum*. Une balle ordinaire aurait traversé la main ou s'y serait arrêtée suivant un trou net, tandis que la plus grande partie de ma main a été pour ainsi dire déchiquetée, déchirée par une multitude de petits éclats métalliques; j'ai conservé plusieurs de ces petits éclats, qui semblent être de l'aluminium, et qui ont été extraits de ma blessure. Au moment où j'ai été blessé, on ne tirait pas de coups de canon; ce n'est donc pas un shrapnell qui a produit ma blessure.

Lecture faite, le témoin persiste et n'a pu signer, à raison de sa blessure. Nous avons seul signé.

N° 39.

DÉPOSITION reçue, le 1ᵉʳ décembre 1914, à Pont-Audemer, par M. Magnan, juge d'instruction.

Bousquet (Adrien), 34 ans, surveillant d'usine électrique à Verdalle (Tarn), soldat au 143ᵉ régiment d'infanterie, actuellement en traitement à l'hôpital auxiliaire n° 7 :

Serment prêté.

Le 1ᵉʳ novembre, avec ma compagnie, nous nous sommes emparés d'un village à l'est d'Ypres, dont le nom m'échappe. Le lendemain, nous avons été refoulés et ma section s'est trouvée coupée d'avec ma compagnie; nous avons alors rallié sur la 9ᵉ compagnie et avons été occuper des tranchées, toujours autour d'Ypres.

Nous sommes restés trois jours dans ces tranchées, puis nous avons été débordés. Certains de mes camarades furent faits prisonniers. Comme je ne voulais pas subir le même sort, je me suis enfui avec armes et bagages. Les Allemands me fusillèrent, et les balles tombaient partout autour de moi; j'étais tiré de dos et de côté. A un moment donné, j'ai ressenti à l'épaule droite une violente commotion qui me changea de côté; j'ai continué quand même

---

à l'hôpital militaire d'Évron, sur les soldats Khélifa Ouldrizi et Sliman ould Mohamed, appartenant tous deux au 6ᵉ régiment de tirailleurs indigènes, blessés à Lassigny; Bache Djilali, du 6ᵉ régiment de tirailleurs indigènes, blessé, le 23 septembre, au même lieu; Mohamed ben Maoui et Sadek ben Belgassem, appartenant tous deux au 8ᵉ régiment de tirailleurs indigènes, blessés, le 22 septembre, à Lassigny, et sur le sergent Mamady-Sy, du 1ᵉʳ régiment d'infanterie coloniale mixte du Maroc, blessé le 22 septembre; — par le docteur Langlois, médecin traitant à l'hôpital militaire d'Évron, sur les soldats Bisané Bame, du 1ᵉʳ régiment d'infanterie coloniale mixte du Maroc, blessé, le 23 septembre, à Lassigny; Ismaël ben Mohamed, du 4ᵉ régiment de tirailleurs indigènes; Ali ben Mohamed, du 8ᵉ régiment de tirailleurs indigènes; Mohamed ben Aziz ben Taieb, du 4ᵉ régiment de tirailleurs indigènes, blessés tous trois, le 22 septembre, à Lassigny; — par le docteur Gougeon, médecin-chef de l'hôpital auxiliaire n° 19, à Laval, sur le soldat Isselet, du 144ᵉ régiment d'infanterie, blessé, le 15 septembre, à Craonne; et sur le sergent Pulliet, du 3ᵉ régiment de zouaves, blessé le 7 septembre, à Barcy; — etc.

à marcher. Deux cents mètres plus loin, je me suis trouvé abrité des projectiles; j'ai laissé mon sac et j'ai réussi à atteindre un petit bois, où il y avait des chasseurs alpins qui m'ont fait un pansement sommaire et m'ont aidé à gagner l'ambulance.

Tous ces faits se sont passés le 5 novembre, dans l'après-midi.

J'ai ensuite été évacué sur cet hôpital, où j'ai reçu des soins.

Je vous remets une photographie de la blessure que j'ai reçue, photographie prise le 21 novembre, c'est-à-dire seize jours après, alors qu'un mieux sensible se produisait déjà.

Au moment où j'ai été blessé, comme je vous l'ai déjà dit, j'ai ressenti une violente commotion qui m'a changé de côté; je ne croyais pas cependant avoir une blessure aussi grave et avoir été atteint par une balle explosible; ce n'est que lorsque les chasseurs m'ont fait un premier pansement que je me suis aperçu de la gravité de la blessure, car ils se sont écriés : « Ah! quelle plaie! »

La blessure m'a bien été occasionnée par une balle de fusil, une balle explosible, qui a probablement éclaté au contact de l'os de mon omoplate; je vous affirme que ce n'est pas un éclat d'obus, car il n'y avait pas de canon à cet endroit de la bataille.

Lecture faite, persiste et signe avec nous.

N° 40.

DÉPOSITION reçue, le 3 décembre 1914, à Pont-Audemer, par M. Magnan, juge d'instruction.

Napiéralski (Thadée-Félix), 39 ans, docteur en médecine, demeurant à Pont-Audemer, médecin-chef de l'hôpital auxiliaire n° 7 :

Serment prêté.

A l'hôpital auxiliaire n° 7 de Pont-Audemer, dont je suis le médecin-chef, il m'est arrivé, le 10 novembre, des blessés venant du nord de la France; parmi eux se trouvait le nommé Bousquet (Adrien), 34 ans, soldat au 143e de ligne, 11e compagnie.

Cet homme portait une plaie vaste de la région scapulaire droite, ayant les dimensions d'une main ouverte; — nombreuses esquilles d'os provenant de l'omoplate; — l'acromion est presque détaché; — les muscles de la fosse sus-épineuse sont en bouillie; — ceux de la fosse sous-épineuse sont déchirés; — tout cela nageait dans le pus au moment de l'arrivée, 10 novembre. L'aspect de la plaie fait penser à une blessure par balle explosible.

[A ce moment, nous communiquons au docteur Napiéralski la déposition du blessé Bousquet. — Le docteur nous déclare :]

De cette déposition je puis conclure que, véritablement, Bousquet a été atteint par une balle explosible : le blessé avait son sac sur le dos; il fut tiré de côté, et il est très vraisemblable que, par suite de la pression du sac sur la peau, la force explosible de la balle se trouvant augmentée, la déchirure des téguments sur une large surface en ait été la conséquence, ainsi que l'éclatement du plan osseux formé par l'omoplate.

Lorsque la photographie de cette plaie a été prise, je soignais le blessé depuis quinze ou seize jours, et déjà cette plaie était en voie de guérison, la reconstitution des tissus musculaires se faisant dans des conditions normales, la suppuration ayant déjà considérablement diminué, l'ablation des esquilles et fragments osseux ayant rendu la surface de la plaie plus nette.

Bousquet, dans sa déposition, déclare que ce jour-là il n'y avait pas de combat d'artillerie, et qu'il a été blessé par une balle explosible. Je puis dire que ce n'est pas une blessure causée par un éclat d'obus, car la plaie ne présentait aucune tache de poudre ni aucune tache noirâtre d'oxyde métallique; dans la plaie de Bousquet, je n'ai trouvé aucun projectile, ni aucun corps étranger.

Mon avis est que fort probablement, ainsi que Bousquet le déclare, sa blessure a été causée par une balle explosible.

Lecture faite, persiste et signe avec nous.

N° 41.

DÉPOSITION reçue, le 19 novembre 1914, à Château-Gontier, par M. Dambrine commissaire de police.

Hinterlang (Léon), 24 ans, soldat brancardier au 79ᵉ régiment, actuellement en traitement à l'hôpital Saint-Julien :

Serment prêté.

Le 12 novembre 1914, au petit jour, étant aux environs d'Ypres, j'ai été envoyé avec trois camarades à la recherche de blessés français jusqu'aux tranchées. Nous portions le brancard à deux et les deux autres nous accompagnaient, lorsque j'ai reçu une balle qui m'a blessé à l'avant-bras droit. Cette balle était explosible et a éclaté dans mon bras, faisant à sa sortie une plaie d'une étendue considérable. J'ai manqué défaillir, tant ma blessure me faisait souffrir. Aucun éclat de la balle n'est resté dans la blessure.

Étant sur le front, j'ai souvent entendu éclater des balles qui venaient frapper sur un mur ou contre un corps dur, et je puis affirmer que les Allemands font usage de balles explosibles. Ces balles se reconnaissent d'ailleurs très bien pendant le tir, et ont un sifflement particulier quand elles traversent l'atmosphère.

Lecture faite, persiste et signe avec nous de la main gauche.

N° 42.

DÉPOSITION reçue, le 20 novembre 1914, à Château-Gontier, par M. Dambrine, commissaire de police.

Brossard (Jean), 37 ans, soldat au 64ᵉ régiment territorial d'infanterie, versé au 160ᵉ régiment, actuellement en traitement à l'hôpital Saint-Julien :

Serment prêté.

Le 10 novembre dernier, étant près d'Ypres, dans les tranchées de première ligne, j'ai été blessé au poignet droit par une balle allemande qui a fait explosion dans la blessure, me causant des déchirures dans les tissus du poignet et faisant un trou de sortie beaucoup plus grand que le trou d'entrée. Évacué sur l'hôpital de Château-Gontier, on a extrait de ma blessure l'enveloppe seule de la balle; les autres fragments n'ont pas été retrouvés.

Lecture faite, persiste, mais ne peut signer en raison de sa blessure.

N°s 43, 44.

DÉPOSITIONS reçues, le 23 novembre 1914, à Château-Gontier, par M. Dambrine, commissaire de police.

Fréchit (Roger), 33 ans, soldat au 124e régiment d'infanterie, actuellement en traitement à l'hôpital Saint-Julien :

Serment prêté.

Le 4 novembre courant, à la bataille d'Andechy (Somme), dans une charge à la baïonnette, j'ai été blessé par une balle ennemie qui est venue me frapper dans le biceps du bras droit, où elle a fait explosion, me faisant une blessure assez profonde sans toutefois traverser le bras. Les éclats de cette balle m'ont blessé ensuite en plusieurs endroits de la main gauche, qui a été traversée par un éclat. Un morceau d'enveloppe de la balle a été extrait de ma blessure du bras droit. A l'instant où j'ai été blessé, j'ai vu l'éclair produit par l'explosion de la balle, et je puis affirmer que c'était une balle explosible.

Lecture faite, persiste et signe avec nous.

Pécoil (Ernest), 22 ans, soldat au 124e régiment d'infanterie, actuellement en traitement à l'hôpital Saint-Julien :

Serment prêté.

Le 4 novembre dernier, à la bataille d'Andechy (Somme), dans une charge à la baïonnette contre les Allemands, j'ai été blessé au poignet gauche par une balle qui a brisé et traversé ma montre, que je portais au poignet, puis est venue ressortir par la paume de la main. Cette balle devait être explosible et a éclaté, car ma montre a été entièrement mise en pièces. L'enveloppe seule de la balle a été extraite de ma blessure, ainsi que des fragments de ma montre; quant au plomb de la balle, il n'a pas été retrouvé.

Lecture faite, persiste et signe avec nous.

N° 45.

DÉPOSITION reçue, le 8 décembre 1914, à Château-Gontier, par M. Dambrine, commissaire de police.

Gougé (Louis), 32 ans, soldat au 130e régiment d'infanterie, actuellement en traitement à l'hôpital Saint-Julien :

Serment prêté.

Le 4 novembre dernier, à la bataille d'Andechy (Somme), j'ai été blessé à l'avant-bras droit par une balle allemande qui m'a fait une blessure en séton. Depuis ce temps, ma blessure ne se refermait pas et me faisait toujours souffrir. Aujourd'hui, après un nouveau sondage, M. le docteur a constaté qu'une partie du projectile était restée dans la blessure : il m'a en effet extrait l'enveloppe de la balle, qui s'était séparée du projectile dans la blessure.

Lecture faite, persiste, mais ne peut signer.

N° 46.

RAPPORT du docteur Mesnard, chirurgien en chef de l'hôpital Saint-Julien et des formations sanitaires de Château-Gontier.

Je soussigné, docteur Mesnard, médecin légiste, ancien interne des hôpitaux de Paris, chirurgien en chef de l'hôpital Saint-Julien et des formations sanitaires de Château-Gontier, agissant sur l'invitation de M. le procureur de la République de Château-Gontier, ai établi le rapport suivant, concernant les blessures par balles explosives ou dum-dum que j'ai pu constater sur les militaires en traitement à l'heure actuelle dans les formations sanitaires de la ville de Château-Gontier, notamment sur le soldat Hinterlang (Léon), du 79e régiment d'infanterie :

1° *Cas de* Hinterlang. — Le soldat Hinterlang (Léon) est né le 25 mars 1890, à Nancy; il est donc, à l'heure actuelle, âgé de vingt-quatre ans. Il appartient à la 6e compagnie du 79e régiment d'infanterie et y remplit les fonctions de brancardier. Cet homme, employé de bureau avant la guerre, a une taille de 1m 62 et semble d'un tempérament lymphatique.

Le 12 novembre 1914, à la bataille d'Ypres, Hinterlang transportait un blessé sur un brancard, se tenant à l'arrière du brancard, lorsqu'il reçut une balle à l'avant-bras droit, tirée certainement, affirme-t-il, à plus de cent mètres, sans qu'il puisse préciser la distance exactement. Cette balle produisit une affreuse blessure dont voici la description :

L'orifice d'entrée de la balle présente les dimensions d'une pièce de vingt centimes; il est légèrement ovale; il occupe la partie antérieure de l'avant-bras au niveau de sa portion moyenne.

L'orifice de sortie, distant de huit centimètres de l'orifice d'entrée, si l'on mesure avec un cordon disposé autour du membre la distance qui les sépare, est énorme et mesure douze centimètres de long sur neuf centimètres de large. Sa profondeur va jusqu'au ligament interosseux au milieu de la plaie, limitée elle-même d'un côté par le tendon, mis à nu, du muscle cubital postérieur. Les muscles extenseurs de l'avant-bras ont été éclatés, pour ainsi dire, de telle façon qu'une partie, la supérieure, a été légèrement éversée en dehors et que l'inférieure a été retournée comme un lambeau rabattu, dont la peau se trouverait pour ainsi dire plaquée contre la peau du reste du membre. Cette portion de la plaie formait comme un véritable lambeau occupant toute la largeur de la blessure, soit neuf centimètres, et une épaisseur de cinq centimètres; il se gangrenait et répandait une odeur infecte au moment où, après cocaïnisation, je l'ai complètement réséqué au thermocautère. Les os de l'avant-bras semblent intacts. J'ai fait photographier la plaie. Sur la photographie, l'orifice d'entrée est légèrement augmenté dans sa circonférence, par suite d'une hémorragie interne survenue pendant la nuit qui précéda la photographie. Cette hémorragie a soulevé les tissus en les rendant ecchymotiques.

Il me semble difficile d'admettre qu'un projectile tel que la balle allemande ait pu, avec un orifice d'entrée si étroit, produire de tels dégâts à sa sortie. Je n'ai trouvé aucune trace du projectile, mais il me paraît évident qu'il s'agit, d'après l'examen de la blessure, d'une plaie faite par une balle explosive ou du moins une balle à bout coupé ou retourné, suivant le mode signalé par le professeur Tuffier dans la dernière séance de l'Académie de médecine.

En même temps que le cas de Hinterlang, il m'a été donné d'observer d'autres cas qui me paraissent intéressants à signaler :

2° *Cas de Brossard (Jean).* — Jean Brossard est né à Saxi-Bourdon, canton de Saint-Saulge (Nièvre), le 15 novembre 1877. Il est soldat au 160e d'infanterie, stationné à Toul. Il appartient à la 7e compagnie. C'est un garçon de trente-huit ans, de tempérament lymphatico-sanguin, d'une taille de 1m 57. Il a été blessé le 10 novembre 1914, vers dix heures du matin, près d'Ypres. La blessure consistait en une plaie au poignet droit, occasionnée par une balle tirée à deux cents mètres et ayant déterminé deux plaies à quatre centimètres l'une de l'autre. L'état du blessé n'était pas mauvais; il semblait peu atteint, lorsque, brusquement, le 15 novembre dernier, il se met tout à coup à souffrir horriblement. Je l'examine et trouve le poignet droit présentant deux plaies semblables à deux coupures résultant de sections pratiquées avec un instrument tranchant et éloignées l'une de l'autre de quatre centimètres. L'une de ces plaies, l'interne, est en voie de cicatrisation. Incisant au milieu de ces deux plaies, je mets à jour une chemise de balle allemande complètement étalée en forme de plaque contournée bizarrement, de sorte qu'elle présente neuf aspérités disposées en hameçon. Cette plaque, de la dimension d'une pièce d'un franc qui serait coupée sur deux points de sa circonférence, de façon à la transformer en plaque rectangulaire, est extraite après de vives douleurs, car une de ses arêtes est prise dans le nerf médian.

A mon avis, une balle dont la chemise se déforme et s'étale à ce point est vraisemblablement une balle dont on a coupé à son extrémité le revêtement extérieur.

3° *Cas de Fréchit (Roger).* — Né le 20 avril 1881, à Tonneins (Lot-et-Garonne), Fréchit est d'une taille de 1m 50. Il est domestique à Gennes-Longuefuye (Mayenne). Il a été blessé le 4 novembre, à 17 heures, à Andechy (Somme).

La blessure de Fréchit consiste en une plaie anfractueuse de quatre centimètres de longueur sur deux centimètres de largeur; la peau et le tissu cellulaire sont déchiquetés ainsi qu'une portion du biceps.

Fréchit a conservé un fragment de balle que je lui ai enlevé. Ce fragment consiste en un morceau de chemise de balle aplati et déformé, de la superficie d'une pièce de cinquante centimes, présentant de nombreuses aspérités en forme de crochet et une large fissure; ce fragment est comme replié à l'une de ses extrémités.

Le projectile qui a atteint Fréchit (Roger) est une chemise de balle. Il est vraisemblable que la chemise avait été au préalable entamée pour faciliter la sortie de son contenu.

4° *Cas de Pécoil (Ernest).* — Né à Pacé (Ille-et-Vilaine), le 20 juin 1892, Pécoil, soldat au 124e d'infanterie, 3e compagnie, est domicilié à Vezin (Ille-et-Vilaine). Il est d'une taille de 1m 62. Il fut blessé le 4 novembre, à 17 heures, à la bataille d'Andechy (Somme), par une balle qui traversa sa montre qu'il portait en bracelet.

J'ai retiré de nombreux fragments de la montre et des morceaux de chemise de la balle bizarrement contournés, et rien d'autre.

Si la balle avait été une balle allemande ordinaire, elle eût vraisemblablement traversé la montre sans éclater comme elle l'a fait en faisant éclater la montre. Une balle normale eût pu faire éclater cette dernière peut-être. A mon avis, il semble que l'on se trouve en présence d'une balle explosive.

5° *Cas de Gougé (Louis).* — Né le 4 avril 1882, à Lécousse (Ille-et-Vilaine), Gougé est soldat au 130e d'infanterie à Mayenne. Il est d'aspect vigoureux et a une taille de 1m 61. Gougé a été blessé le 4 novembre 1914, vers 13 heures, à la bataille d'Andechy. Il reçut un coup de feu tiré à environ quatre cents mètres, qui lui fit une blessure en séton à la région externe de l'avant-bras droit. Cette blessure en séton, très simple en apparence, le fit tout à coup beaucoup souffrir, et je l'examinai avec le plus grand soin, le 8 décembre dernier; étonné de voir une plaie en séton, d'aspect si bénin, persister et toujours suppurer, je débridai le séton, et au centre je trouvai une chemise de balle vide de son contenu. La base de cette chemise cylindro-conique était intacte, mais la pointe était éclatée près de son extrémité, de façon à former une large fissure le long du milieu de la chemise, et à en recourber en hameçon l'extrémité écartelée comme par une explosion et présentant ainsi des rebords coupants et déchiquetés, de nature à rendre le séjour du projectile très dangereux pour les tissus avoisinants à cause de ses aspérités, et son extraction très difficile et très douloureuse.

Lorsque le projectile fut retiré, je constatai au stylet un trajet profond partant du milieu du séton débridé et se dirigeant vers les os qui ne semblent pas fracturés.

A mon avis, la balle, dont la pointe a dû être coupée, a pénétré dans le bras et a rejeté le contenu de sa chemise, lequel a provoqué un orifice de sortie, cependant que la chemise du projectile elle-même s'enfonçait profondément dans les chairs, creusant le canal que l'on perçoit au stylet au milieu du séton causé par le passage du contenu de la balle. La chemise du projectile retirée me semble très démonstrative de ce que j'avance ici au sujet du mécanisme de la lésion de Gougé (Louis). Elle est d'ailleurs conservée comme pièce à conviction.

Conclusions. — Très nettes pour les cas d'Hinterlang [1er cas] et de Gougé [5e cas], mes conclusions au sujet de balles explosives employées par les Allemands seraient moins catégoriques en ce qui concerne Pécoil. Elles sont assez affirmatives pour les cas de Brossard et de Fréchit, qui possèdent des chemises de balles très déformées les ayant blessés gravement.

J'ai en ce moment à l'hôpital Saint-Julien, en traitement, un certain nombre de blessés dont je suis l'évolution et qui me paraissent avoir été atteints également de balles explosives ou dum-dum.

D'une façon générale, je puis affirmer que, lors des premiers convois de blessés, je n'ai rien vu de comparable à ce que j'ai observé ces jours derniers sur les blessés d'Andechy et d'Ypres.

Signé : Dr Mesnard.

N° 47.

EXTRAIT D'UN RAPPORT de M. Choisy, procureur de la République de Coutances, au procureur général près la Cour d'appel de Caen.

Coutances, le 4 novembre 1914.

. . . .

Le 28 octobre, à huit kilomètres environ au nord d'Ypres (Belgique), le caporal Gay (Adolphe), 21 ans, du 135e d'infanterie, 1re compagnie, en traitement à l'hôpital complémentaire n° 49, salle 3, au lycée de Coutances, a blessé et désarmé un fusilier réserviste du 73e régiment de Hanovre, 43e bataillon (1). Le sabre-baïonnette dont Gay s'est emparé, et que j'ai vu, présente, sur une longueur de vingt-cinq centimètres environ, dans la partie

---

(1) L'indication : « 43e bataillon » est certainement le résultat d'une erreur.

médiane de la lame et au dos de celle-ci, une double rangée imbriquée de dents de scie dont les pointes, dirigées dans le sens de l'extrémité de la lame, paraissent disposées de façon à déchiqueter, au moment de la pénétration de l'arme, l'une des commissures des lèvres de la plaie. Ces dents de scie semblent ne pas avoir été faites après coup, mais être concomitantes à la fabrication de l'arme.

Je n'ai pas cru devoir saisir ce sabre-baïonnette que le caporal Gay désire ardemment conserver, et dont beaucoup de spécimens ont dû déjà être trouvés sur les champs de bataille.

Le Procureur de la République,
Signé : Choisy.

N° 48.

DÉPOSITION reçue, le 18 octobre 1914, à Tartas (Landes), par M. Arroux, juge de paix.

Pauvrhomme (Henri), 22 ans, soldat au 3e bataillon de chasseurs à pied :

Serment prêté.

Mon bataillon avançait vers Schlestadt (Alsace), lorsque, surpris par l'armée allemande, il fut obligé de se replier. Dans la retraite, qui dura à peine un quart d'heure, nous eûmes plusieurs blessés. Des renforts étant survenus, nous reprîmes immédiatement l'attaque et obligeâmes l'ennemi à reculer. C'est alors que, réoccupant les lieux que nous venions d'abandonner, j'aperçus un camarade, qui venait d'être blessé d'une balle lors de notre retraite, mort, achevé par les Allemands d'un coup de baïonnette à scie : la vue de la blessure ne permettait pas de doute. D'ailleurs j'ai vu moi-même, sur les champs de bataille, plusieurs de ces baïonnettes abandonnées par l'ennemi.

Ces baïonnettes sont comme une grande lame de couteau, à tranchant d'un côté et à scie de l'autre.

Lecture faite, le témoin persiste, et, à raison de la blessure qu'il a au bras droit, nous avons seul signé.

N° 49.

DÉPOSITION reçue, à Montpellier, par M. Rimbaud, substitut du procureur de la République.

Docteur Tallez, médecin auxiliaire au 56e régiment d'artillerie, actuellement à l'hôpital complémentaire n° 3 :

Serment prêté.

Du 22 août au 15 septembre 1914, j'ai été prisonnier dans un hôpital de Lunéville. J'ai pansé des vieillards, des femmes, des enfants en bas âge blessés de coups de feu. Des incendies éclataient autour de l'hôpital. Il nous était interdit de sortir. Les habitants du pays pourront mieux préciser les faits.

J'ai vu plusieurs soldats allemands armés de baïonnettes qui présentaient un côté tranchant, l'autre dentelé.

Lecture faite, persiste et signe avec nous.

N° 50.

DÉPOSITION reçue, le 3 novembre 1914, à Agen, par M. Dubouch, substitut du procureur de la République.

Buteau (Léon), 28 ans, employé des Chemins de fer de l'État, soldat au 6e régiment du génie à Angers, actuellement en traitement à l'hôpital de l'École pratique de Commerce n° 46 :

Serment prêté.

Le 29 août dernier, entre Réméréville et Courbesseaux, nous étions dans un bois où se trouve une chapelle. A côté de la chapelle était une cabane, où nous avons découvert les équipements, armes, cartouches, de soldats allemands. Nous avons pu constater que, parmi ces objets, se trouvaient plusieurs baïonnettes à scie. J'en avais pris une, que j'ai abandonnée les jours suivants.

Lecture faite, persiste et signe avec nous.

N° 51.

DÉPOSITION reçue, le 7 novembre 1914, à Saint-Étienne, par M. Dumas, commissaire de police.

Commelin (Oscar), 21 ans, caporal au 128e régiment d'infanterie, hospitalisé à l'hôpital temporaire n° 18 :

Serment prêté.

Vers la fin du mois d'août, — je ne puis préciser, — après la bataille qui s'était livrée à Maurupt-et-le-Montois, en arrière de Pargny (Marne), j'ai été envoyé avec quatre camarades reconnaître les morts, et ai trouvé trois cadavres de soldats français qui avaient la figure lacérée, déchiquetée comme avec une scie par des baïonnettes allemandes.

J'ai constaté que ces actes avaient été commis sur eux après leur mort.

Parmi ces trois cadavres, j'ai reconnu le sergent Paglin et le caporal Dochy.

Lecture faite, persiste et ne peut signer.

N° 52.

DÉPOSITION reçue, le 12 décembre 1914, à Moulins, par M. Mallet, juge d'instruction.

Peyre (Jean-Baptiste), 42 ans, médecin-major au 2e étranger, actuellement à l'hôpital n° 30 :

Serment prêté.

Le témoin nous montre un sabre-baïonnette dont la lame mesure environ soixante centimètres. Sur une longueur de vingt-cinq centimètres à partir de la pointe, nous ne remarquons rien de spécial; mais à partir du talon et sur une longueur de trente-cinq centimètres environ, nous constatons une scie à deux rangées de dents parfaitement régulières. Il est évident, même pour l'œil le moins exercé, que cette baïonnette a été fabriquée telle quelle dans une usine.

Le témoin nous déclare : « J'ai trouvé cette arme à Craonnelle, dans les premiers jours de novembre dernier; elle avait été abandonnée par les Allemands.

J'ai constaté, une fois au moins, d'une façon très nette, que les Allemands retournent leurs balles dans leurs cartouches. J'ai relevé un sergent qui avait au bras une blessure telle, qu'il est évident qu'elle avait été causée par une balle retournée. »

Lecture faite, persiste et signe avec nous.

III

MASSACRES DE PRISONNIERS ET DE BLESSÉS.

N° 53.

NOTE transmise par le Ministère de la Guerre (Direction du Contentieux et de la Justice militaire).

Au mois de septembre 1914, le Gouvernement français a été informé que le général Stenger, commandant la 58ᵉ brigade allemande, avait prescrit à ses troupes de ne pas faire de prisonniers et d'achever les blessés.

Communiqué verbalement par les officiers aux diverses unités composant la brigade (112ᵉ et 142ᵉ régiments d'infanterie) et répété d'homme à homme dans les rangs, cet ordre a été reconstitué de mémoire par des militaires allemands et rapporté sous les deux formes ci-après, dont le sens est du reste identique :

a) « Von heute ab werden keine Gefangene mehr gemacht. Sämmtliche Gefangene, « verwundet oder unverwundet, sind niederzumachen. »

(A partir d'aujourd'hui, il ne sera plus fait de prisonniers. Tous les prisonniers, blessés ou non, doivent être abattus.)

b) « Von heute ab werden keine Gefangene mehr gemacht. Sämmtliche Gefangene werden « niedergemacht. Verwundete, ob mit Waffen oder wehrlos, werden niedergemacht. Gefangene « auch in grösseren Formationen werden niedergemacht. Kein Feind bleibt lebend hinter « uns. »

(A partir d'aujourd'hui, il ne sera plus fait de prisonniers. Tous les prisonniers seront abattus. Les blessés, armés ou non, seront abattus. Même les prisonniers en grandes formations seront abattus. Il ne doit pas rester un ennemi vivant derrière nous.)

Cet ordre a été donné aux troupes comme ordre de brigade ou d'armée, notamment le 26 août 1914, vers quatre heures du soir, par le commandant de la 7ᵉ compagnie du 112ᵉ régiment d'infanterie (Premier Lieutenant Stoy), à Thiaville, à l'entrée du bois de Sainte-Barbe.

Une enquête faite dans divers dépôts de prisonniers a confirmé pleinement le renseignement fourni au Gouvernement français.

N°s 54, 55, 56 [1].

DÉPOSITIONS reçues, le 8 octobre 1914, au dépôt de prisonniers de ....., par M. Picard, commissaire de police mobile attaché au contrôle général des services de recherches judiciaires (Direction de la Sûreté générale, à Paris), assisté de l'interprète stagiaire Touzot, de l'état-major de la 13ᵉ région.

A..., soldat au 142ᵉ régiment d'infanterie, prisonnier :

Serment prêté.

Le 26 août dernier, vers trois heures, le 2ᵉ bataillon, auquel j'appartiens, était en avant-garde dans la forêt de Thiaville, quand l'ordre de la brigade ordonnant d'achever les blessés et de ne plus faire de prisonniers a été transmis dans les rangs et répété d'homme à homme. Aussitôt après communication de cet ordre, dix ou douze blessés français, qui gisaient çà et là à l'entour du bataillon, ont été achevés à coups de fusil. Deux heures après, vers cinq heures du soir, j'ai été moi-même blessé et fait prisonnier, et ignore ce qui s'est passé par la suite.

Lecture faite, a persisté et signé avec nous.

B..., soldat au 112ᵉ régiment d'infanterie, prisonnier :

Serment prêté.

Le 26 août dernier, dès le début du combat qui s'est déroulé dans la forêt de Thiaville, j'ai été blessé, vers seize heures, et n'ai entendu lire aucun ordre de brigade ; mais, alors que j'étais encore, comme prisonnier, au dépôt de Clermont, dans les premiers jours de septembre, un sergent-major de mon régiment, prisonnier lui aussi, m'a dit que cet ordre d'achever les prisonniers et les blessés (dont vous me parlez) a été donné et exécuté.

Lecture faite, a persisté et signé avec nous.

C..., soldat au 112ᵉ régiment d'infanterie, prisonnier :

Serment prêté.

Le 26 août dernier, vers quatre heures de l'après-midi, j'étais en patrouille dans la forêt du côté de Saint-Benoît, où j'ai été blessé : je n'ai donc pas entendu lire l'ordre dont vous me parlez; mais plus tard des camarades m'ont raconté que des blessés français avaient été achevés.

Lecture faite, a persisté et signé avec nous.

N°s 57, 58, 59, 60, 61, 62, 63.

DÉPOSITIONS reçues, le 8 octobre 1914, au dépôt de prisonniers de ....., par M. Picard, commissaire de police mobile attaché au contrôle général des services de recher-

---

(1) Pour des raisons faciles à comprendre, la Commission a cru devoir ne pas publier les noms des témoins signataires des pièces nᵒˢ 54 à 69.

ches judiciaires (direction de la Sûreté générale, à Paris), assisté de l'interprète stagiaire Touzot, de l'état-major de la 13ᵉ région.

D..., sous-officier au 112ᵉ régiment d'infanterie, prisonnier :

Serment prêté.

J'ai été fait prisonnier le 20 août; je n'ai donc pu avoir connaissance de l'ordre publié le 26. D'ailleurs ce n'était pas le général von Stenger qui commandait les formations de réserve. Mais, depuis ma captivité, j'ai entendu parler de cet ordre par mes camarades de la brigade active. Il paraîtrait même que cet ordre aurait déjà été donné par le général Stenger le 9 août, à la suite de la bataille de l'Isle-Napoléon où les Allemands éprouvèrent de grosses pertes.

Lecture faite, a persisté et signé avec nous.

E..., soldat au 112ᵉ régiment d'infanterie, prisonnier :

Serment prêté.

Vers trois heures de l'après-midi, le 26 août dernier, le capitaine de la 3ᵉ compagnie (le nôtre étant tué) vint nous dire, près de Thiaville, où nous nous trouvions, que des blessés français ayant tiré sur nos cyclistes, nous devions achever tous les blessés que nous trouverions dans la forêt. Un officier a exécuté cet ordre immédiatement; c'est le seul cas dont j'aie été témoin.

Lecture faite, a persisté et signé avec nous.

F..., soldat au 112ᵉ régiment d'infanterie, prisonnier :

Serment prêté.

J'ai en effet entendu dire au capitaine commandant la 3ᵉ compagnie de mon régiment, Crutius, que dorénavant on ne ferait plus les blessés prisonniers : ceci se passait le 26 août, près de Thiaville. Peu de temps après et sur l'ordre du chef de bataillon, des coups de feu furent tirés sur des blessés français qui se trouvaient sur le bord des routes.

Lecture faite, a persisté et signé avec nous.

G..., soldat au 112ᵉ régiment d'infanterie, prisonnier :

Serment prêté.

J'ai vu qu'entre quatre et cinq heures les blessés français qui se trouvaient sur les côtés de la route de Thiaville à Saint-Benoît ont été tués, par ordre du chef du 1ᵉʳ bataillon, le 26 août dernier.

Lecture faite, a persisté et signé avec nous.

H..., sous-officier au 142ᵉ régiment d'infanterie, prisonnier :

Serment prêté.

J'étais à la bataille du 26 août, près de Thiaville; mais, me trouvant à l'extrême-gauche, je n'ai pas entendu donner lecture de l'ordre en question. Quand j'ai rejoint, mes camarades m'en ont parlé. On racontait que, des Français ayant arraché les yeux à un de nos soldats, on ne devait, par représailles, plus faire de quartier.

Lecture faite, a persisté et signé avec nous.

I..., soldat au 142e régiment d'infanterie, prisonnier :

Serment prêté.

A la bataille du 26 août, près de Thiaville, vers quatre heures de l'après-midi, notre capitaine (4e compagnie) nous donna un ordre analogue à celui que je viens de lire, nous disant qu'il était provoqué par les cruautés des Français à notre égard.

Lecture faite, a persisté et signé avec nous.

J.. soldat au 142e régiment d'infanterie, prisonnier :

Serment prêté.

J'étais homme de communication à la bataille du 26 août dernier, près de Thiaville, quand un officier à cheval, que je ne connais pas, donna l'ordre dont vous me parlez, en déclarant qu'il venait de la brigade. Aussitôt, des coups de fusil partirent en tête du détachement qui me précédait.

Lecture faite, a persisté et signé avec nous.

Nous tenons à mentionner, à toutes fins utiles, qu'une vingtaine de soldats interrogés au dépôt de prisonniers de ....., appartenant au 112e et au 142e régiment d'infanterie, ont reconnu l'existence de cet ordre, mais n'ont pu apporter de détails sur son exécution.

Signé : J. Picard. — M. Touzot.

Nos 64, 65, 66.

DÉPOSITIONS reçues, le 8 octobre 1914, au dépôt de prisonniers de ....., par M. Picard, commissaire de police mobile attaché au contrôle général des services de recherches judiciaires (direction de la Sûreté générale, à Paris), assisté de l'interprète stagiaire Touzot, de l'état-major de la 13e région.

K..., soldat au 112e régiment d'infanterie, prisonnier :

Serment prêté.

Je me trouvais dans la forêt de Thiaville, au combat du 26 août dernier; vers midi, je fus envoyé en patrouille. Je m'égarai et restai à errer dans les bois jusqu'au 31, date de ma prise. Je n'ai pas entendu parler de l'ordre dont vous me donnez lecture; mais des camarades m'ont raconté qu'on avait trouvé un cycliste allemand du 142e d'infanterie avec les yeux arrachés et que, par représailles, on avait fusillé un certain nombre de prisonniers français.

Lecture faite, a persisté et signé avec nous.

L..., soldat au 142e régiment d'infanterie, prisonnier :

Serment prêté.

Au combat du 26 août, me trouvant à l'extrême aile gauche de mon bataillon, je me suis perdu et j'ai été fait prisonnier deux jours après. C'est seulement depuis ma captivité que j'ai appris, par des camarades, que l'ordre d'achever les blessés et de ne faire aucun prisonnier avait été donné par le général commandant la brigade, von Stenger; j'ignore dans quelle mesure cet ordre a été exécuté.

Lecture faite, a persisté et signé avec nous.

M..., soldat au 142e régiment d'infanterie, prisonnier :

Serment prêté.

Le 26 août dernier, mon bataillon était en avant-garde dans la forêt de Thiaville. Ma compagnie (6e) formait la pointe, et aucun ordre analogue à celui dont vous me parlez ne nous est parvenu; mais le lieutenant commandant la compagnie nous a dit que les Français ayant arraché les yeux à un de nos cyclistes, il ne fallait plus faire de pardon. Comme je suis resté en tête du bataillon, je n'ai pas vu si cet ordre avait été exécuté.

Lecture faite, a persisté et signé avec nous.

N° 67.

DÉPOSITION reçue, le 9 octobre 1914, au dépôt de prisonniers de ....., par M. Picard, commissaire de police mobile attaché au contrôle général des services de recherches judiciaires (direction de la Sûreté générale, à Paris), assisté de l'interprète stagiaire Touzot, de l'état-major de la 13e région.

N..., sous-officier au 112e régiment d'infanterie, prisonnier :

Serment prêté.

Au combat du 26 août, je me trouvais, vers quatre heures de l'après-midi, en patrouille dans la forêt de Thiaville; je n'ai donc pas entendu communiquer l'ordre dont vous me parlez. Mais, à mon retour, des camarades m'ont dit que le commandant du bataillon, Muller, le leur avait lu, prétendant qu'il était provoqué par les cruautés exercées par les Français envers les nôtres. J'ignore dans quelle mesure cet ordre a été exécuté.

Lecture faite, a persisté et signé avec nous.

Nos 68, 69.

DÉPOSITIONS reçues, le 9 octobre 1914, au dépôt de prisonniers de ....., par M. Picard, commissaire de police mobile, attaché au contrôle général des services de recherches judiciaires (direction de la Sûreté générale, à Paris), assisté de l'interprète stagiaire Touzot, de l'état-major de la 13e région.

O..., soldat au 112e régiment d'infanterie, prisonnier :

Serment prêté.

Je n'ai pas entendu communiquer l'ordre du 26 août, car, vers quatre heures de l'après-midi, je me trouvais détaché au 142e. Mais j'ai appris par mes camarades que l'ordre avait été donné, et j'ai entendu des coups de fusil tirés sur des blessés français gisant aux bords de la route de Thiaville.

Lecture faite, a persisté et signé avec nous.

Sans désemparer, avons ensuite entendu le nommé P..., soldat au 142e régiment d'infanterie, lequel a déclaré avoir seulement entendu dire qu'un blessé allemand avait eu les yeux arrachés par les Français, d'où représailles; mais, alors que tous ses camarades ayant raconté la même histoire parlent d'un soldat appartenant au 142e régiment d'infanterie, lui, au contraire, affirme qu'on leur a parlé d'un soldat du 112e régiment d'infanterie.

Nous tenons donc à faire constater que les détails ajoutés à l'ordre officiel ont varié suivant les compagnies.

Signé : J. Picard. — M. Touzot.

N° 70.

EXTRAIT du carnet du soldat Anton Rothacher, 7/142 Mullheim (7e compagnie du 142e régiment d'infanterie), 58e brigade d'infanterie (général Stenger), XIVe Corps d'armée.

Donerstag, 27 Ag. 1914. — Das Rgm. wird eingeteilt. Aus dem ersten u. zweiten Batalion wird eins vormirt; ich werde der 8. Kpn. zugeteilt. Es kommen heute noch verschiedene Leute zurück, welche sich in der Nacht im Walde verirrt haben. Unser Mayor Mosebach ist verwundet, weist aber kein Mensch wo er hingekommen ist. Die gefangenen u. verwundeten Franzosen werden alle erschossen, weil sie unsere Verwundete verstümpeln u. misshanden. Brigadebefehl (1).

Traduction.

Jeudi 27 août 1914. — Le régiment est reformé. Avec le 1er et le 2e bataillon il n'en est plus fait qu'un seul. Je suis versé dans la 8e compagnie. Il revient encore aujourd'hui des hommes qui se sont égarés pendant la nuit dans le bois. Notre commandant Mosebach est blessé; mais nul ne sait ce qu'il est devenu. Les prisonniers et blessés français sont tous fusillés, parce qu'ils mutilent et maltraitent nos blessés. Ordre de la brigade.

N° 71.

EXTRAIT du carnet de Reinhart Brenneisen, réserviste, appartenant à la 4e compagnie du 112e régiment d'infanterie, actuellement prisonnier de guerre en Angleterre.

. . . .

Aug. 21 1914, Mühlhausen.

« Auch kam Brigadebefehl sämmtliche Franzosen, ob verwundet oder nicht, die uns in « die Hände fielen sollten erschossen werden. Es dürften keine Gefangenen gemacht werden ».

. . . .

---

(1) Nous respectons l'orthographe du document original. Voir la reproduction photographique à la fin du volume.

Traduction.

L'ordre est venu de la brigade de fusiller tous les Français, blessés ou non, qui nous tomberont entre les mains; on ne doit faire aucun prisonnier.

NOTA.

Ce texte a été communiqué au Ministère de la Guerre par M. le professeur Morgan, qui a été chargé officiellement par le Gouvernement anglais d'une mission à l'effet d'établir les violations du droit des gens commises par les Allemands (voir le rapport anglais intitulé « Report of the Committee on alleged German outrages »).

L'original est en la possession d'un des officiers de l'état-major du Grand Quartier Général anglais.

N° 72.

DÉCLARATIONS faites, le 19 février 1915, à Dannemarie, par le sous-officier X..., du 112e d'infanterie de l'active (4e Badois, 58e brigade, 29e division, XIVe Corps d'armée).

Le 25 (ou 26) août 1914, X... occupait, avec la brigade entière (le 112e et le 142e régiment), la forêt de Sainte-Barbe, aux environs de Bertrichamps.

Vers les deux heures de l'après-midi, le « Feldwebel » de la 5e compagnie du 112e sortit de son portefeuille un papier dont il lut le contenu à haute voix à la compagnie. Voici le texte de ce feuillet :

« Von heute ab werden keine Gefangene mehr gemacht. Sämmtliche Gefangene, verwundet oder unverwundet, sind niederzumachen » (1).

Le Feldwebel ajouta de sa propre autorité :

« Wir können, nach Aussage unserer Vorgesetzen, keine Gefangene mehr brauchen, angeblich, weil der Transport zu viel Schwierigkeiten bietet » (2).

Les sous-officiers et soldats ont en partie (à peu près par moitié) approuvé cette décision; les autres ont murmuré en protestant à mi-voix. Quelques sous-officiers et X... ont ouvertement blâmé la décision. Quelques-uns, à mi-voix, ont dit qu'ils n'exécuteraient pas l'ordre.

Cette décision venait du Corps d'armée, car un soldat du régiment 169 de l'active (faisant partie de l'autre brigade, 84, de la 29e division), a raconté à X... que le même texte leur avait été lu également.

Le même jour, un sous-officier a amené trois fantassins français prisonniers, vers les quatre heures de l'après-midi, et les a présentés au général Stenger, commandant la 58e brigade. X..., qui se trouvait à dix pas du général, a entendu ceci :

Le général, d'un ton de reproche : « War Ihnen der Befehl nicht bekannt? » (3)

Le sous-officier ne répondit rien et parut contrit.

Le général, d'un ton plus raide : « Sie müssen doch den Befehl kennen! » (4)

---

(1) A partir d'aujourd'hui, il ne sera plus fait de prisonniers. Tous les prisonniers, blessés ou non, sont à abattre.

(2) A entendre nos supérieurs, nous ne pouvons plus faire de prisonniers, soi-disant parce que le transport offre trop de difficultés.

(3) L'ordre n'était-il pas connu de vous?

(4) Vous devez pourtant connaître l'ordre.

Le sous-officier s'excusa mollement, comme quelqu'un pris en faute.

Le général se tourna vers le Oberstleutnant Neubauer, commandant le 112e régiment, et lui dit : « Was soll ich jetzt mit den Leuten anfangen? ich kann sie doch vor meinen eigenen Leuten nicht niederschiessen lassen! » (1)

Le colonel répondit, mais sans que X... pût comprendre, et le général ordonna de conduire les trois Français derrière le front des troupes dans la forêt. En même temps, il ordonna à un lieutenant de les suivre.

Environ trente minutes après, l'on entendit quelques coups de feu, et le bruit se répandit aussitôt, confirmé par les soldats, que les trois Français avaient été fusillés.

Le soussigné, X..., déclare que ce récit est strictement conforme à la vérité.

Signé : X...

Vu : Dannemarie, le 19 février 1915.

Le général, commandant le Groupement Sud,

Signé : Chateau.

N° 73.

DÉPOSITION faite, le 12 janvier 1915, à Paris, devant la Commission d'enquête instituée par décret du 23 septembre 1914.

Bellanger (Achille), 25 ans, soldat brancardier au 26e régiment d'artillerie :

Je jure de dire la vérité.

Le 22 août, pendant la bataille d'Ethe (Luxembourg belge), j'ai transporté trois blessés à l'ambulance organisée dans le château de Gomery par M. le docteur Dutheil, médecin-major au 14e hussards. J'y suis resté de deux heures à neuf heures du soir, occupé à soigner les blessés avec le docteur Dutheil. A neuf heures, M. Sédillot, aide-major du premier groupe de mon régiment, qui avait monté une ambulance dans le haut du village, m'a envoyé chercher, ainsi que quelques autres infirmiers, parce qu'il était débordé. Au moment où nous essayions de sortir, nous nous sommes trouvés nez à nez avec une patrouille allemande qui a tiré sur nous, bien que nous fussions porteurs de nos brassards. Personne n'a été atteint. La patrouille a visité le château, puis s'est retirée. Entre onze heures et minuit, nous avons pu nous rendre à l'ambulance Sédillot.

Le 23, dans la matinée, trois patrouilles appartenant au 47e régiment d'infanterie allemand s'y présentèrent successivement. La première se contenta de casser les fusils qui étaient déposés devant la porte et parlementa avec le lieutenant-interprète Deschars, qui était blessé aux jambes. La seconde ne fit que passer. Au moment où arriva la troisième, j'étais en train de soigner un soldat dans la cage de l'escalier. Le sous-officier qui commandait cette troupe criait et paraissait menaçant; aussi avons-nous descendu le lieutenant Deschars du premier étage au rez-de-chaussée, pour qu'il parlât avec lui. Nous avons placé là M. Deschars sur une chaise, face à l'entrée. A peine le lieutenant-interprète était-il installé, que le sous-officier allemand, sans aucun motif, lui brûlait la cervelle en lui tirant un coup de revolver à bout

---

(1) Que dois-je maintenant faire de ces hommes? Je ne peux pourtant pas les faire fusiller devant mes propres hommes.

portant. Cette scène s'est passée à un mètre de moi. Ne pouvant être d'aucun secours, j'ai essayé de sortir par la grange; mais je me suis heurté là à des Allemands qui piétinaient les blessés et les fusillaient. Je me suis alors réfugié dans la cave. Pendant ce temps, d'après ce que m'a raconté mon camarade Bourgis, le médecin auxiliaire du premier groupe, Vayssière, a été assassiné dans l'ambulance; le docteur Sédillot a été blessé. Au moment où je me sauvais, j'ai essuyé une trentaine de coups de fusil et j'ai vu un soldat allemand mettre le feu à la grange avec une torche. Toute l'ambulance a été incendiée, ainsi que les maisons voisines. Je suis certain que trois cents de nos blessés au moins ont été brûlés dans les granges. Des sentinelles placées aux portes les empêchaient de sortir. Ceux qui parvenaient à s'échapper étaient bientôt arrêtés dans leur fuite, conduits au pied du mur du cimetière et fusillés.

Pendant que j'étais caché dans la cave, où se trouvaient également une vingtaine de blessés et la propriétaire de l'immeuble, j'ai, avec un de mes camarades, mis le feu à la paille qui était amoncelée à l'entrée. C'était le seul moyen d'empêcher les meurtriers de venir nous massacrer. Notre stratagème a réussi. Nous sommes restés vingt-quatre heures dans la fumée, nous avons failli être asphyxiés, mais nous avons pu échapper à la mort.

Le lendemain, je suis sorti avec mon bidon pour aller chercher de l'eau. Un détachement allemand, autre que celui qui avait assailli l'ambulance, m'a arrêté et conduit près du mur du cimetière, où j'ai vu les cadavres des malheureux qui avaient été fusillés la veille. Il y en avait bien une centaine, quatre-vingts au minimum. Le même jour, j'ai assisté au massacre du médecin du troisième groupe, M. de Charette, et de trois blessés qui venaient de sortir avec lui d'une maison en partie brûlée. On les a fait rentrer l'un après l'autre dans le vestibule de cette maison pour les fusiller, sous le prétexte qu'ils avaient tiré, ce qui était absolument faux, car ils n'avaient aucune arme.

Tout à fait au début des scènes dont je viens de vous faire le récit, mon camarade Bourgis a reçu dans l'ambulance deux balles au côté droit, et un Allemand lui a placé sur le dos de la paille enflammée, tandis que le médecin Vayssière était tué. Bourgis a pu se sauver par le jardin. Aussitôt repris, il a été emmené devant le mur du cimetière et exposé à la fusillade avec les autres. Au moment où l'exécution a eu lieu, il s'est jeté à terre et il a ainsi évité d'être atteint par les balles. Comme il a fait le mort, on ne l'a pas achevé. Plus tard, des Allemands qui l'ont trouvé ont consenti à l'épargner et il a été transféré avec moi en Allemagne, au camp d'Altengrabow. Après être restés tous deux captifs pendant deux mois et demi, nous avons été compris dans un échange de prisonniers.

Le docteur Sédillot, qui avait reçu plusieurs blessures, a été également emmené en Allemagne, ainsi qu'un jeune sous-lieutenant Saint-Cyrien, qui, bien qu'ayant subi le matin même l'amputation d'un pied, avait sauté du premier étage de l'ambulance dans le jardin, pour échapper aux flammes.

Après lecture, le témoin a signé avec nous.

N° 74.

DÉPOSITION faite, le 16 janvier 1915, à PARIS, devant la Commission d'enquête instituée par décret du 23 septembre 1914.

BOURGIS (Gustave), 25 ans, soldat infirmier au 26ᵉ régiment d'artillerie :

Je jure de dire la vérité.

Le samedi 22 août, dans la matinée, pendant la bataille d'Ethe, en Belgique, j'ai transporté, avec d'autres brancardiers, au château de Gomery mon camarade Féron, qui avait été atteint d'une balle au côté. Le docteur Dutheil, major au 14e hussards, qui était en train de monter une ambulance au château, nous a ordonné de rester auprès de lui et nous a occupés à faire des pansements.

Vers dix heures du soir, nous sortions pour nous rendre à l'ambulance du docteur Sédillot dans le même village, quand nous sommes tombés dans une patrouille de cavaliers allemands. Je marchais en avant avec le brancardier Bellanger. Nous avons fait vivement demi-tour et nous sommes rentrés au château, tandis que l'ennemi tirait sur nous sans nous atteindre.

Dans le milieu de la nuit, nous avons enfin pu nous rendre à l'ambulance Sédillot.

Le lendemain 23, dès le matin, nous avons requis des voitures que nous avons garnies de foin et sur lesquelles nous avons placé des blessés, notamment le médecin-major de Charette et un Saint-Cyrien, pour les évacuer. Le Saint-Cyrien était si grièvement blessé à la jambe ou au pied, qu'on a dû lui faire l'amputation dans la voiture même. Peu de temps après, ayant appris par Mlle de Gerlache que les Allemands étaient partout aux environs, nous avons fait rentrer nos blessés. Les Allemands arrivèrent, en effet, aussitôt. Les deux premières patrouilles qui se présentèrent à l'ambulance n'y firent aucun mal. Il n'en fut pas de même de la troisième. Elle était composée de quatre-vingts hommes environ, commandés par un sous-officier. Ce dernier entra le revolver au poing et se trouva en présence du lieutenant-interprète Deschars, que nous avions installé, pour parlementer avec l'ennemi, sur deux chaises, dont l'une soutenait ses deux jambes étendues. Il échangea à peine quelques mots avec M. Deschars, et, d'un coup de revolver, brûla la cervelle au malheureux lieutenant. Il voulut ensuite tuer également le docteur Sédillot, qui se tenait auprès de l'interprète; mais le médecin, se voyant menacé, lui saisit le poignet et ne fut atteint qu'à l'épaule au lieu de l'être à la tête.

Pendant ce temps, les soldats tiraient sur nos infirmiers, sur nos brancardiers et sur nos blessés. Ce fut une véritable boucherie. J'étais en train de faire un pansement. « Couchons nous », me dit le docteur Vayssière. J'obéis immédiatement. Un soldat allemand s'approcha alors de nous, tira sur M. Vayssière à bout portant et, me mettant l'extrémité de son fusil sur le côté droit, m'envoya successivement deux balles, qui, ayant glissé sur les côtes, ne me firent que des blessures en séton. L'homme que je pansais fut tué.

Aussitôt après, j'ai vu les ennemis mettre le feu à l'ambulance. Le soldat qui avait tiré sur moi a enflammé deux poignées de paille, puis a jeté l'une sur le dos de M. Vayssière et l'autre sur moi. Quand la patrouille se fut retirée, je me débarrassai de la paille qui brûlait sur mes vêtements et j'enlevai également celle qu'on avait placée sur M. Vayssière. J'ai pris celui-ci par les épaules; mais il n'a rien dit, et j'en ai conclu qu'il devait être mort. J'ai alors sauté dans le jardin par une fenêtre et j'ai rampé dans une planche de choux, où je suis resté caché pendant une vingtaine de minutes, au cours desquelles j'ai vu le Saint-Cyrien amputé sauter du premier étage. Trois Allemands, m'ayant découvert, m'ont fait relever en me faisant sentir la pointe de leurs baïonnettes, puis, en m'emmenant, m'ont obligé à traverser une grange qui brûlait et dans laquelle soixante ou quatre-vingts blessés, qui étaient en train de « griller », poussaient des cris épouvantables. A chacune des deux portes de la grange étaient placées deux sentinelles. Elles tiraient sur les blessés qui essayaient de se sauver.

J'ai été conduit au pied du mur du cimetière, au moment où on commençait à fusiller un premier groupe de prisonniers. J'ai vu tomber devant moi mon ami intime, Greiss (Henri), brancardier à la première batterie. J'ai été placé dans le second groupe. Nous étions dix ou douze. Le peloton allemand, composé également de dix ou douze hommes, s'est placé à une dizaine de mètres devant nous. Au moment où le sous-officier, après avoir ordonné de mettre en joue, donnait par un geste le signal du feu, je me suis laissé brusquement tomber à terre. Les premières détonations ont retenti; chaque Allemand a tiré cinq balles. J'ai eu la chance de n'être pas atteint. Quand la fusillade fut finie, les exécuteurs s'approchèrent pour voir si nous étions tous morts. Je reçus de nombreux coups de pied et de crosse, mais je ne bougeai pas.

Au bout d'une demi-heure, deux soldats moins sauvages que les autres m'ont relevé et m'ont conduit auprès des barrières du cimetière. Le docteur Dutheil, qui se trouvait à cet endroit, entre les mains de l'ennemi, m'a fait un pansement. Je suis resté prisonnier.

J'estime qu'au cours des scènes atroces que je viens de vous raconter et dont j'affirme l'exactitude sous serment, trois cents blessés environ ont été brûlés et plus de cent ont été fusillés. Le détachement allemand qui a commis ces crimes appartenait au 47e régiment d'infanterie.

Parmi les victimes qui ont été fusillées auprès de moi, le long du mur du cimetière, se trouvaient les brancardiers ou infirmiers Rallu, Grimbert et Belaré. Tous trois, ainsi que Greiss et moi-même, portaient le brassard de la Croix-Rouge.

Après lecture, le témoin a signé avec nous.

N° 75.

DÉPOSITION faite, le 16 avril 1915, à Paris, devant la Commission d'enquête instituée par décret du 23 septembre 1914.

Sédillot (Charles), 34 ans, aide-major de 1re classe, actuellement médecin-chef de l'hôpital n° 43, à Courville :

Je jure de dire la vérité.

J'ai eu connaissance des récits faits, au 26e régiment d'artillerie, par les infirmiers Bellanger et Bourgis, sur les atrocités qui ont été commises par les Allemands à l'égard des médecins, des brancardiers et des blessés, à mon poste de secours de Gomery. Cette relation, exacte dans l'ensemble, contient quelques légères erreurs de détail, notamment en ce qui concerne l'ordre dans lequel les faits se sont passés. C'est ainsi que les premiers coups ont été portés non pas au lieutenant Deschars, mais à moi-même. Voici d'ailleurs très exactement ce dont j'ai été victime et témoin.

Le 22 août, j'ai organisé un poste de secours à Gomery (Belgique), après la bataille d'Ethe. Je l'installai dans une maison sur laquelle j'arborai, des deux côtés, plusieurs pavillons de la Croix-Rouge.

Un autre poste, dirigé par mon confrère Dutheil, était établi dans le château, en dehors du village et à huit cents mètres environ du mien.

Comme des blessés m'arrivaient à chaque instant, je les répartissais dans la maison que j'occupais, dans une grange attenant à cette maison et dans plusieurs autres bâtiments.

Le 23, vers onze heures du matin, le village a été envahi par une troupe allemande. Un lieutenant, avec vingt ou vingt-cinq hommes, s'est présenté à mon poste de secours, l'a visité entièrement et s'est retiré après avoir déclaré que « tout était correct », tandis qu'un sous-officier et des soldats demeuraient dans la rue. L'attitude de ceux-ci était si menaçante que je crus devoir faire rentrer mes hommes en toute hâte. Les Allemands criaient, en faisant le geste de couper le cou : « C'est la guerre de la mort! » (Es ist der Krieg des Tods!) et : « Kugel in Kopf! » (une balle dans la tête!)

Le lieutenant Deschars, qui avait passé la nuit au premier étage et qu'on avait descendu pour le mettre dans une voiture, avait été, après une courte station dans une maison voisine, ramené à mon poste, à la fois pour que je pusse le panser et pour qu'il me servît d'interprète. Je venais de lui donner des soins, quand un sous-officier allemand et quelques hommes se présentèrent dans la pièce où je me trouvais avec le lieutenant Deschars, le médecin auxiliaire Vayssière, un étudiant en médecine nommé Grimbert et un infirmier, peut-être deux. Le sous-officier me déclara que nous allions être fusillés et nous enjoignit de sortir. Je tentai de lui expliquer qu'il n'y avait là que des médecins et des blessés, et je lui demandai de faire venir le lieutenant que j'avais déjà vu; mais, à ce moment, il me visa à la tête avec un revolver français dont il était porteur, et tira. Je fis un geste instinctif de protection, grâce auquel je ne fus atteint qu'à l'épaule. En même temps, mon agresseur criait : « Feuer ! Feuer ! » et aussitôt des coups de feu éclatèrent de toutes parts autour de moi. Je reçus alors deux nouvelles balles, l'une à la cuisse droite, l'autre à travers le bras gauche; je tombai contre une porte entr'ouverte et je fus tiré par un infirmier dans la pièce voisine, où je restai étendu. Pendant ce temps, les blessés et les infirmiers qui essayaient de se sauver étaient massacrés. Je les voyais tomber et j'entendais des bruits de course éperdue, des cris d'effroi et des appels, tandis que les Allemands criaient : « Noch einer, noch einer! » (Encore un, encore un!).

Presque en même temps, je perçus un ronflement. C'était le feu qui dévorait la grange et qui gagnait la maison. Je me traînai sur le plancher, et quand je passai devant les fenêtres, je vis, à travers la fumée, des ennemis fouillant nos morts et achevant les blessés. Je pus, en m'aidant des mains et des dents, monter par une échelle dans un faux grenier, où j'eus la chance de trouver une petite ouverture à travers laquelle il me fut possible de respirer. Par ce trou, je vis les Allemands se retirer et plusieurs de mes camarades sauter du premier étage de la maison principale : parmi eux, le docteur de Charette, qui était blessé, et le lieutenant de Saint-Cyr Jeannin, que j'avais amputé d'une jambe dans la matinée. Ce dernier, en sautant, a perdu son pansement et son moignon est entré en terre. Le malheureux officier est mort deux jours après. Tous les blessés restés dans la maison ont été brûlés. On entendait leurs hurlements. Je sautai moi même et, dans ma chute, me brisai le péroné droit.

Nous restâmes, mes compagnons et moi, cachés jusqu'à la nuit dans un plant de choux; puis, je regagnai la maison, ou plutôt ce qu'il en restait, et je pus me mettre à l'abri dans la cave, où je retrouvai douze ou quatorze hommes et où vinrent nous rejoindre, sur mes appels, deux ou trois de mes camarades qui étaient restés jusqu'alors dans le jardin.

Dans la journée du 24, nous sortîmes de la cave, et je trouvai dans le jardin et dans la rue une grande quantité de cadavres. C'étaient ceux de mes blessés. J'en reconnus plusieurs; l'un d'eux était en chemise, avec une gouttière à chaque jambe. Je fus alors arrêté, sans violence, par des hommes qui n'appartenaient pas au même corps que les massacreurs, et conduit au cimetière où je vis encore un grand nombre de cadavres alignés le long du mur. J'y retrouvai aussi quelques blessés vivants, notamment le lieutenant Jeannin. Deux infirmiers me racontèrent qu'au moment d'être fusillés, ils s'étaient laissés tomber. L'un d'eux n'avait pas été atteint; l'autre portait à la tête une blessure en séton.

Bientôt, on amena auprès de nous quatre Français blessés : mon confrère de Charette et trois soldats, qu'on venait de faire sortir d'une maison et que les Allemands accusaient d'avoir tiré. Tous jurèrent que cette accusation était fausse, et l'un des soldats montra même ses deux bras cassés. Un capitaine n'en ordonna pas moins l'exécution, qui eut lieu sur la route, à trente mètres de moi. Au moment d'être fusillé, de Charette remit son portefeuille à l'officier allemand, avec prière de l'envoyer à sa famille.

Après ces événements, j'ai été soigné dans deux hôpitaux, puis transféré à Ingolstadt, où j'ai passé six mois et demi (du 16 septembre au 21 mars), traité comme un prisonnier de droit commun.

Quand des journaux français ont publié des récits relatifs aux atrocités de Gomery, j'ai été appelé à la Kommandantur. Je me suis trouvé en présence d'un lieutenant attaché au conseil de guerre et chargé des enquêtes. Il a cherché à m'intimider, m'a menacé de cellule et de prison, et m'a dit que je risquais de cinq à dix ans de forteresse si une seule de mes déclarations se trouvait contredite par quelque autre témoin. J'ai cru devoir être très prudent et invoquer l'obscurcissement prétendu de mes souvenirs, qui sont cependant bien nets et précis.

Je crois me rappeler que les soldats allemands qui ont lâchement assassiné mes camarades appartenaient au 6e régiment d'infanterie; mais je ne saurais l'affirmer. Je crois, d'autre part, que ceux qui nous ont faits prisonniers et qui ont fusillé le docteur de Charette étaient du 47e régiment.

J'évalue à cent ou cent vingt le nombre de ceux de mes blessés qui ont péri sous les balles ou dans les flammes.

Après lecture, le témoin a signé avec nous.

N° 76.

EXTRAIT DU RAPPORT rédigé sur l'ordre du général de division Galliéni, gouverneur militaire de Paris, par le brancardier Defforge, du 26e d'artillerie (3e groupe), fait prisonnier le 23 août 1914 à Gomery (Luxembourg belge), rapatrié le 11 juillet 1915. [Transmission du 16 septembre 1915] (1) :

Le 22 août 1914, à la bataille d'Ethe (Luxembourg belge), les brancardiers, sous la conduite du médecin-major de Charette, partirent de grand matin pour relever nos camarades. Le premier blessé que je trouvai fut le soldat Féron, étudiant en médecine, atteint grièvement au ventre. Je le portai au château de Gomery, improvisé sommairement en hôpital, ne pensant pas que le soir il serait insuffisant pour contenir tous nos blessés. Nous fûmes secondés d'une manière admirable par les dames et le personnel du château.

Le pansement du soldat Féron terminé, je me dirigeai, avec d'autres brancardiers, au secours d'autres blessés. Sur les routes, nous rencontrâmes des paysans belges qui amenaient aussi des Français blessés. Rentrés de nouveau au château avec le plus de blessés transportables que nous pûmes emmener, nous fîmes de notre mieux pour arrêter les hémorragies, panser et ranimer les faibles, de notre propre initiative, sans médecin, car nous venions d'apprendre que M. le médecin-major de Charette était tombé au champ de bataille.

Grâce à l'intervention de M. le médecin-major Dutheil, du 14e hussards, que nous eûmes le bonheur de rencontrer et qui voulut bien prendre le commandement du château et la direction du service, nous continuâmes à aller chercher des blessés et à en recevoir en grand nombre.

La matinée se passa ainsi, et vers treize heures et demie, les obus commençaient à tomber près de notre hôpital. Nous réquisitionnons immédiatement, sur l'ordre de M. Dutheil, les voitures de paysans pour évacuer sur Ruette, près de la frontière française, les blessés transportables, ainsi que les fusils et les munitions rapportés par les courageux blessés ne voulant pas se désarmer.

(1) Nous croyons devoir donner ici, bien qu'elle nous soit parvenue postérieurement à la publication de notre rapport au *Journal Officiel*, une pièce qui corrobore et complète les dépositions précédentes.

A vingt heures, un camarade brancardier du 1er groupe du 26e d'artillerie vint nous annoncer qu'une infirmerie était improvisée à huit cents mètres de là, et qu'il venait de la part de son chef, le médecin-major Sédillot, pour demander du secours.

Malgré notre présence utile au château, nous partons avec cinq camarades. Presque aussitôt, nous sommes arrêtés par une patrouille de uhlans. Ne comprenant pas leur langue, nous rentrons au château et essuyons, en fuyant, un coup de feu qui blesse un de nous. M. le major Dutheil, accompagné de M. Nicolas, domestique au château, parlant l'allemand, parlemente avec les uhlans qui, finalement, acceptent de respecter la Croix-Rouge.

Nous repartons à vingt-deux heures et demie et arrivons bien à l'infirmerie de M. Sédillot. Beaucoup de blessés étaient là et nous nous mettons tout de suite à faire les pansements, sous la surveillance des majors Sédillot, Vayssière et de l'étudiant Grimbert.

Au premier étage, nous reconnaissons M. de Charette, grièvement blessé, ainsi que plusieurs officiers blessés.

Toute la nuit, les pansements continuent, et au petit jour, M. Sédillot nous donne l'ordre de réquisitionner tous les véhicules que nous pourrons trouver pour faire évacuer. Pendant ce temps, on procéda à l'amputation d'un membre du lieutenant Jeannin, qui la supporta avec grand courage.

Au fur et à mesure que nous amenions des voitures, nous placions dedans les blessés les plus graves, et les moins atteints devaient suivre. Tout à coup, on nous signale que les Allemands arrivaient en grand nombre. Pour éviter la rencontre, nous descendons et rentrons rapidement nos blessés et les couchons un peu partout dans le village, sur des lits de paille et de foin. M. Sédillot, Croix-Rouge en main, va vers les Allemands, leur déclarant qu'il n'y avait que des blessés et le service médical. Rentrant à l'infirmerie, nous nous alignons sur un rang, et un gradé allemand, revolver au poing, nous passe en revue, nous demandant si nous n'étions pas armés. Après avoir reconnu les blessés, il nous engage à continuer à leur donner nos soins, nous faisant espérer que nous ne serions pas faits prisonniers.

Un instant après, des coups de feu crépitent de tous côtés, des maisons flambent. M. le médecin-major Sédillot sort encore une fois et agite la Croix-Rouge, mais il est repoussé avec brutalité. A cet instant, le massacre commence; nous recevons des coups de feu et des coups de baïonnette. Les blessés qui peuvent échapper au feu des maisons sont tués à bout portant dans les rues. Retiré derrière l'infirmerie qui commençait à brûler, je fus atteint au front, à l'oreille, au cou et à l'omoplate gauche. A ce moment, les clairons allemands sonnaient la charge furieusement, et je me rappelle que les auteurs de ce massacre étaient les Silésiens du 53e d'infanterie.

L'infirmerie devint la proie des flammes, et l'on voyait courir les Allemands près des malheureux Français gisant à terre, les piquant de leurs baïonnettes pour s'assurer que la mort avait fait son œuvre. Venant à moi, l'un d'eux me relevait avec violence et m'emmenait dans la rue, où je vis nos pauvres blessés couchés à terre dans des mares de sang. De là, on nous emmena, avec d'autres brancardiers et soldats blessés, à cent cinquante mètres de notre infirmerie, dans un cimetière où nous aperçûmes avec effroi cinq rangées de camarades fusillés, agonisant. On nous rangea sur un sixième, nous obligeant à coups de crosse à nous mettre à genoux. Le feu d'exécution commença, accompagné de chants et de rires de ces barbares. Nous tombâmes les uns après les autres, moi touché à la cuisse. Après avoir été retourné en tous sens, je fus abandonné comme mort.

Vers seize heures, M. le major Dutheil, qui était resté la veille au château et avait eu le bonheur d'avoir été épargné, est venu, en compagnie de M. Nicolas, domestique, inspecter, sous la surveillance d'Allemands, la malheureuse localité, avec l'espoir de sauver, s'il le pouvait, quelques blessés échappés au massacre. Après avoir reconnu la voix de M. Nicolas, je me rassurai et j'appelai. On me releva, ainsi que le sergent Gautier, du 102e d'infanterie, les deux seuls survivants qui restaient. Un ordre, paraît-il, était parvenu pour mettre fin au massacre. Nous fûmes déposés le long du mur du cimetière, avec d'autres blessés.

Nous restons là pendant deux jours; ceux qui s'éloignaient par respect, pour des besoins pressants, étaient fusillés.

Le 24, M. Sédillot, bien que blessé, arrive avec les brancardiers Hubert et Bellanger, sous la garde de soldats allemands. Nous assistons, dans cette même journée, à l'exécution de M. le major de Charette, accusé de mensonge. Il fut lancé dans les décombres enflammés, ainsi qu'un maréchal des logis de dragons et deux artilleurs blessés, et assassiné, ainsi que ces malheureux, à coups de fusil. On nous menaçait à chaque instant de nous en faire autant. Malgré mes blessures qui me faisaient horriblement souffrir, je m'employai comme je pus pour soulager mes camarades. La nuit du 24 et une partie de la journée du 25 se passèrent sans nourriture. Une sentinelle eut pitié de nous et nous donna un morceau de lard qu'il ramassa dans les décombres. Aucun de nous n'ayant de couteau, je mordis dans le lard et distribuai les morceaux, tout maculés de sang coulant de mon front, aux camarades.

Le 26, nous sommes conduits à l'école de Gomery, et comme, depuis quatre jours, nous n'avions touché aucune nourriture, nous recevons un peu de bouillon des dames du château et nous sommes transportés dans des charrettes jusqu'à Arlon, où l'on nous embarque dans des wagons sans paille...

Signé : Marius DEFFORGE.

N° 77.

DÉPOSITION reçue, le 17 février 1915, à GUINGAMP, par M. SAVIDAN, procureur de la République, agissant en exécution d'une commission rogatoire, en date du 8 février, de la Commission d'enquête instituée par décret du 23 septembre 1914.

VARLOQUET (Louis-Pierre), 42 ans, garde particulier à Fontaine-les-Corps-Nuds (Oise), actuellement soldat au 361e régiment d'infanterie :

Serment prêté.

Les Allemands sont entrés au village de Fontaine-les-Corps-Nuds dans les premiers jours de septembre, le 3 ou le 4, sans que je puisse me montrer très affirmatif.

J'étais à mon domicile; ils m'ont immédiatement demandé si je cachais des soldats français. Je leur ai répondu négativement, ajoutant que, s'il y en avait chez moi, ils s'y trouvaient à mon insu.

Ils ont insisté, me disant qu'ils venaient de découvrir un soldat français caché dans une maison voisine. Tout aussitôt, comme je sortais de mon domicile par la porte cochère, je vis en effet passer un sergent français d'infanterie escorté de plusieurs Allemands. Ce sergent portait son ceinturon avec épée-baïonnette, mais n'avait pas de fusil.

J'ai suivi le groupe, à une distance de vingt-cinq mètres environ; nous marchions tous dans la direction de la sortie du village, c'est-à-dire vers la route de Fontaine-les-Corps-Nuds à Louvres. A l'intersection de la sortie du village et de cette route se trouve un mur. Le groupe s'arrêta devant ce mur. Les soldats allemands entourèrent le sergent français et l'un d'entre eux, un officier très certainement, sans que je puisse indiquer son grade, me parut interroger, revolver au poing, le sergent d'infanterie.

Comme j'arrivais à leur hauteur, je vis cet officier tirer à bout portant un coup de revolver dans la tempe gauche du sergent.

Cet interrogatoire a donc été extrêmement bref, puisque j'ai eu tout juste le temps de franchir, d'un pas normal, les vingt-cinq mètres qui me séparaient du groupe.

Le corps est resté étendu au pied du mur. Deux jours après le meurtre, des Allemands redressèrent le cadavre contre le mur et défilèrent devant lui en chantant. Le sac de la victime avait été fouillé; c'est ainsi que j'ai trouvé à terre des enveloppes de lettres à l'adresse du sergent Mayer, qui doit être originaire de la Sarthe.

Je n'ai rien entendu des propos échangés par l'officier allemand et le sergent. J'ignore le numéro du régiment allemand.

En arrivant à Fontaine-les-Corps-Nuds, les Allemands ont brisé les vitres de ma maison, y ont pénétré et ont tout pillé : montres, linge, chaussures, etc.; ils ne m'ont laissé que des objets sans aucune valeur.

Lecture faite, persiste et signe avec nous.

N° 78.

DÉPOSITION faite, le 21 janvier 1915, à l'hôpital du Val-de-Grâce, à Paris, devant la Commission d'enquête instituée par décret du 23 septembre 1914.

Berjat (Ernest), 24 ans, soldat de 1re classe au 156e régiment d'infanterie :

Je jure de dire la vérité.

Le 4 septembre, à Maixe (Meurthe-et-Moselle), ayant été blessé de six balles, j'étais étendu à terre, quand, vers six heures du matin, c'est-à-dire deux heures environ après le moment où j'étais tombé, une patrouille du 3e régiment d'infanterie bavarois, qui était occupée à retourner les morts, s'approcha de moi. Les hommes de cette patrouille parurent se concerter et l'un d'eux, se portant à quatre ou cinq pas de moi, me tira un coup de fusil à la tête. Je fus atteint au-dessous de l'œil droit, près du nez, et la balle sortit sous le menton. Vous constatez la blessure terrible que j'ai reçue. Le lendemain, des Bavarois, parmi lesquels se trouvaient deux brancardiers, ont passé près de moi, m'ont regardé et ne m'ont pas relevé. Le jour suivant, une autre patrouille survint. Je lui demandai à boire; mais elle refusa de me donner de l'eau. Un des hommes parut pourtant s'apitoyer, car il me serra la main en s'en allant. Enfin, le quatrième jour, des infirmiers du 160e régiment d'infanterie français m'ont secouru et m'ont transporté à Crévic.

Après lecture, le témoin a signé avec nous.

N° 79.

RAPPORT remis à la Commission d'enquête, le 21 janvier 1915, par M. le docteur Quénu, professeur à la Faculté de médecine de Paris, médecin principal de 2e classe à l'hôpital du Val-de-Grâce.

Le 27 novembre 1914, en présence de MM. :

le docteur Terrien, professeur agrégé à la Faculté de médecine de Paris, aide-major de 2e classe au Val-de-Grâce;

le docteur Mawas, aide-major de 2e classe au Val-de-Grâce;

le docteur Chevalier, infirmier-médecin au Val-de-Grâce;

Neuvy, infirmier-médecin au Val-de-Grâce;

J'ai interrogé le nommé Berjat (Ernest), soldat de première classe au 156e d'infanterie, réserviste (profession : valet de chambre), blessé le 4 septembre 1914, vers quatre heures du matin (il faisait à peine jour), dans une charge à la baïonnette à Maixe (entre Lunéville et Nancy). Il tomba criblé de balles et crachant le sang.

Il porte aujourd'hui les traces (en laissant de côté les blessures de la face, sur lesquelles nous reviendrons tout à l'heure) de plaies disséminées dans les régions suivantes :

1° Hypocondre gauche : une cicatrice de plaie par balle dans un espace intercostal;

2° Fosse sus-épineuse et région sus-claviculaire gauches : deux cicatrices, plaies en séton par balles;

3° Région postérieure du bras gauche : deux cicatrices de plaies par balles en séton;

4° Pouce de la main droite : cicatrice adhérente à la première phalange du pouce, qui a dû être brisée;

5° Région du genou droit : double plaie par balle;

6° Face antérieure de l'avant-bras droit : cicatrice de plaie par baïonnette.

Le blessé s'affaissa sans perdre connaissance, gêné surtout par ses crachements de sang, et il se traîna en rampant vers un groupe de camarades blessés grièvement.

Environ deux heures après (le blessé juge de l'heure parce que le soleil commençait à poindre), il arriva une patrouille de six Allemands du 3e Bavarois. Ces six Allemands se penchaient sur les corps étendus et les retournaient face au jour. Arrivés près de Berjat, qui, à cause de sa blessure du pouce droit, avait dû lâcher son fusil là où il était tombé, à plusieurs mètres de distance, et qui crachait le sang, ces Allemands conversèrent entre eux et se séparèrent en deux groupes. L'un d'eux, qui paraissait les commander, s'éloigna de quelques mètres, et alors, Berjat ayant levé la tête au-dessus de son sac, l'Allemand le mit en joue à cinq ou six mètres et lui tira un coup de fusil à la tête.

Nous voyons les traces de ce coup de feu à la face sous la forme d'une cicatrice, qui, partant de l'aile du nez, descend jusqu'à la région sous-mentonnière. Une partie de la voûte palatine, de la lèvre supérieure, de la mâchoire inférieure (qui fut fracturée) et de la langue furent emportées; une réparation, imparfaite d'ailleurs, masque quelques-unes de ces lésions.

Berjat resta sur le champ de bataille du 4 septembre matin au 8 septembre après-midi. Pendant ces quatre jours, des patrouilles allemandes ont passé, à plusieurs reprises, près du blessé sans le secourir. Il passa également une patrouille de Bavarois, dont un des hommes se pencha vers le blessé et lui donna une poignée de main. Le 8 septembre, vers quatre heures, des infirmiers du 160e d'infanterie à Toul vinrent le relever, le transportèrent dans une ambulance à Crévic. Le lendemain, il fut envoyé à La Madeleine, d'où il fut évacué sur Pont-Saint-Vincent, puis, au bout d'une semaine, sur Contrexéville.

Signé : Quénu, médecin principal de 2e classe au Val-de-Grâce, professeur de clinique chirurgicale à la Faculté de médecine.

Ont également signé :

Terrien, professeur agrégé à la Faculté de médecine. — Dr Mawas. — Dr Chevalier. — Neuvy.

Nota. — Ce blessé a fait ce récit sans récrimination aucune, sans proférer aucune injure contre ceux qui le fusillèrent à bout portant, à terre et désarmé. Il n'y a aucune raison de suspecter sa bonne foi. Les multiples blessures dont il porte les traces aux deux membres supérieurs et spécialement à la main droite, nous permettent d'affirmer qu'il devait être incapable de tenir une arme quelconque; leur direction horizontale indique bien que l'homme a été blessé debout. Seule une plaie échappe à cette règle, celle de la face qui est verticale ou légèrement oblique; elle ne peut avoir été produite par une balle que l'homme étant couché.

Signé : Quénu.

L'an mil neuf cent quinze, le 21 janvier, à l'hôpital militaire du Val-de-Grâce, devant nous, membres de la Commission d'enquête instituée par décret du 23 septembre 1914, M. le docteur Quénu, professeur à la Faculté de médecine de Paris, M. le docteur Terrien, professeur agrégé à la même Faculté et M. le docteur Mawas, aide-major, nous ont affirmé sous serment l'exactitude des constatations relatées dans le procès-verbal qui précède.

Ils ont signé avec nous après lecture.

N° 80.

DÉPOSITION reçue, le 16 février 1915, à Besançon, par M. Buis, procureur de la République, agissant en exécution d'une commission rogatoire, en date du 10 février, de la Commission d'enquête instituée par décret du 23 septembre 1914.

Leyraud (Louis-Constant-Albert), 46 ans, chef de bataillon au 35e régiment d'infanterie, actuellement en traitement à l'hôpital Saint-Jacques :

Serment prêté.

Le 6 septembre, vers six heures du soir, le capitaine Maussion a été blessé d'une balle dans la cuisse, près de Bouillancy (Oise). Nous n'avons pu le relever immédiatement, ayant dû nous replier, et nous n'avons pu revenir sur le terrain que le lendemain matin. Nous l'avons retrouvé mort. Il avait été incontestablement achevé par les Allemands, car il portait au front une blessure provenant d'une balle. Le coup de feu avait été tiré à bout portant, car le drap du képi avait été brûlé autour du trou; et d'autre part, il avait été dépouillé de tout ce qu'il avait sur lui : portefeuille, porte-monnaie et sacoche dont il était porteur, à ma connaissance. Il devait même avoir sur lui de trois à quatre mille francs, représentant de l'argent personnel et une partie des fonds de l'ordinaire de sa compagnie.

Lecture faite, persiste et signe avec nous.

N° 81.

DÉPOSITION faite, le 21 février 1915, à l'hôpital militaire du Lycée, à Grenoble, devant la Commission d'enquête instituée par décret du 23 septembre 1915.

Michot (Louis), 22 ans, soldat au 146e régiment d'infanterie :

Je jure de dire la vérité.

Le 7 septembre, aux environs d'Haraucourt, près de Crévic (Meurthe-et-Moselle), j'ai été atteint d'une balle qui m'a fracturé la cuisse. Je suis resté sur le champ de bataille, avec trois de mes camarades, et pendant six jours nous n'avons pris aucune nourriture. Le 8, comme un Allemand porteur d'un pli passait à proximité, nous l'avons appelé pour qu'il nous donnât à boire. Il s'est arrêté et nous a tiré à chacun un coup de fusil. Un de mes camarades, dont le prénom est Henri, a été tué.

Le 13 septembre, mon régiment, ayant repris l'offensive, m'a recueilli.

Après lecture, le témoin a signé avec nous,

N° 82.

DÉPOSITION faite, le 21 février 1915, à l'hôpital militaire du Lycée, à Grenoble, devant la Commission d'enquête instituée par décret du 23 septembre 1914.

Guilhaume (Maurice), 26 ans, sergent au 367e d'infanterie :

Je jure de dire la vérité.

Le 20 ou le 21 septembre, dans le bois dit « Le Brûlé », près de Remenauville (Meurthe-et-Moselle), les Allemands ont capturé une patrouille de mon régiment et de ma compagnie, commandée par le sergent Constantin. Les cinq hommes qui composaient cette patrouille, après avoir été désarmés, fouillés et dévalisés, ont reçu chacun, de la main même du capitaine qui commandait la troupe bavaroise, une balle de revolver dans la région du cœur. Les soldats allemands ont ensuite déboutonné les capotes de nos camarades, pour s'assurer que le coup avait bien porté, puis ont achevé à coups de crosse ceux qui respiraient encore, à l'exception du caporal Grenouilhat. Celui-ci a pu ramper à travers les lignes allemandes et rejoindre notre régiment. C'est lui qui nous a raconté ces faits. Il portait une blessure à la poitrine. Il a été soigné à Lyon, et il paraît qu'il a survécu.

Après lecture, le témoin a signé avec nous.

N° 83.

RELATION du caporal Grenouilhat, du 367e régiment d'infanterie, 17e compagnie.

21 septembre 1914.

La 17e compagnie du 367e régiment d'infanterie reçoit l'ordre d'occuper la forêt de Puvenelle (Meurthe-et-Moselle) avant l'aube. Elle prend son emplacement à la lisière de la forêt côté Mamey, face aux tranchées ennemies. Vers deux heures, la 23e compagnie prend également son emplacement, à droite de la 17e compagnie.

A deux heures et demie, nous ouvrons le feu sur l'ennemi, qui se trouvait dans des tranchées situées à une distance d'environ quatre cents mètres. C'est alors que commence une fusillade très vive sans avance ni recul de part et d'autre.

Vers quatre heures et demie, le commandant de la 23e compagnie fait prévenir le commandant de la 17e qu'il bat en retraite, car l'ennemi a fait un mouvement tournant et il cherche à nous envelopper.

Aussitôt, le commandant de ma compagnie (17e) envoie une patrouille de cinq hommes composée ainsi : sergent Constantin, caporal Grenouilhat, Berthonnot, Hélary, X..., soldats. Nous avions à peine fait cent cinquante mètres sous bois, que des coups de feu tirés dans notre direction nous obligent à nous arrêter. Je vois aussitôt le sergent Constantin, qui se trouvait à deux mètres en avant de moi et à ma droite, tomber mortellement frappé. Je regarde attentivement en avant et je découvre une vingtaine de Bavarois, à genoux, dissimulés dans un fourré, qui nous « canardaient » à cinquante mètres. Je prends aussitôt le commandement de la patrouille, et nous nous apprêtons à leur rendre la pareille; mais, avant que nous ayons eu le temps de mettre en joue, une vingtaine de « Boches », qui se trouvaient derrière nous et à cinq mètres environ, nous entourent et, baïonnette sur la poitrine, nous font le geste de nous rendre. Je crois inutile de sacrifier notre vie, puisque notre mission est accomplie : la compagnie a été prévenue de la présence de l'ennemi par les coups de feu tirés au début. Nous jetons bas les armes. Nous sommes déséquipés et fouillés; nos armes sont brisées. A ce moment, un de ces monstres, plus furieux que les autres, prend son fusil par le bout du canon et assène un formidable coup de crosse sur la tête d'un de mes hommes : Hélary. Le sang jaillit et le malheureux, malgré sa blessure, a le courage de faire une dizaine de mètres. Une balle tirée à bout portant par le même barbare l'achève. Un autre de mes hommes, Berthonnot, placé un peu en arrière et voyant cette atrocité, part à toute vitesse dans la direction des Français. Des coups de feu tirés sur lui sont sans résultat. (Je l'ai revu le soir sain et sauf.) Nous restons donc deux prisonniers. Un sous-officier bavarois, qui jusque-là avait été invisible, s'avance vers nous; il me place la pointe de son sabre sur la poitrine et me demande, en un français plus ou moins compréhensible : « Combien de compagnies dans ce bois? » Je lui réponds que je l'ignore totalement, puisque je suis en patrouille. Il part sans rien ajouter. Nous sommes emmenés à la lisière opposée. En cours de route, nous subissons les mauvais traitements de ces brutes : coups de crosse dans le dos, coups de poing, cris hostiles. Enfin, après trois cents mètres environ de marche, nous arrivons à l'endroit où se trouvait le reste de la compagnie. Là, nous trouvons trois frères d'armes de la 23ᵉ compagnie : sergent X..., sergent Y..., soldat Z..., qui venaient également d'être faits prisonniers. Nous nous serrons les mains, et je remarque que le sergent X... porte une blessure à la tête. Je lui demande son paquet de pansement et je lui fais un pansement sommaire. Son havresac ne lui a pas été enlevé; je le lui retire et le mets sur mon dos. Je venais à peine de terminer ce petit travail, que l'officier qui commandait la compagnie s'avance vers nous, furieux, harangue ses hommes et, d'une voix tonitruante, leur dit que nous allons être fusillés sur-le-champ. Je remarque, d'après leur attitude et leur physionomie, que les soldats interviennent en notre faveur. Le sergent X... demande à cette brute galonnée, en allemand, de nous faire grâce, disant que nous sommes pères de famille. Sans même l'écouter, l'autre brandit au même moment son revolver, vise le sergent, qui tombe. Le sergent Y... reçoit le deuxième coup de feu : il est tué net, ainsi que le soldat Z..., qui tombe le troisième en murmurant ces dernières paroles : « Ma femme et mes enfants! » Le quatrième coup de feu m'est réservé. Je fais face à l'officier; au moment où je vois le revolver braqué sur mon cœur, instinctivement je lève le bras gauche et je lui présente le flanc en proférant ces paroles : « On ne tue pas des prisonniers! Assassin! » Je sens aussitôt le plomb dans ma poitrine : je m'écroule. Au bout d'un certain temps, je reprends mes sens. Une pluie battante m'a littéralement traversé. Je les entends : ils sont là, à mes côtés. Du reste, des coups de botte dans le dos et aux pieds ne tardent pas à me prouver leur présence. Ils me fouillent, ils me retournent sens dessus dessous, ils me traînent, ils me soulèvent jusqu'à une certaine hauteur et me laissent retomber sur le sol, ils essayent avec leurs doigts d'agrandir ma blessure : « Réveillez-vous, monsieur! » me disent-ils. Rien, pas un cri, pas un mouvement. J'entends ces derniers mots : « Caporal, kapout! » Enfin, après un certain temps, j'entr'ouvre les paupières : la nuit approche. Plus de « Boches », mais les plaintes agonisantes d'un blessé étendu près de moi. Je fais un effort pour me soulever; doucement, je m'approche et je reconnais le sergent X..., qui expire. Quatre cadavres gisent sur le sol. Je me glisse à la lisière et m'adosse à un arbre. Le sang coule. Je cherche mon paquet de pansement : il m'a été enlevé. Alors, je prends ma cravate mouillée et je l'applique de mon mieux sur la plaie pour arrêter l'hémorragie. Après quelques minutes de repos, je pars en longeant la lisière ; je rampe, et m'arrête souvent. Je parcours ainsi deux kilomètres et demi. Enfin, j'arrive à retrouver ma compagnie. Quelle joie ! Je suis à bout de forces. Qu'importe, je suis avec mes frères d'armes.

Signé : Grenouilhat, Émile.

N° 84.

DÉPOSITION faite, le 21 janvier 1915, à l'ambulance Villemin (Grand-Hôtel), à Paris, devant la Commission d'enquête instituée par décret du 23 septembre 1914.

Deloncle (Henri), 28 ans, lieutenant au 231ᵉ régiment d'infanterie :

Je jure de dire la vérité.

Dans la soirée du 8 au 9 janvier courant, au nord de Soissons, je me trouvais dans une tranchée allemande que nous venions d'occuper. En face de nous et à peu de distance, étaient des tranchées que les Allemands avaient perdues, puis reprises. J'ai entendu, venant de cette direction, des hurlements de douleur entrecoupés de ce cri plusieurs fois répété : « Assassins ! assassins ! » Un adjudant de chasseurs à pied, blessé comme moi-même et évacué en même temps que moi, m'a dit avoir également entendu les mêmes cris et avoir cru reconnaître la voix d'un de ses camarades. J'ignore le nom de ce sous-officier, qui appartenait à la garde républicaine avant les hostilités.

Après lecture, le témoin a signé avec nous.

N° 85.

DÉPOSITION reçue, le 24 octobre 1914, à Saint-Pierre-le-Moutier (Nièvre), par M. Court, juge de paix.

Docteur X..., à l'hôpital auxiliaire de la Croix-Rouge :

Serment prêté.

Le 6 ou le 7 août, je me trouvais à Vic-sur-Seille, quand une patrouille du 31ᵉ dragons français se dirigeait de la forêt de Bezange-la-Grande vers Vic-sur-Seille, à environ quinze cents mètres de cette ville. Un dragon de cette patrouille (dont je connus l'identité plus tard par ses papiers et sa plaque d'identité), du nom de Louis Henry, originaire de Reims, fut blessé par un avant-poste prussien. Cet avant-poste se composait de quelques dragons du 7ᵉ régiment de dragons prussiens, en garnison à Sarrebruck, et d'un sous-officier, volontaire d'un an, cycliste au 138ᵉ régiment prussien, nommé Reinhart. Quand le dragon français fut tombé de cheval, les Prussiens s'avancèrent vers lui, notamment ledit sous-officier, et achevèrent le dragon blessé à coups de feu et de baïonnette.

J'ai fait ramener le cadavre, par des jeunes gens de bonne volonté, à l'hospice de Vic. J'y ai constaté les blessures suivantes : un coup de feu qui a traversé le poumon droit, un coup de feu dans la région du cœur, une blessure par baïonnette sur le sternum, un coup de feu à l'abdomen, un coup de feu à la face antérieure de la cuisse gauche. Pendant que j'examinais ces différentes blessures, survint à l'hospice ledit sous-officier Reinhart, qui me déclara brutalement qu'il était inutile de me rendre compte si ce soldat français était bien mort, que lui s'était chargé de lui « donner son compte ». Je n'ai pu protester contre un tel acte de sauvagerie, car je m'exposais à être fusillé sur-le-champ.

Lecture faite, persiste et signe avec nous.

N° 86.

DÉPOSITION reçue, le 22 octobre 1914, à ROANNE, par M. GOUNARD, commissaire central de police.

LÉONARD (Louis), 25 ans, soldat au 31e bataillon de chasseurs à pied, actuellement en traitement à l'hôpital de Roanne :

Serment prêté.

Le 9 août, aux Chaumes-de-Lusse, entre les cols de Sainte-Marie et de Saales, vers cinq heures du soir, ma compagnie s'avançait, déployée en tirailleurs, pour s'emparer d'une tranchée allemande.

A notre gauche, à vingt mètres en arrière environ, venait également, dans le même ordre, une compagnie d'infanterie française.

A trois cents mètres, les Allemands, en nombre très supérieur, sortirent des tranchées et nous dûmes reculer. A ce moment, j'entendis deux sergents blessés, de la compagnie d'infanterie, nous crier de toutes leurs forces : « Sauvez-vous! Sauvez-vous! »

Nous ne pûmes malheureusement pas leur porter secours.

Le lendemain matin, le terrain reconquis, je retrouvai les deux sergents morts, la gorge tranchée.

Dans cette même affaire, je vis les Allemands achever à coups de feu de malheureux blessés qui cherchaient à nous rejoindre en rampant sur le sol.

Les brancardiers qui se rendirent ensuite sur le champ de bataille pour relever les blessés furent reçus à coups de feu et ne purent accomplir leur tâche.

L'un d'eux, du 149e, fut atteint au bras d'un coup de feu.

Lecture faite, persiste et signe avec nous.

N° 87.

DÉPOSITION reçue, le 23 octobre 1914, à BOURGES, par M. LAURENT, procureur de la République.

VINCENT (Claudius), 25 ans, 21e d'infanterie, actuellement en traitement à l'hôpital auxiliaire n° 4 :

Serment prêté.

Le 16 août dernier, je me trouvais, avec mon régiment, à environ deux kilomètres d'un village appelé Plaine, sur la frontière d'Alsace. J'ai vu un soldat du 17e d'infanterie, qui, lorsque nous l'avons relevé, était percé de coups de baïonnette. Les Allemands avaient pris sa propre baïonnette et la lui avaient enfoncée dans la bouche. Lorsque ce soldat était tombé, il avait été frappé d'une balle qui lui avait cassé la cuisse. Nous avions dû reculer; c'est à ce moment-là que les Allemands, qui appartenaient à un régiment bavarois, l'avaient tué.

Lecture faite, persiste et signe avec nous.

N° 88.

DÉPOSITION reçue, le 20 octobre 1914, à MENDE, par M. AGULHON, substitut du procureur de la République.

MALLET (Alexandre), 25 ans, soldat au 142e d'infanterie :

Serment prêté.

J'ai été blessé, le 18 août dernier, vers quatre heures du soir, au combat de Bisping; la balle m'a frappé au genou, faisant, à l'entrée, un petit trou rond, et à la sortie, une énorme blessure. Le médecin qui m'a soigné à Lunéville m'a dit que j'avais été atteint par une balle explosible.

Tandis que j'étais couché, blessé, sur le champ de bataille, vers dix heures du soir, j'ai vu s'avancer une patrouille allemande commandée par des officiers ou sous-officiers, que j'ai reconnus à leurs galons. Ils étaient porteurs d'une lanterne. S'étant approchés d'un lieutenant blessé, qui se trouvait à une vingtaine de mètres de moi, ils lui ont tiré à bout portant un coup de revolver qui l'a achevé. Le lendemain, en effet, nous sommes passés à côté de lui; nous avons constaté qu'il était mort et avait été entièrement dépouillé de tout son équipement militaire. Avec moi se trouvait un camarade, également blessé, qui m'a raconté, en nous rendant au poste de secours, qu'il avait vu le même groupe de soldats allemands achever, à coups de crosse, un adjudant du 122e régiment d'infanterie qu'il connaissait bien et dont il m'a dit le nom; mais je l'ai oublié.

Lecture faite, persiste et signe avec nous.

N° 89.

DÉPOSITION reçue, le 6 novembre 1914, à SAINT-ÉTIENNE, par M. BOUQUIN, commissaire de police.

GAUTHIER (Paul), 24 ans, soldat au 98e d'infanterie, actuellement en traitement à l'hôpital Rullière :

Serment prêté.

Le 20 août, vers vingt heures trente, à Sarrebourg, nous battions en retraite, lorsque je fus blessé par une balle au poignet gauche. Je me suis dissimulé derrière un buisson pour me panser. Pendant que j'effectuais cette opération, six soldats allemands et un officier me découvrirent, et l'un des soldats me transperça d'un coup de baïonnette. L'officier me tâta le pouls, sans doute pour s'assurer si j'étais bien mort.

Lorsque ces barbares se furent éloignés, je me suis traîné comme j'ai pu jusqu'à l'ambulance.

J'ajoute que le coup de baïonnette qui m'a été porté m'a atteint dans la région dorsale droite, et la pointe est ressortie au-dessous du sein droit. Ce coup m'a perforé le poumon; mais, à l'heure actuelle, je suis en pleine voie de guérison.

Lecture faite, persiste et signe avec nous.

N° 90.

DÉPOSITION reçue, le 19 octobre 1914, à Couhé (Vienne), par M. Boutineau, docteur en médecine, suppléant de la justice de paix du canton.

Arnault (Jacques), 22 ans, caporal au 59e régiment d'infanterie, actuellement en traitement à l'hôpital militaire du collège Saint-Martin (Croix-Rouge) :

Serment prêté.

Le 22 août dernier, dans la plaine de Florenville, en Belgique, mon régiment a eu un engagement avec les Allemands. Au cours du combat, qui fut très meurtrier, nous avons, par trois fois différentes, chargé les Allemands à la baïonnette : chaque fois ils reculaient; mais chaque fois aussi, ils revenaient plus nombreux.

A la fin du jour, je me trouvais parmi un détachement de cent cinquante hommes environ, formé de soldats de différentes compagnies. Nous ne savions pas où se trouvait le gros des forces françaises et il nous fallait penser à battre en retraite; mais il y avait nos blessés que nous ne voulions pas abandonner, et cependant, nous n'avions pas d'ambulance et parmi nous il n'y avait aucun médecin, aucun infirmier. Nous les réunîmes alors à l'orée d'un bois; ils étaient une vingtaine environ. Nous pensions leur prodiguer les soins qu'il nous était possible de leur donner, en attendant de pouvoir les transporter dans une ambulance. Mais, à la vue de forces allemandes plus considérables, nous fûmes obligés de les abandonner et nous nous retirâmes dans le bois, à quelques centaines de mètres en arrière. Et c'est alors que nous vîmes, vers le milieu de la nuit, les Allemands, avec des falots, parcourir le champ de bataille et le lieu même où se trouvaient nos blessés. Que se passa-t-il alors? Nous entendîmes des voix, des cris, nous distinguâmes des gestes : et ce fut tout.

Les Allemands se retirèrent. Nous allâmes alors aussitôt voir nos blessés; mais aucun d'eux n'était vivant; et pourtant, il y en avait parmi eux qui n'avaient, lorsque nous les quittâmes, que des blessures légères et ne pouvaient certainement pas avoir succombé aux suites de ces blessures : aucun doute n'était possible. Du reste, les malheureux en portaient les traces : ils avaient été achevés à coups de crosse et de baïonnette par les soldats allemands.

Au surplus, tous avaient été fouillés et volés; leurs capotes et leurs vestes étaient défaites et leurs poches étaient retournées. Aucun d'eux ne possédait plus d'argent; les Allemands s'en étaient emparés. Et pourtant, tous avaient de l'argent la veille : cela, je pourrais en répondre. L'un d'eux, un sous-lieutenant, avait même dit devant moi à un de ses sergents : « J'ai quinze cents francs sur moi ; si je suis tué, tu voudras bien me les prendre. » Le sergent a bien voulu le faire, mais hélas! il était trop tard : comme les autres, après l'avoir achevé, les Allemands l'avaient volé.

De leur côté, ils avaient enlevé tous leurs morts et leurs blessés.

Lecture faite, persiste et signe avec nous.

N°s 91, 92.

DÉPOSITIONS reçues, le 3 novembre 1914, à Châtellerault, par M. Sachon, juge d'instruction.

Castetbieilh (Raymond), 32 ans, sous-lieutenant au 32e d'infanterie, actuellement au dépôt :

Serment prêté.

Le 25 août dernier, à Erbéviller (Meurthe-et-Moselle), sur les dix heures du matin, trois soldats de ma section, les nommés Vilaineau, Leroux et Benoît, sont tombés, devant mes yeux, frappés par des projectiles allemands : Vilaineau par un éclat d'obus à la poitrine, le second par une balle dans le ventre et le troisième par une balle dans les reins. Ces trois hommes, au moment d'un mouvement de repli, se sont trouvés derrière une haie où je les ai laissés, après leur avoir adressé quelques mots; l'infanterie bavaroise était alors à cent cinquante ou deux cents mètres de l'endroit où ces blessés s'étaient trouvés.

Le lendemain, 26 août, vers dix heures du matin, revenant prendre les positions que nous occupions la veille à la même heure, je me suis porté, avec les sergents Fourré et Henrié, du 32e d'infanterie, à l'endroit où j'avais, la veille, laissé les trois blessés : Vilaineau, Leroux et Benoît.

J'ai trouvé ces trois hommes morts.

Vilaineau portait deux blessures par balles : l'une derrière l'oreille droite et l'autre dans le cou, au sommet de la poitrine. Leroux avait reçu une balle dans l'oreille, et Benoît, une balle sous le menton.

L'endroit des dernières blessures de ces hommes, la position dans laquelle je les ai trouvés, constituèrent des circonstances qui entraînèrent immédiatement chez moi la conviction qu'ils avaient été achevés alors que, réfugiés derrière la haie dont j'ai parlé plus haut, ils attendaient d'être relevés par le service des brancardiers.

A mon arrivée à Châtellerault, j'ai retrouvé, au dépôt du 32e, le soldat réserviste Ebraly, de la 4e compagnie, qui, sans que je lui parle de cette affaire, m'a de lui-même tenu le propos suivant : « Mon lieutenant, j'ai vu les Allemands achever Vilaineau, Leroux et Benoît. »

Lecture faite, persiste et signe avec nous.

Ebraly (Georges), 26 ans, soldat au 32e d'infanterie :

Serment prêté.

Le 25 août dernier, à la bataille d'Erbéviller (Meurthe-et-Moselle), sur les dix heures du matin, j'ai été blessé d'une balle dans la jambe et d'une autre dans le poignet droit. Ma section ayant dû se replier, je restai sur place, après avoir toutefois pu me réfugier le long d'une haie, près de laquelle se trouvaient dix-sept camarades blessés, mais tous vivants. Une demi-heure plus tard, une compagnie de Bavarois survint et, mes dix-sept camarades et moi, nous reçûmes des Allemands des coups de fusil destinés à nous achever. A bout portant, je reçus une balle dans l'épaule. Je tombai évanoui et, quand je repris connaissance trois ou quatre heures plus tard, je simulai la mort pendant une vingtaine d'heures.

Au bout de ce temps, pensant n'avoir plus à craindre les Bavarois, je gagnai un bois voisin, après avoir constaté que mes dix-sept camarades étaient morts.

J'ai constaté que deux d'entre eux avaient eu le ventre ouvert, tandis qu'un autre avait les yeux arrachés.

Je ne connais pas leurs noms.

J'ai vu que Vilaineau avait reçu une balle dans la tête, Leroux une balle dans l'oreille et Benoît une balle sous le menton.

Je dis que ces hommes ont été achevés par les Allemands, parce que, s'ils avaient reçu ces blessures à leur poste de combat, ils n'auraient pu se réfugier près de la haie où je les avais rejoints.

C'est tout ce que je sais.

Lecture faite, persiste et déclare ne pouvoir signer, par suite de sa blessure au poignet; nous signons avec le greffier

N° 93.

DÉPOSITION reçue, le 22 septembre 1914, à La Châtre, par M. Coulon, procureur de la République.

Pageaut (Louis), 23 ans, sergent au 279e régiment d'infanterie, actuellement en traitement à l'ambulance des Femmes-de-France :

Serment prêté.

Le 25 août, vers six heures et demie du matin, je me disposais à charger à la baïonnette au milieu de ma compagnie, quand je reçus une balle qui me traversa l'épaule. Nous étions à un kilomètre environ au nord-est de Courbesseaux (Meurthe-et-Moselle). Je tombai. A côté de moi était couché sur le dos un sergent du 79e d'infanterie, blessé d'une balle au bras. Il me dit qu'il s'appelait Martin. Nous causions; il me semble qu'il m'a dit être de Saône-et-Loire, du côté de Montceau-les-Mines. Au bout d'une demi-heure environ, arriva sur nous une section d'infanterie allemande déployée en tirailleurs. Martin et moi fîmes le mort. Martin était près de moi, mais entre moi et les soldats allemands. Un officier qui commandait la troupe (je ne sais quel était son grade), grand, brun, pouvant avoir trente-cinq ans, demande à Martin, en français : « Êtes-vous blessé? » Mon camarade ne répond pas, et l'officier lui tire à bout portant une balle de revolver dans le ventre. Arrivé près de moi, il fait sauter avec son sabre mon képi, que j'avais placé sur mes yeux pour me garantir du soleil. Je le regarde en face et il me dit : « Êtes-vous blessé? » Je dis oui et lui montre le sang dont ma capote est couverte. Sans me répondre, il lève le sabre en l'air, et aussitôt, deux soldats me portent sur le front chacun un coup de crosse, qui m'atteignent, l'un au front, l'autre sur la tête. Ces deux coups m'ont fait saigner abondamment. Vous pouvez voir que je porte encore la trace de l'un et de l'autre. Les coups ont été donnés vigoureusement; mais, si je n'ai reçu que des blessures légères, c'est parce que les deux crosses, avant de m'atteindre, se sont heurtées; j'ai parfaitement perçu le choc de leur rencontre.

La troupe est alors partie : je n'ai pas eu d'évanouissement; j'ai été à peine étourdi; mais ils ont dû me croire mort. Ils passaient d'ailleurs assez vite, car on était en plein combat.

Après leur départ, j'ai parlé à Martin, qui est venu tout contre moi en se traînant. Jusque vers les trois heures de l'après-midi, je suis resté à son côté; il perdait rapidement ses forces. A trois heures, l'ennemi avait complètement quitté le champ de bataille; je me suis décidé à partir. Aidé d'un camarade également blessé, nous avons essayé de faire marcher Martin; mais il n'a pu et nous a dit lui-même de l'abandonner.

En m'en allant, j'ai rencontré un soldat de la compagnie, dont j'ignore le nom ; il était couché et m'a raconté qu'un soldat allemand lui avait, tandis qu'il était couché et blessé à la jambe, enlevé sa baïonnette et la lui avait plantée dans la cuisse.

On nous avait dit, au matin, que nous chargions contre des Bavarois; mais je ne sais si ce sont des Bavarois qui m'ont frappé. Ceux-là avaient le casque à pointe et, d'après ce que je crois savoir, l'infanterie bavaroise porterait le casque surmonté d'un dragon.

Lecture faite, persiste et signe avec nous.

N° 94.

DÉPOSITION reçue, le 13 novembre 1914, à Limonest (Rhône), par M. Fenetrie, juge de paix.

Allignet (Louis-Jean-Baptiste), 22 ans, soldat au 95e d'infanterie, actuellement en convalescence à Saint-Rambert-l'Ile-Barbe, propriété du Frêne :

Serment prêté.

Le 25 août dernier, j'ai été blessé, près de Rambervillers, aux deux jambes, par des balles de fusil et suis resté sur le champ de bataille. Le lendemain, 26 août, un officier allemand, accompagné d'un soldat et armé d'un revolver, examinait tous ceux qui étaient couchés près de moi et leur tirait dessus quand ils donnaient signe de vie. Quant à moi, malgré mes protestations, il m'a tiré un coup de revolver à la tête, qui m'a blessé au poignet et à la joue gauche. S'il ne m'a pas achevé, c'est qu'il a cru m'avoir tué. La balle, que j'ai conservée, a été extraite par le Dr Gabond, de Saint-Cyr-au-Mont-d'Or ; elle est en plomb, avec armature d'acier, et de forme conique. J'ai vu ce même officier achever deux blessés français couchés près de moi.

Lecture faite, persiste et signe avec nous.

N° 95.

DÉPOSITION reçue, le 20 octobre 1914, à Arles-sur-Tech (Pyrénées-Orientales), par M. Barrera, juge de paix.

Romeu (Benjamin), 25 ans, soldat au 24e régiment d'infanterie coloniale, actuellement en congé de convalescence à Las Abadies, commune d'Arles-sur-Tech :

Serment prêté.

Le 27 août dernier, vers dix heures du matin, je fus blessé au combat de Beaumont, dans la Meuse, au moment de la charge, par une balle qui me traversa la jambe gauche. A ce moment, je me retourne et vois mes camarades se replier. Je fus atteint de nouveau par une balle à l'épaule droite; je me suis couché, et cinq minutes après, les Allemands ont été sur nous. C'est alors que j'ai vu des soldats ennemis prendre deux de mes camarades par les oreilles, afin de les retourner, et ils leur ont enfoncé la baïonnette en pleine poitrine. Mes pauvres camarades poussaient des cris déchirants. Afin de faire croire que j'étais réellement mort, j'ai barbouillé ma figure avec le sang qui coulait de ma jambe; des soldats allemands m'ont donné quelques coups de crosse en passant, pour s'assurer si j'étais bien mort. Après leur passage, vers sept heures du soir, j'ai pu me sauver dans un bois.

Lecture faite, persiste et signe avec nous.

N° 96.

DÉPOSITION reçue, le 23 octobre 1914, à LIMOGES, par M. PLEINDOUX, commissaire de police.

SIORAT (Alphonse), 19 ans, soldat au 63ᵉ d'infanterie, actuellement à l'infirmerie de la caserne Beaupuy :

Serment prêté.

Le 28 août 1914, j'ai été blessé à la tête par un shrapnell, au combat d'Yoncq.

Après avoir été blessé, je me suis traîné, comme j'ai pu, dans une tranchée où j'ai trouvé des camarades, blessés comme moi.

Au bout d'un moment, les Allemands ont poussé une charge et sont arrivés jusqu'à notre tranchée. Un de leurs officiers, m'apercevant, me demanda, en excellent français, où j'étais blessé. Lui ayant fait voir ma blessure, il me dit de me mettre debout et de lever les mains, ce que je fis. Aussitôt, il me souleva le devant de ma capote, à hauteur de la ceinture, et me tira deux coups de revolver à bout portant dans le ventre. Les balles pénétrèrent près du nombril.

Je suis tombé évanoui.

Pour moi, cet officier allemand a dû faire usage, pour me tirer dessus, d'un revolver de poche et non d'un revolver d'ordonnance, car le canon de cette arme sortait très peu de sa main.

Lecture faite. persiste et signe avec nous.

N° 97.

DÉPOSITION reçue, le 1ᵉʳ décembre 1914, à TOULOUSE, par M. LEFILLASTRE, commissaire de police.

POUDADE (Jean-André-Auguste-François-Louis), 22 ans, sergent au 78ᵉ d'infanterie, actuellement en traitement à l'hôpital militaire :

Serment prêté.

Le 28 août 1914, au combat de Raucourt-La-Besace, alors que nous nous portions en arrière pour défendre un piton, mon attention fut attirée, en passant près d'une grande ferme abandonnée, par des lambeaux de pansements individuels tout ensanglantés, devant la porte. J'entrai, songeant que des Français pouvaient être là sans secours ; mais quelle ne fut pas ma surprise, ma stupéfaction, quand je me trouvai en présence de cinq blessés du 14ᵉ d'infanterie de ligne, inanimés, dans la paille ! Les corps étaient lardés de coups de baïonnette. Ces malheureux avaient la boîte crânienne défoncée ; la substance cérébrale sortait même, et sur le crâne, la trace de la crosse du fusil était nettement définie. On remarquait aussi sur leur visage la trace des talons et des clous des semelles ; leur musettes avaient été fouillées, leurs poches retournées. Il n'y avait aucun doute : ces malheureux avaient été massacrés par quelques soudards allemands en patrouille qui avaient passé par là. Et cela est d'autant plus évident, que la ferme n'avait pas été bombardée. D'ailleurs, les traces des blessures indiquaient, à n'en pas douter, qu'elles avaient été faites par des baïonnettes allemandes.

Il est d'autres faits que je pourrais, à la rigueur, signaler (mais ils le seront sûrement par des officiers sous les ordres desquels je me trouvais à ce moment) et où j'étais moi-même partie intéressée, tels que le bombardement du château de Romont où je me trouvais comme blessé.

Lecture faite, persiste et signe avec nous.

N° 98.

DÉPOSITION reçue, le 21 octobre 1914, à Limoges, par M. Laroze, commissaire de police.

Mathieu (Léonard), 24 ans, soldat au 78e régiment d'infanterie, actuellement en traitement à l'hôpital temporaire n° 11 :

Serment prêté.

J'ai été blessé, le 8 septembre dernier, à Vitry-le-François, par une balle qui m'a traversé la jambe gauche après m'avoir fait une très large plaie. Par suite de cette blessure, j'ai dû abandonner le combat et m'étendre sur le sol. Il était cinq heures du matin. Une heure après, vers six heures, des soldats allemands appartenant à l'infanterie arrivèrent et achevèrent avec leurs armes des soldats français tombés à mes côtés. L'un d'eux me porta, pour m'achever, un fort coup de crosse avec son fusil, sur le côté gauche du visage, et me fit ainsi une blessure au-dessus de l'œil. Je ne bougeai pas, pour lui faire croire que j'étais mort, et pus, par ce subterfuge, échapper à la mort. Le soir, vers six heures, des officiers allemands arrivèrent. Je les vis dégaîner leurs sabres ; l'un d'eux planta son sabre dans le côté droit d'un blessé français qui était à mes côtés ; un autre s'avança vers moi et, pour s'assurer si j'étais mort, me mit la main devant la bouche. J'eus la présence d'esprit de ne pas respirer : il crut que j'avais fini de vivre et il s'éloigna. Quand il me mit la main devant la bouche, il avait le sabre dégaîné et était prêt à me frapper.

Après lecture, le témoin a signé avec nous.

[Nous constatons que le déclarant porte une ecchymose en voie de guérison au-dessus de l'œil gauche.]

Le commissaire de police,

Signé : Laroze.

N° 99.

DÉPOSITION reçue, le 16 octobre 1914, à Bédarieux (Hérault), par M. Jaubourg, commissaire de police.

Schgier (Henri), 30 ans, soldat au 226e d'infanterie, actuellement en traitement à l'hospice Saint-Louis :

Serment prêté.

Le mardi 8 septembre, vers dix heures du matin, entre Cercueil et Haraucourt, ma compagnie était déployée en tirailleurs, lorsque le lieutenant Michaud fut blessé à la tête et aux reins. Il était étendu sur le sol, lorsque le 2e bataillon de la garde impériale est arrivé. Une douzaine de chasseurs ennemis se sont approchés de l'officier blessé, lui ont pris son sabre, sa jumelle et son revolver, et, avec cette dernière arme, l'ont achevé; ils lui ont tiré trois balles dans la tête. Le capitaine Louis, commandant ma compagnie, qui, lui aussi, avait assisté à ce spectacle, nous crie: «En avant!» et s'élance le premier. Deux ou trois de mes camarades et moi le suivons et nous passons à la baïonnette les douze chasseurs allemands. Nous relevons ensuite le cadavre de notre lieutenant et nous le portons à l'ambulance.

Le clairon Reb et le soldat Ténégal, qui sont encore au régiment, pourront faire la même déclaration.

J'ai été blessé dans la même région, le lendemain, à trois heures du matin; on m'a transporté dans un château transformé en ambulance, où flottait le drapeau de la Croix-Rouge. Comme on me pansait, les Allemands ont canonné l'ambulance avec de l'artillerie lourde. On a immédiatement évacué le château et tous les blessés ont été transportés à Pont-Saint-Vincent.

Lecture faite, persiste et signe avec nous.

N° 100.

DÉPOSITION reçue, le 16 octobre 1914, à Joigny, par M. Delegorgue, procureur de la République.

Béneteau (Paul), 26 ans, sous-lieutenant de réserve au 337e de ligne, actuellement en traitement à l'hôpital auxiliaire n° 101 :

Serment prêté.

J'ai été blessé, le 8 septembre 1914, vers quatre heures du matin, au sud d'Écury-le-Repos (arrondissement de Châlons-sur-Marne), de quatre balles qui m'ont atteint à la cuisse et à la main droite. Je suis tombé et mes hommes m'ont emporté, alors que les Allemands chargeaient sur nous à la baïonnette. Pour permettre aux hommes qui me portaient d'échapper à une mort certaine, je leur ordonnai de me laisser sur le terrain. Ils me posèrent à terre, et presque aussitôt, je fus frappé, par quatre soldats allemands, de quatre coups de baïonnette qui m'atteignirent à la poitrine et au côté droit. Ces soldats appartiennent à la garde prussienne, régiment Alexandre. On s'est battu autour de moi, et le soir, les infirmiers allemands m'ont pansé. Je suis resté trois nuits et deux jours entre les mains de l'ennemi; puis j'ai été délivré par les Français.

Lecture faite, persiste et signe avec nous.

N° 101.

DÉPOSITION reçue, le 23 octobre 1914, à Limoges, par M. Pleindoux, commissaire de police.

Forestier (Georges), 21 ans, soldat au 128e d'infanterie, actuellement en traitement à l'hôpital de la Visitation:

Serment prêté.

J'ai été blessé au combat de Maurupt, le 9 septembre dernier. J'avais reçu plusieurs coups de baïonnette dans les reins et avais été laissé parmi les blessés et les morts sur le champ de bataille. A côté de moi se trouvait un soldat du 72e de ligne, qui, gravement blessé, ne cessait de crier et de se plaindre.

A un moment, une patrouille allemande, commandée par un officier, qui traversait le champ de bataille, entendant les cris de mon malheureux camarade du 72e, s'approcha de lui. Les hommes, sur l'ordre de l'officier, tirèrent plusieurs coups de feu sur mon camarade et le tuèrent.

Ils ne tirèrent pas tous ensemble pour l'achever; ils s'amusaient à tirer à tour de rôle et tout en s'éloignant; mon camarade leur servait de cible.

Pour qu'il ne m'en arrive pas autant, je fis le mort.

Lecture faite, persiste et signe avec nous.

Nos 102, 103.

DÉPOSITIONS reçues, le 17 octobre 1914, à Ligny-en-Barrois (Meuse), par M. Malot, commissaire de police.

Sarre (Fernand), 31 ans, soldat au 106e régiment d'infanterie, actuellement en traitement à l'hôpital auxiliaire n° 21 :

Serment prêté.

Le 10 septembre dernier, dans les environs de Rembercourt-aux-Pots (Meuse), pendant que nous battions en retraite, une balle de fusil m'a traversé la hanche droite; je suis tombé à terre presque aussitôt et n'ai pas perdu connaissance. Souffrant beaucoup à ce moment, pour me soulager j'avais appuyé ma tête sur mon bras droit. Il y avait quelques minutes que j'étais dans cette position, lorsqu'un officier d'infanterie allemande (je ne puis vous indiquer son grade) s'est approché de moi, en murmurant des paroles que je n'ai pas comprises, et m'a tiré presque à bout portant une balle de revolver.

La balle m'a atteint dans l'épaule gauche. Lorsque cet officier a tiré sur moi, je n'avais pas d'armes à proximité; mon fusil avait eu, quelque temps avant, la crosse cassée par des soldats allemands.

Lecture faite, persiste et signe avec nous.

Le docteur Guidon, médecin-chef de l'hôpital auxiliaire du territoire n° 21 (Croix-Rouge), fait la déclaration suivante :

Le nommé Sarre (Fernand), actuellement en traitement ici, porte deux blessures : l'une à la hanche droite, où une balle de fusil à pénétré derrière, a contourné l'os et est sortie en avant; la deuxième balle, qui a pénétré dans l'épaule gauche (derrière), est sortie au milieu des reins; les orifices de cette dernière blessure sont plus grands que ceux faits habituellement par des balles de fusil; néanmoins, je ne puis certifier si c'est une balle de revolver qui a fait cette blessure

Lecture faite, persiste et signe avec nous.

N° 104.

DÉPOSITION reçue, le 6 novembre 1914, à CALUIRE (Rhône), par M. CARRET, juge de paix.

GRAILLE (Félix-Ernest), 27 ans, lieutenant de réserve au 238e régiment d'infanterie, actuellement en traitement à l'ambulance n° 110 :

Serment prêté.

Le 13 septembre dernier, j'étais au combat de Vic-sur-Aisne, à dix mètres environ des tranchées allemandes. J'ai été blessé par une balle qui m'a traversé la tête au-dessous du plancher de l'orbite ; cette blessure m'a fait tomber et m'a aveuglé, et pendant que j'étais à terre, deux Allemands, des soldats sans doute, se sont approchés de moi, m'ont donné des coups de botte, notamment sur la figure, les bras et la poitrine. J'ai essayé de leur faire comprendre que j'étais gravement blessé et même aveugle ; ils m'ont injurié, me traitant de cochon, et tous deux, l'un après l'autre, ont appuyé le canon de leur fusil derrière mon oreille droite et ont déchargé leur arme, me faisant deux autres blessures superficielles ; le choc m'a assommé et je me suis évanoui.

J'avais été blessé à la nuit tombante, et c'est vers le milieu de la nuit que j'ai été relevé du champ de bataille par nos brancardiers.

Lecture faite, persiste et signe avec nous.

N° 105.

DÉPOSITION reçue, le 21 octobre 1914, à BOURGES, par M. LAURENT, procureur de la République.

ANTOINE (Louis), caporal au 4e régiment d'infanterie coloniale, actuellement en traitement à l'hôpital temporaire n° 101 :

Serment prêté.

Les Allemands se servent de balles explosibles ; ce qui me permet de le dire, c'est que ces balles éclatent quelquefois en l'air. J'ai été blessé dans la forêt d'Argonne, le 22 septembre, par une balle explosible qui m'a atteint à la joue. Cette balle avait frappé le canon de mon fusil ; au poste de secours, on me l'a enlevée.

Le jour où j'ai été blessé, j'ai vu un officier allemand s'approcher d'un blessé ; il l'a poussé du pied en lui demandant son nom, car il parlait parfaitement français. Au moment où le blessé se relevait pour lui répondre, il lui a brûlé la cervelle avec son revolver. Moi, j'ai fait le mort et on ne m'a rien dit. Je suis resté quatre jours sur le champ de bataille avant d'être ramassé.

Quelques jours auparavant, je les ai vus tirer avec leurs canons et mettre ainsi le feu à une grande ferme où il y avait des blessés français ; il n'y avait pas le drapeau d'ambulance, car c'étaient des blessés qui s'y étaient rendus d'eux-mêmes. Il n'y avait pas de Français dans les environs de la ferme ; c'est quand nous avons pris l'offensive qu'ils l'ont incendiée.

Lecture faite, persiste, et signons avec le greffier, le témoin ayant déclaré ne le pouvoir par suite de paralysie.

N° 106.

DÉPOSITION reçue, le 23 octobre 1914, à OULLINS (Rhône), par M. BUISSON, commissaire de police.

LECHLEITER (Lucien), 23 ans, soldat au 346e d'infanterie, actuellement en traitement à l'hôpital temporaire n° 4 :

Ayant été blessé, le 23 septembre dernier, d'une balle dans le ventre, à la bataille de Lérouville, dans la Meuse, je suis resté trois ou quatre jours sur le champ de bataille avant d'être relevé par une patrouille française. Étant étendu sur le champ de bataille, j'ai été témoin, dans la matinée du 24 septembre, des faits suivants.

Trois Allemands (autant que je puis le préciser, un capitaine et deux sous-officiers d'infanterie) parcouraient le champ de bataille et achevaient les blessés français qu'ils ne pouvaient emmener prisonniers. Pour échapper à cette triste fin, j'ai dû moi-même faire le mort quand ils ont passé près de moi. J'ai vu notamment un de mes camarades du 346e, dont je ne sais pas le nom et qui gisait à trois ou quatre mètres de moi, ayant les deux jambes fracturées, subir les pires violences de la part de ces individus, qui voulaient, malgré son état, l'obliger à se lever. Les Allemands, tout en lui faisant signe de les suivre, lui disaient dans leur langage, que je comprends assez bien mais que je ne sais écrire : « Viens avec nous », et, comme mon camarade cherchait à leur faire comprendre que c'était impossible, vu son état, ces trois ignobles brutes l'ont frappé à la tête à coups de crosse de fusil. Puis, comme il ne se levait toujours pas, ils lui ont tiré à bout portant deux coups de fusil dans la tête. J'ai vu également d'autres blessés français subir le même sort. Les Allemands se sont enfin retirés du champ de bataille ; je craignais à chaque instant leur retour, mais je ne les ai pas revus.

Lecture faite, persiste et signe avec nous.

N° 107.

DÉPOSITION reçue, le 28 octobre 1914, à FELLETIN (Creuse), par M. COULLAUD, juge de paix.

ASCIONE (Joseph), 31 ans, soldat au 4e zouaves, blessé au lieu-dit « la Route des Dames », plateau de Craonne, actuellement en traitement à l'hôpital temporaire :

Serment prêté.

Le 12 octobre au matin, après avoir exécuté un service de nuit, j'accompagnai une patrouille de sous-officiers chargée d'opérer une reconnaissance de tranchées et de rendre compte ensuite si les tranchées étaient occupées par l'ennemi : elles l'étaient effectivement par un nombre d'hommes considérable. Dès que nous avons eu rendu compte de notre mission, ma compagnie a reçu l'ordre d'attaquer la tranchée à la baïonnette. Le combat ayant eu lieu, elle a été presque complètement anéantie. Pendant la lutte, j'ai été blessé par deux balles qui m'ont atteint l'une à la tête et l'autre au bras gauche.

Me voyant entouré de blessés couchés à terre, j'ai eu la présence d'esprit, devant le danger que je courais, de tomber et de faire le mort ; je souffrais d'ailleurs beaucoup.

A côté de moi, deux camarades plus grièvement blessés se plaignaient et gémissaient ; j'ai entendu l'un d'eux dire qu'il était blessé au côté. Je ne puis pas vous dire leur nom, bien qu'ils fussent de ma compagnie; mais je puis vous dire qu'un officier allemand est sorti de la tranchée toute proche de l'endroit où j'étais tombé et, revolver au poing, leur a tiré à chacun deux balles dans la tête et à bout portant, pour les achever.

Déjà les obus des lignes françaises étaient tirés sur les tranchées. Cet officier, qui avait son sabre au côté, a dû rentrer dans sa tranchée pour éviter les obus, et c'est grâce aux obus que je lui ai échappé; pendant cette canonnade, je me suis retiré dans nos tranchées.

Et lorsque l'appel de la compagnie a eu lieu, ces hommes n'étaient pas rentrés.

Lecture faite, persiste et signe avec nous.

N° 108.

LETTRE adressée au Président de la Commission d'enquête par M. Renaud, sous-lieutenant au 76e régiment d'infanterie.

25 février 1915.

Monsieur le Premier Président,

Comme suite à notre correspondance antérieure à ce sujet, j'ai l'honneur de vous confirmer sous la foi du serment que :

1° Au combat de Vaubecourt, le 6 septembre 1914, le soldat Collin, du 76e de ligne, entouré par les Allemands, a été, une fois désarmé par eux, frappé par derrière d'un coup de baïonnette qui lui est entré sous l'aisselle gauche, pour ressortir près du nombril.

Il a été laissé pour mort sur le terrain.

2° Fin septembre 1914, en Argonne, près du pavillon Saint-Hubert, trois hommes et un caporal du 76e de ligne, envoyés en patrouille, ont été, une fois blessés, achevés par les Allemands à coups de fusil tirés à bout portant dans la tête, ainsi qu'à coups de crosse et de talon.

Veuillez agréer, Monsieur le Premier Président, l'expression de mes sentiments les plus respectueux.

Signé : A. Renaud,
sous-lieutenant au 76e de ligne, 3e compagnie.

N° 109.

EXTRAIT DU CARNET du soldat Fahlenstein, IIe Corps, 34e fusiliers.

« Da lagen sie haufenweise 8 bis 10 Verwundete und Tote immer aufeinander. Die nun noch gehen konnten wurden gefangen und mitgenommen. Die schwerverwundeten, die einen Kopfschuss oder Lungenschuss u. s. w. hatten, und nicht mehr aufkonnten, bekamen denn noch eine Kugel zu dass ihr Leben ein Ende hatte. Das ist uns ja auch befohlen worden. »

Traduction.

Il y avait là 8 à 10 blessés ou morts, entassés les uns sur les autres. Ceux qui pouvaient encore marcher furent faits prisonniers et emmenés; les grands blessés, ceux qui étaient atteints à la tête, aux poumons, etc., et ne pouvaient plus se relever, furent achevés d'une balle : c'est l'ordre qui nous a été donné.

N° 110.

DÉPOSITION reçue, le 19 novembre 1914, à Brest, par M. Bidard de la Noë, juge d'instruction.

Gaye-Mendagne (Henri), 22 ans, soldat de 1re classe au 144e régiment d'infanterie, actuellement en traitement à l'hôpital auxiliaire du territoire n° 5 :

Serment prêté.

Le 23 août dernier, de cinq à six heures du soir, je me trouvais avec mon bataillon au sud de Lobbes (Belgique). Nous étions en tirailleurs et nous tirions couchés contre un détachement d'infanterie allemande, dont j'ignore le numéro et qui était séparé de nous par une ferme assez importante. Nos blessés étaient transportés au fur et à mesure dans l'intérieur de la grange dépendant de cette ferme, pour recevoir les premiers soins. Nous avons dû, peu à peu, céder du terrain, les Allemands s'avançant sur nous, et alors que ceux-ci se trouvaient encore à cinquante mètres au delà de la ferme, l'officier qui commandait le détachement allemand envoya sept ou huit hommes en avant pour visiter la ferme et se rendre compte s'il y avait des soldats français. Nos infirmiers ont quitté la ferme lorsqu'ils ont vu ces sept ou huit Allemands qui arrivaient dans la ferme, où ne sont plus restés que nos blessés, dans la grange. Parmi ces blessés, il y avait un soldat qui avait la jambe cassée et attachée à son fusil. Il était lui-même assis sur une brouette. Les Allemands ont regardé dans l'intérieur de la grange, où ils ont vu tous les blessés. Ils ont alors fermé la porte de cette grange qui était garnie de foin, puis ils y ont mis le feu volontairement. Je ne sais pas si c'est à l'aide de pétrole ou autrement, mais ils ont certainement mis le feu dans cette grange avec l'intention de faire périr tous les blessés qui s'y trouvaient. Nous n'avons pas pu porter secours à nos blessés, qui ont tous péri, car nous battions en retraite.

Lecture faite, persiste et signe avec nous.

N° 111.

DÉPOSITION reçue, le 24 octobre 1914, à Bernay, par M. Fougeray, substitut faisant fonctions de procureur de la République.

Bergès (Gabriel), 19 ans, soldat au 24e régiment d'infanterie :

Serment prêté.

Le 23 août dernier, alors que nous avancions dans la direction de Lobbes (Belgique) et que j'étais momentanément agent de liaison entre le commandant de la compagnie et la 1re section, je me suis trouvé égaré. En passant auprès d'une ferme qui était en flammes, j'ai vu des Allemands qui prenaient des blessés français du 34e d'infanterie et les jetaient dans les flammes de la ferme incendiée.

Lecture faite, persiste et signe avec nous.

N° 112.

DÉPOSITION reçue, le 28 octobre 1914, à Louhans, par M. Laire, juge d'instruction.

Rollin (Auguste), 46 ans, bûcheron à Thiaville (Meurthe-et-Moselle), évacué actuellement à Sornay :

Serment prêté.

Le 25 août, j'étais réfugié au village de Sainte-Barbe. Un engagement a eu lieu entre les troupes allemandes et françaises : ces dernières, trop peu nombreuses, ont dû se replier. Par une fenêtre de la maison donnant sur les prés, j'ai vu des chasseurs à pied français se retirer en se dissimulant derrière des haies; un certain nombre, étant blessés, se sont dissimulés dans des tas de paille et sous des gerbes. Peu de minutes après, j'ai vu des fantassins allemands appartenant au 114e régiment d'infanterie, avec le casque à pointe, remuer les tas de paille pour y découvrir les blessés français, qu'ils achevaient à coups de crosse et de talon; j'ai pu en compter environ une vingtaine, qu'ils ont achevés de la sorte et laissés sur place, en mettant même des factionnaires pour empêcher les habitants d'aller les relever ou les reconnaître.

Les Allemands ont ensuite occupé le village, en prenant aux habitants les vivres et surtout les liquides qu'ils possédaient.

Dans les maisons abandonnées, ils ont enfoncé les portes et ont tout pillé; ils ont ensuite incendié le village au moyen de bombes incendiaires, qu'ils roulaient autour des maisons et auxquelles ils mettaient le feu.

J'ignore s'ils ont massacré des habitants. Ces atrocités n'ont pas été l'œuvre de soldats isolés, mais ont été accomplies en présence d'officiers dont plusieurs étaient à cheval. Il y avait plusieurs régiments : les uns avec le casque à pointe, les autres coiffés de toques avec une bande rouge.

Tous les bestiaux, dans quatre ou cinq communes voisines, ont été brûlés en même temps que les villages, les gens n'ayant pu que se sauver à la hâte.

Lecture faite, persiste et signe avec nous.

N° 113.

DÉPOSITION reçue, le 28 octobre 1914, à Louhans, par M. Laire, juge d'instruction.

Simon (Marie), femme Rollin, 40 ans, cultivatrice à Thiaville, actuellement réfugiée à Sornay :

Serment prêté.

Le 25 août 1914, étant réfugiée avec mon mari au village de Sainte-Barbe (Vosges), où un engagement a eu lieu, j'ai vu un certain nombre de chasseurs à pied français se retirer en se dissimulant derrière les haies. Plusieurs, étant blessés, se sont cachés sous des gerbes ou derrière des meules de paille. Environ dix minutes après, des soldats du 114e régiment d'infanterie allemande sont arrivés; ils ont cherché dans les gerbes et même sous des javelles d'avoine les blessés qui s'y trouvaient, et au fur et à mesure qu'ils les découvraient, ils les achevaient à coups de crosse et à coups de talon de souliers; ils les frappaient tant qu'ils pouvaient, surtout sur la tête, jusqu'à ce qu'ils ne remuent plus. Un blessé, notamment, a essayé de se protéger en élevant son fusil sur ses deux mains : ils ont fait sauter le fusil d'un coup de crosse et ont achevé le blessé à coups de crosse et à coups de talon. J'ai parfaitement vu cette horrible scène : nous regardions par une fenêtre donnant sur les champs, et les soldats ne se trouvaient pas à plus de vingt ou trente mètres de nous.

Je n'ai pu distinguer à quel bataillon appartenaient les blessés achevés; je crois qu'ils étaient du 17e ou du 21e chasseurs à pied. Quant aux Allemands, ils appartenaient au 114e régiment d'infanterie; ils étaient vêtus de gris et avaient le casque à pointe. Ils ont achevé ainsi, sous nos yeux, une vingtaine de blessés.

Ils ont ensuite pillé le village de Sainte-Barbe, et l'ont incendié au moyen de bombes incendiaires et probablement aussi avec des traînées de poudre, car on voyait des lignes de feu propager l'incendie en détonant comme des pièces d'artifice.

Nous avons fui à Saint-Benoît, en compagnie d'habitants des villages voisins également incendiés par les troupes allemandes.

Le village de Sainte-Barbe n'avait opposé aucune résistance et les soldats français n'ont, à aucun moment, occupé les maisons; c'est donc uniquement par vengeance et non par nécessité militaire que les Allemands l'ont incendié. Nos soldats, même blessés, ont évité d'essayer de se cacher dans les maisons, sachant bien qu'ils exposeraient les habitants à des représailles.

Les Allemands qui ont commis ces atrocités étaient très nombreux. Leurs officiers ont assisté à tout et n'ont rien fait pour les arrêter : au contraire, c'est par ordre qu'ils ont incendié; on entendait parfaitement les commandements des officiers précédant les incendies qui ont été allumés par les mêmes soldats du 114e d'infanterie.

Lecture faite, persiste et signe avec nous.

N° 114.

DÉPOSITION reçue, le 22 novembre 1914, à Riom, par M. Boulay, commissaire de police.

Gonnet (Joanny), 27 ans, sergent au 334e d'infanterie :

Serment prêté.

Le 20 août dernier, je me trouvais avec ma compagnie, la 23e, au nord-ouest de Saint-Blaise, au sud de Saales et peut-être à dix kilomètres de cette ville. Nous avions quitté Saales vers les huit heures du matin. En approchant de Saint-Blaise, les Allemands tirèrent sur nous et nous obligèrent à nous dissimuler dans un bois au nord-ouest de Saint-Blaise. Nous avons occupé cette partie du bois jusqu'à quatre heures du soir, heure à laquelle nous avons reçu l'ordre de nous replier au nord de Sainte-Croix-aux-Mines, pour renforcer le 229e d'infanterie qui se trouvait aux prises avec des forces ennemies supérieures. La compagnie, la 23e, était commandée par le capitaine Charpiot. Nous arrivâmes sur ce nouvel emplacement vers six heures du soir. Nous nous sommes avancés à deux ou trois cents mètres de l'ennemi, où nous avons été reçus par une fusillade assez vive. A la tombée de la nuit, la fusillade cessait, et nous occupâmes une ferme, suivant les ordres donnés par le commandant Guérin. Cette ferme se composait notamment d'un bâtiment principal à deux étages. Toutes les pièces furent occupées par nous. Le petit poste était aux abords de la ferme, vu le peu de distance qui nous séparait de l'ennemi.

Vers les deux heures du matin, le 21 août, nous fûmes réveillés par un bruit sourd qui semblait provenir des caves. Entendant ce bruit, nous descendîmes dans la cour précipitamment. Les Allemands, eux, nous ayant repérés, s'étaient approchés dans un bois distant de la ferme d'environ cent cinquante mètres. Pendant que les officiers cherchaient à se rendre compte de l'origine ou de la cause du bruit et de cette alerte, nous fûmes l'objet d'une vive fusillade. Nous saisîmes nos armes et nous nous dissimulâmes derrière la ferme. Le deuxième peloton de la compagnie s'est aussitôt replié en arrière sous les ordres de l'adjudant-chef Clerc, qui m'avait recommandé de veiller à l'exécution de ce mouvement et de rester à l'arrière. Malheureusement, me trouvant dans cette position et les mitrailleuses ennemies tirant, je fus obligé de me terrer sur place avec le premier peloton, qui était commandé par le sergent-major Gauthier. Jusqu'à dix heures du matin, nous avons été le point de mire des deux mitrailleuses allemandes. A cette heure, les troupes françaises qui se trouvaient derrière nous s'étant repliées, nous restâmes seuls, entourés probablement par une division allemande, tout au moins des forces assez nombreuses. Dans la cour de la ferme, nous pouvions être encore une centaine de vivants.

Voyant toute résistance impossible, nous avons cru devoir ne plus tirer, surtout que l'ennemi était dissimulé dans des tranchées. Nous n'avons pas bougé jusqu'à midi; mais à cette heure, les Allemands recommencèrent à nous « arroser » avec de la mitraille, probablement pour s'assurer si nous étions morts ou vivants. A ce moment, pour éviter une effusion de sang inutile, nous avons agité nos mouchoirs et déposé nos armes. Les Allemands ont cessé leur tir et nous ont laissés approcher d'eux. Comme nous arrivions à une cinquantaine de mètres environ de leur ligne, sans armes et les capotes déboutonnées, nous fûmes accueillis par une rafale de balles. Beaucoup tombèrent. A ce moment, j'ai crié: « Sauve qui peut! » et chacun des survivants s'est enfui. C'est au cours de cette fuite à travers les lignes ennemies que j'ai été blessé de cinq balles. Néanmoins, j'eus la chance de pouvoir me transporter jusque sur la route de Saint-Blaise à Saales. Du premier peloton, il est peut-être resté une vingtaine d'hommes.

Lecture faite, persiste et signe avec nous.

N° 115.

DÉPOSITION reçue, le 10 novembre 1914, à Montpellier, par M. Augé, juge de paix.

Delage (Olivier), 28 ans, soldat au 2e génie, actuellement hospitalisé à Montpellier :

Serment prêté.

A Mézières, le 27 août, les Allemands ont fusillé tous les hommes d'une section du 14e régiment de ligne, qu'ils avaient faits prisonniers. Lorsque nous sommes arrivés, nous avons trouvé les cadavres. Ils avaient les mains liées derrière le dos.

Lecture faite, persiste et signe avec nous.

N° 116.

DOCUMENT remis, le 20 octobre 1914, à M. Galfard, juge de paix de Saint-Genis-Laval (Rhône), par M. l'abbé Pourrat, Supérieur de l'École de théologie, à Sainte-Foy-lès-Lyon.

Relation du soldat Blanc (Joseph), du 99e régiment d'infanterie.

C'était le 29 août 1914, aux Tiges, hameau qui touche Saint-Dié, sur la route de Rambervillers. Vers dix heures du matin, le 99e de ligne était disséminé dans les maisons des Tiges, avec la mission de reprendre Saint-Dié. La section dont je faisais partie était disposée en tirailleurs, sur le talus du chemin de fer, et surveillait la plaine. Soudain, l'ennemi survint du côté opposé à celui où nous l'attendions. On se replie sur les maisons voisines. Je me retrouve avec une vingtaine de camarades dans la grange d'une ferme. Nous étions cernés par les ennemis; des mitrailleuses occupaient la route; nous n'avions pas d'officier pour organiser la défense: il fallut nous rendre.

Un long et étroit couloir débouchait sur la route. Le soldat le plus rapproché de la porte agite un linge blanc, en criant : «Drapeau, drapeau!» On lui répond de mettre bas les armes. Il pose son fusil au milieu du couloir et s'avance vers la porte. On dut lui faire signe de quitter son équipement, car il s'arrêta un instant pour le déposer. Les autres firent de même, et le triste cortège commença. Un à un, les pauvres soldats du 99e s'en vont à la mort. L'un de nous dit : «On les fusille!» Le défilé continue quand même. Mon tour vient : je m'engage dans le couloir. Un Allemand, baïonnette au canon, debout sur le seuil, faisait avancer les prisonniers; d'autres Allemands remplissaient la route. Au moment de franchir le seuil, celui qui me précédait fait brusquement demi-tour et me saisit aux épaules; au même moment, j'aperçus très nettement la fumée d'un coup de feu. La porte de la cave était ouverte: nous nous y engouffrons précipitamment; nous étions cinq.

Que se passait-il au dehors? Deux survivants l'ont raconté; ils ont échappé à la mort comme par miracle.

Voici ce que raconta Palayer, soldat au 99e : «Quand je sortis du couloir, cinq ou six Français étaient déjà alignés contre un mur. Voyant qu'on allait les fusiller, ils rompent les rangs, demandent grâce..... Les détonations leur répondent. Cramponné à mon voisin, je tombe avec lui. Quand je revins à moi, je n'avais aucune blessure. N'entendant plus personne et apercevant une échelle, je monte dans la grange et je me cache dans le foin. Un Allemand vint fouiller ce foin et y enfonça sa baïonnette, mais il ne m'atteignit pas. Je rejoignis ensuite ceux qui étaient cachés dans la cave.»

Voici maintenant la relation du caporal Reynard :

«Quand je sortis sur la route, plusieurs camarades gisaient déjà à terre. Les Allemands étaient en ligne, commandés par un officier. On nous fait lever les bras en l'air; sans épauler, les Allemands tirent: je tombe la face contre terre. Autour de moi, les balles pleuvaient. Je restai là comme mort pendant peut-être deux heures; je n'osais lever la tête: le murmure d'une fontaine voisine me semblait être le bruit d'un passant. Enfin, je compris qu'il n'y avait plus personne. Je sautai dans la grange, puis je courus à la cave rejoindre les autres.

Ceux-ci avaient barricadé la porte et obstrué les lucarnes, à l'aide de planches et de caisses vides. Couchés sur le sol, ils attendaient la mort en priant. Au-dessus d'eux, ils entendaient le fracas des meubles renversés et brisés, le bruit des lourdes bottes sur un plancher vermoulu. Un Allemand descendit même à la cave, armé de sa baïonnette et portant une lumière; il enfonça à demi la porte barricadée, regarda, puis se retira sans nous avoir aperçus.»

Treize jours après, le 11 septembre, les Français, de nouveau maîtres de Saint-Dié, délivraient les sept prisonniers, à demi morts de faim.

Certifié par le soussigné, Pierre POURRAT, *Supérieur de l'École de théologie, où Joseph* BLANC *était séminariste.*

Signé : P. POURRAT, *Supérieur.*

Le juge de paix et le greffier soussignés certifient que cette déclaration leur a été remise par M. Pourrat, Supérieur de l'Ecole de théologie, à Sainte-Foy-lès-Lyon, le 20 octobre 1914.

(*Suivent les signatures.*)

N° 117.

DÉPOSITION reçue, le 23 octobre 1914, à Charbonnières-les-Bains (Rhône), par M. Rubellin, juge de paix.

Blanc (Joseph), 22 ans, soldat au 99e d'infanterie, étudiant ecclésiastique, actuellement en traitement à l'hôpital Audras:

Serment prêté.

Le 29 août 1914, poursuivi par les Allemands, je me suis réfugié dans la ferme des Tiges, banlieue de Saint-Dié, où se trouvait un groupe d'une trentaine de soldats de mon régiment. Nous nous trouvions tous dans la cuisine, au rez-de-chaussée. Presque aussitôt, des Allemands sont venus devant la maison. L'un de nous a agité un linge blanc, en criant : « Drapeau ! » Les Allemands, qui étaient coiffés de casques à pointe avec manchon, nous désarmèrent et nous déséquipèrent, et nous firent passer les uns après les autres par un étroit couloir conduisant dehors. Je me trouvais dans les derniers, et, arrivé à quelques pas de la porte de sortie, le soldat qui était devant moi ayant fait demi-tour pour aller se réfugier dans la cave, j'ai fait comme lui. C'est à ce moment-là que j'entendis une fusillade dans la cour, et j'appris une heure ou deux après, par notre camarade Reynard qui était venu nous rejoindre, que nos camarades avaient été fusillés par les Allemands. Autant que mon souvenir peut être fidèle, je crois me rappeler qu'au moment où je m'apprêtais à me réfugier dans la cave, j'aperçus dans la cour la fumée provenant d'un coup de feu tiré par un Allemand. C'est même ce qui m'a décidé à faire demi-tour ainsi que mon camarade.

Les Allemands ont fouillé la maison pour chercher s'il y avait des soldats cachés. L'un d'eux est bien venu à la cave, mais il ne nous a pas découverts.

Quand nous sommes sortis, nous avons vu que la maison avait été pillée et était dans un état pitoyable.

Lecture faite, persiste et signe avec nous.

N° 118.

DÉPOSITION reçue, le 23 octobre 1914, à Charbonnières les-Bains (Rhône), par M. Rubellin, juge de paix.

Palayer (Victorin-Henri), 23 ans, soldat au 99e d'infanterie, actuellement en traitement à l'hôpital Audras:

Serment prêté.

Le 29 août 1914, vers dix heures du matin, nous nous trouvions une trentaine de soldats de notre régiment cernés par les Allemands dans la ferme dite des Tiges, à Saint-Dié.

Ces Allemands étaient coiffés de casques à pointe recouverts d'étoffe marron.

Les Allemands sont arrivés, baïonnette au canon, devant la maison, et nous étions dans la maison. Lorsque nous avons vu que nous étions pris, nous avons agité un drapeau blanc pour nous rendre. Nous n'avions comme chefs que des caporaux. Les Allemands étaient une centaine au minimum. La maison était entourée de mitrailleuses de tous côtés. Nous nous trouvions dans le couloir de la maison, lorsqu'un lieutenant allemand se montra à la porte.

A la vue de notre drapeau blanc, il nous fit un signe d'assentiment et nous ordonna de déposer nos armes. Puis, il nous fit sortir de la maison, après que nous eûmes déposé nos armes. Une fois dehors, on nous aligna contre le mur. Quand nous vîmes qu'on allait nous fusiller, sept ou huit camarades et moi, nous nous sommes précipités vers l'officier allemand pour le prier de ne pas nous fusiller.

A ce moment même, je puis affirmer avoir vu un soldat allemand faire comme nous et implorer notre grâce. Cet officier le repoussa de la main assez durement. Les soldats allemands nous repoussèrent avec leurs fusils contre le mur en nous disant : « Halte ! » C'est alors qu'on tira sur nous. Les Allemands tiraient à cinq ou six pas de nous. Au bruit de la fusillade, je me suis laissé tomber sur le côté gauche, bien que non touché, et j'ai fait le mort pendant cinq minutes. A ma gauche se trouvait un camarade qui est tombé en même temps que moi et qui, lui, est mort sur le coup.

J'ignore malheureusement son nom.

Un portail dérobait mon corps à la vue de l'ennemi. Cinq minutes après avoir fait le mort, ayant incliné légèrement la tête, j'aperçus une échelle qui conduisait au fenil, où je savais qu'il y avait du foin. Sans réfléchir à rien, j'escaladai à la hâte cette échelle et j'allai me cacher sous la paille. J'eus la chance de ne pas être aperçu. Je le crois toutefois : car, à peine blotti sous les gerbes de paille, un soldat faisait des perquisitions dans le fenil. Je n'ai pas vu si c'était un soldat allemand; mais, en enfonçant sa baïonnette, il criait, avec un fort accent tudesque : « Franz ! » Il enfonçait sa baïonnette dans les tas de foin ou de paille. Je sentis même le poids de son corps, lorsqu'il passa sur les gerbes de paille sous lesquelles j'étais blotti et caché. Je ne fus pas atteint par sa baïonnette. Je suis resté pendant six jours blotti dans ce fenil, n'ayant comme nourriture qu'un paquet d'oignons que j'y ai trouvé.

Au bout de ces six jours, l'artillerie française lança des obus dans Saint-Dié. Deux de ces obus passèrent près de moi. Pour mettre fin à ma situation fâcheuse, je pris mon courage à deux mains et je me précipitai à la cave, où je fus agréablement surpris de retrouver six de mes camarades, qui s'y trouvaient déjà réfugiés.

Sept jours après, comme nous entendions parler français dehors, nous sommes sortis et nous avons rencontré des habitants qui nous ont dit que les Allemands étaient partis.

Quand nous étions entrés dans la maison, le mobilier était intact, et quand nous en sommes sortis, nous avons vu que tout y était saccagé.

Je ne sais pas combien de mes camarades sont restés morts ou blessés dans cette fusillade. Ce que je sais, c'est que des trente que nous étions dans la cour de la ferme, nous ne nous sommes retrouvés que sept dans la cave. Les autres ont-ils été tous tués ou blessés, je l'ignore; mais c'est probable.

Lecture faite, persiste et signe avec nous.

N° 119.

DÉPOSITION reçue, le 23 octobre 1914, à Charbonnières-les-Bains (Rhône), par M. Rubellin, juge de paix.

Reynard (François), 26 ans, soldat au 99ᵉ d'infanterie, employé de commerce, actuellement en traitement à l'hôpital Audras:

Serment prêté.

Le 29 août 1914, nous étions à Saint-Dié (Vosges), au lieu-dit les Tiges. C'était au moment où les troupes françaises se retiraient devant l'ennemi. Nous étions une trentaine de soldats de mon régiment et d'un bataillon de chasseurs alpins, cernés dans la ferme des Tiges par les armées allemandes.

Je me rappelle que leurs soldats étaient coiffés de casques à pointe recouverts d'un manchon.

Les Allemands sont entrés dans la maison et nous ont désarmés. Puis, une fois désarmés, ils nous ont fait sortir un par un. Je me trouvais dans les premiers qui ont été chassés de la maison. Une fois que nous avons été tous dehors, nous nous trouvions en tas contre le mur, attendant ce qu'ils voulaient de nous. De l'autre côté de la route qui passait devant la maison, se trouvaient des soldats allemands sur deux rangs. Sans raison, sans sommation aucune, ils firent feu et tirèrent sur nous. Je ne me suis pas même aperçu qu'il y eût un commandement quelconque à ce feu. J'ai encore remarqué que, chaque fois qu'un soldat allemand sortait de la maison, il allait retrouver ses camarades, de l'autre côté de la route, en formation.

Nous sommes revenus sept vivants de cette affaire.

Au premier coup de fusil que j'ai entendu, je suis tombé en avant la face contre terre, bien que non touché, et là, j'ai fait le mort pendant plus de deux heures.

Après cette fusillade, les Allemands, croyant nous avoir tous tués, ont continué leur marche, et quand je me suis vu seul, je suis allé me réfugier dans la cave de la maison, où j'ai trouvé cinq de mes camarades.

Nous sommes restés dans cette cave jusqu'au 11 septembre, jour de l'évacuation de Saint-Dié par les Allemands. Nous sommes restés dans cette cave pendant treize jours, où nous ne nous nourrissions que de pommes de terre crues et de choucroute.

Pendant notre séjour dans cette cave, les Allemands ont pillé toute la maison, mais ils ne l'ont pas incendiée; c'est même une des rares maisons qui aient été épargnées par l'incendie dans ce quartier de Saint-Dié. Lors de l'évacuation de Saint-Dié par les Allemands, les Français sont venus, et entendant depuis la cave parler français, nous sommes sortis.

Lecture faite, persiste et signe avec nous.

N° 120.

DÉPOSITION reçue, le 23 octobre 1914, à Charbonnières-les-Bains (Rhône), par M. Rubellin, juge de paix.

Grand (Maximin), 27 ans, soldat au 99ᵉ d'infanterie, actuellement en traitement à l'hôpital Audras :

Serment prêté.

Le 29 août 1914, nous nous trouvions une trentaine de mon régiment cernés dans la ferme des Tiges, à Saint-Dié (Vosges), par des Allemands qui nous désarmèrent et nous déséquipèrent après que nous nous fûmes rendus. Ils faisaient sortir nos camarades un à un dans la cour. Comme nous suivions nos camarades, nous entendions des coups de feu dans la cour, et comme nous supposions qu'on fusillait nos camarades dans la cour, plusieurs camarades et moi nous fîmes demi-tour et nous allâmes nous réfugier dans la cave. Quelques instants après, un soldat allemand est descendu à la cave chercher s'il y avait des soldats; mais il ne nous aperçut pas. Deux heures environ après, notre camarade Reynard est venu nous y rejoindre et nous a raconté la fusillade de nos camarades par les Allemands; six jours après, notre camarade Palayer est venu également nous y rejoindre et nous a fait le même récit.

Quand nous avons pu sortir de la cave, nous nous sommes aperçus que la maison était toute bouleversée. Les Allemands dont je viens de parler étaient porteurs de casques à pointe recouverts d'un manchon.

Lecture faite, persiste et signe avec nous.

N° 121.

DÉPOSITION reçue, le 23 octobre 1914, à Charbonnières-les-Bains (Rhône), par M. Rubellin, juge de paix.

Dufaud (Marius-Vincent), 24 ans, soldat au 99e d'infanterie, employé de bureau, actuellement en traitement à l'hôpital Audras:

Serment prêté.

Le 29 août 1914, vers dix heures du matin, une trentaine d'hommes de mon régiment se trouvaient cernés par une centaine d'Allemands avec des mitrailleuses, dans la ferme dite des Tiges, banlieue de Saint-Dié (Vosges).

Nous nous trouvions dans le rez-de-chaussée de la maison. Mes camarades qui se trouvaient aux issues de la maison ont levé les bras pour se rendre, et j'ai fait comme eux. On nous fit tous désarmer et déséquiper entièrement, et lorsque nous n'eûmes plus d'armes. équipements, cartouches, ni rien, on nous fit sortir dehors. Lorsque vint mon tour de sortir de la cuisine pour entrer dans le couloir donnant sur la cour, je vis, sur le seuil de la porte, un soldat allemand qui gesticulait en faisant sortir mes camarades un par un. A ce moment-là, j'entendis un feu de peloton. Pressentant qu'on fusillait mes camarades, je me suis réfugié dans la cave avec quatre soldats de mon régiment.

Nous avions barricadé la porte. Un soldat allemand enfonça la porte et, tenant à la hauteur de ses yeux une lanterne allumée, il fit une perquisition qui demeura infructueuse, car nous étions couchés par terre.

Une heure après, notre camarade Reynard est venu nous rejoindre et nous a raconté la fusillade.

Pendant treize jours que nous sommes restés dans la cave, nous avons entendu les allées et venues, au-dessus de nous, des soldats allemands, et, quand nous avons pu sortir, la maison, que nous avions trouvée en ordre à notre arrivée, était toute bouleversée.

Lecture faite, persiste et signe avec nous.

N° 122.

DÉPOSITION reçue, le 9 novembre 1914, à Mirande, par M. Laboulbène, procureur de la République.

Baudens (Jean-Baptiste), 36 ans, sous-lieutenant au 88e régiment d'infanterie, actuellement au dépôt :

Serment prêté.

Le 7 septembre 1914, la 12e compagnie du 88e régiment d'infanterie recevait l'ordre de se porter à la cote 230, à quinze cents mètres environ au nord de la Perthes, ferme dans la région de Sompuis (Marne), comme soutien de cavalerie. La 1re section, orientée vers le nord, éclaira la compagnie, qui arriva sans encombre au point qui lui était fixé. La 1re section s'établit au carrefour, et le lieutenant Portet, qui la commandait, détacha le sergent Dalier, avec une patrouille, sur le chemin se dirigeant vers l'est.

A mon tour, comme chef de la 2e section, j'en détachai une également, commandée par le sergent Minvielle, dans la même direction, mais dans le bois, à la droite de la 1re.

Le sergent Minvielle me rendit compte qu'un fort rassemblement de troupes allemandes se trouvait dans le ravin situé à environ cent mètres du point où se trouvait la patrouille.

Le lieutenant Noiret, commandant la compagnie, me donna alors l'ordre de me porter sur ce point, avec mission de « tenir le plus possible sans me laisser accrocher ».

Ma section établie, j'ouvris le feu sur la lisière du bois bordant le ravin. Je dus infliger des pertes sérieuses à l'adversaire, car le rassemblement se trouvait dans la gerbe de tir de ma section et ce ne fut que cris et hurlements pendant un certain temps.

Par la violence de mon feu, j'imposai ma volonté à l'ennemi.

A ce moment, le soldat Junqua, posté dans le chemin, vint me prévenir qu'une batterie d'artillerie montait dans le chemin, à six cents mètres sur le versant opposé ; j'ouvris le feu d'une demi-section sur cette batterie, qui fut très malmenée.

Je reçus alors des renforts : une demi-section de la 1re section, commandée par le sergent Dalier, et une demi-section de la 3e section.

Je continuai un feu très violent sur la batterie et je fis également tirer sur les cuisines roulantes établies dans le bois, ainsi que sur le convoi et sur la musique. Cette surprise causa chez les Allemands une panique, et le sergent Dalier s'empara d'une contrebasse qu'il suspendit à son sac. Cependant les troupes d'infanterie allemande s'étaient ressaisies et j'essuyai alors un feu très violent et très nourri. Devant l'intensité du feu adverse et en exécution de l'ordre primitivement reçu, je dus me replier par échelons.

Ma troupe avait subi des pertes sérieuses. Bon nombre de blessés avaient pu se retirer ; cependant, j'avais dû en abandonner certains, qui étaient blessés aux jambes. Parmi ceux-là, je citerai : le sergent Dalier, blessé à la poitrine, considéré comme mort ; le caporal Montauriol, une balle dans le ventre sortie dans le dos ; les soldats Baudéan, Cazaubon, Daste, une balle dans la poitrine, considérés comme morts ; les soldats Lauteret, Segas et trois autres, blessés aux jambes.

Tous ces militaires ont été retrouvés, les mains liées, fusillés et odieusement massacrés par les Allemands ; ils n'ont pu être reconnus que grâce à leur plaque d'identité, et le général commandant la 34e division signala ce fait aux troupes par un ordre général n° 4, vers le 12 septembre. Mais le général avait cru que ces militaires faisaient partie d'une patrouille, alors qu'ils avaient été blessés le 7 septembre et que certains étaient probablement morts lorsqu'ils ont été mutilés par l'ennemi, qui avait sans doute voulu ainsi se venger des pertes énormes que mes soldats venaient de lui infliger.

Je dois signaler que ce même jour, 7 septembre, dans le mouvement de repli que j'exécutai, une patrouille allemande a tiré, à cinquante mètres environ, sur un groupe de blessés sans armes, où se trouvaient les soldats Loran, Delmas, Rouquette et Touzane, de la 12e compagnie du 88e.

Lecture faite, persiste et signe avec nous.

N° 123.

DÉPOSITION reçue, le 29 octobre 1914, à Tournus (Saône-et-Loire), par M. Laboureau, juge de paix.

Nicod (Jean), 25 ans, soldat au 14e d'infanterie, affecté à une ambulance, actuellement en traitement à l'hôpital civil de Tournus :

Serment prêté.

Je déclare que, le vendredi 11 septembre, nous avions quitté le hameau de Bailly, près Saint-Étienne, pour nous rendre à la ferme de la Perthes, en passant par Le Meix-Thiercelin et Humbauville. (La ferme de la Perthes se trouve dans le canton de Vitry-le-François, à l'ouest de cette ville, près de la ligne de chemin de fer de Fère-Champenoise à Vitry-le-François). Pendant le trajet, j'étais resté en arrière avec un sergent de l'ambulance et, en arrivant à la ferme indiquée, j'appris qu'à quinze cents mètres environ, on avait aperçu une patrouille du 88e d'infanterie, qui avait été fusillée par les Allemands.

En effet, le lendemain matin, l'ambulance poursuivait sa marche en avant, se dirigeant vers Coole. Lorsque nous arrivâmes à l'endroit où les malheureux soldats avaient été trouvés, je quittai la colonne avec quelques officiers et soldats. A quelques mètres de la route, sur la gauche, avant d'arriver à un petit bois, se trouvaient huit hommes dans un état de décomposition assez avancé. Il y avait un sergent, un caporal et six hommes. Je puis affirmer que l'un d'eux, qui était tombé la face contre terre, avait les mains liées derrière le dos au moyen d'une courroie en cuir; d'autres avaient les mains également derrière le dos, quoique je n'aie pas remarqué si tous, sans exception, étaient ainsi liés. Mais ce qui m'a frappé nettement, c'est que certains avaient leurs habits déchirés, comme s'ils avaient été lardés de coups nombreux de baïonnette ou autres instruments tranchants. Je me souviens très bien d'avoir vu les poches de leur pantalon entièrement retournées. L'état avancé de décomposition des cadavres ne permit pas un examen plus complet. Mes affirmations peuvent être contrôlées auprès des officiers de l'ambulance 8 du 17e corps, qui se trouvaient là.

Une autre ambulance, dont j'ai oublié le numéro, se trouvait également avec nous. Du reste, une photographie fut prise, et un agrandissement pourrait peut-être permettre de vérifier indiscutablement la véracité de ma déclaration.

Lecture faite, persiste et signe avec nous.

Nos 124, 125.

DÉPOSITIONS reçues, le 29 octobre 1914, à Saint-Laurent (Hautes-Pyrénées), par M. Ambialet, juge de paix.

Vidal (Antoine), 21 ans, soldat au 83e d'infanterie, actuellement en traitement à l'hôpital temporaire de Cantaous :

Serment prêté.

Dans les premiers jours de septembre dernier, vers le 8, mon régiment étant à la poursuite de l'ennemi, j'ai aperçu aux environs de Poix (Marne), à peu de distance de la route et en bordure d'un bois, une patrouille appartenant au 88ᵉ régiment d'infanterie, comprenant un sergent, un caporal et six ou huit hommes. Tous ces militaires avaient été fusillés, et j'en ai vu qui avaient les mains attachées derrière le dos. En passant devant eux, le colonel nous fit mettre l'arme sur l'épaule.

Lecture faite, persiste et signe avec nous.

Couzinet (Marius), 22 ans, caporal fourrier au 83ᵉ d'infanterie, actuellement en traitement à l'hôpital temporaire de Cantaous :

Serment prêté.

Le 8 ou le 9 septembre dernier, pendant la bataille de la Marne, au cours de la poursuite de l'ennemi qui battait en retraite, j'ai vu, aux environs de Poix (Marne), une patrouille, composée d'un sergent et de huit soldats du 88ᵉ régiment d'infanterie, qui avait été fusillée par les Allemands. Tous ces militaires, qui avaient les mains attachées derrière le dos, se trouvaient à sept ou huit mètres de la route.

Lecture faite, persiste et signe avec nous.

Nᵒˢ 126, 127.

DÉPOSITIONS reçues, le 1ᵉʳ décembre 1914, à Toulouse, par M. Lefillastre, commissaire de police.

Suau (Raymond), 26 ans, sergent réserviste au 83ᵉ d'infanterie, actuellement en traitement à l'hôpital militaire :

Serment prêté.

Après les diverses batailles livrées sur la Marne, les Allemands ont reculé et nous les avons poursuivis. Nous sortions du camp de Mailly et nous marchions sur la route, lorsque, à un moment donné, nous avons aperçu, sur le côté gauche, une patrouille d'infanterie composée d'un sous-officier et de sept à huit hommes, dont un noir, jonchant le sol. Ces hommes, qui étaient placés à un mètre et demi environ d'intervalle, avaient les mains liées derrière le dos et étaient tombés les uns en arrière, les autres en avant et sur le côté, mais l'emplacement de leurs pieds indiquait nettement qu'ils avaient été placés sur la même ligne et fusillés dans cette position.

Un peu plus loin, à sept ou huit mètres, nous avons aperçu quelques Allemands blessés, et nous leur avons fait comprendre l'atrocité commise sur nos camarades; ils ont fait signe du doigt qu'ils n'en étaient pas la cause et niaient même les faits. C'était par crainte de représailles, certainement, qu'ils faisaient ainsi des signes de dénégation.

Lecture faite, persiste et signe avec nous.

Narbonné (François), 22 ans, soldat au 14ᵉ d'infanterie, actuellement en traitement à l'hôpital militaire :

Serment prêté.

Après les combats des 6, 7 et 8 septembre 1914, et alors que nous passions, le 10 septembre, près d'un bois situé non loin d'une ferme appelée La Certine, j'ai remarqué, ainsi que tous les hommes de la brigade dont mon régiment faisait partie, qu'une patrouille, formée d'un sergent, un caporal et six hommes, avait été fusillée. Tous ces hommes, à part deux ou trois, avaient eu, avant l'exécution, les mains liées derrière le dos, et avaient été placés à un mètre d'intervalle environ. Ils étaient tombés presque tous en arrière; quelques-uns seulement étaient tombés sur le côté.

Ces camarades appartenaient au 88e régiment d'infanterie.

Lecture faite, persiste et signe avec nous.

Nos 128, 129.

DÉPOSITIONS reçues, le 1er décembre 1914, à Toulouse, par M. Champol, commissaire de police.

Cucurron (Georges), 21 ans, soldat au 20e d'infanterie, actuellement en traitement à l'hôpital temporaire n° 28 *bis*:

Serment prêté.

Le 8 septembre, vers dix heures du matin, j'ai vu, en traversant le camp de Mailly, six hommes du 88e, dont un sergent et un caporal, attachés par les mains et les pieds aux arbres de la route, et fusillés.

J'ai su que ces hommes avaient été fusillés par une avant-garde ennemie.

Lecture faite, persiste et signe avec nous.

Douat (Jean), 32 ans, réserviste au 83e d'infanterie, actuellement en traitement à l'hôpital temporaire n° 28 *bis* :

Serment prêté.

Le 8 septembre, vers dix heures du matin, je traversais avec ma compagnie le camp de Mailly. A un endroit, nous avons aperçu, à environ dix mètres de la route, dans le bois, huit hommes du 88e, dont un sergent et un caporal, morts, étendus à terre, les mains liées derrière le dos.

Ces hommes, comme nous l'avons su par des renseignements qui nous furent donnés, avaient été fusillés par une avant-garde de uhlans, après avoir été attachés, au préalable, aux arbres de la route.

Lecture faite, persiste et signe avec nous.

N° 130.

DÉPOSITION reçue, le 26 novembre 1914, à Verfeil (arrondissement de Toulouse), par M. Barthère, juge de paix.

Barouquère (Léon), 26 ans, soldat au 83e d'infanterie, actuellement en traitement à l'hôpital temporaire de Louey (Hautes-Pyrénées) :

Serment prêté.

J'ai vu une patrouille composée de huit hommes et un sergent du 88e d'infanterie, d'Auch, qui, pris par les Allemands, avaient les mains liées derrière le dos avec des courroies de bidons et avaient été fusillés; au préalable, on les avait dévalisés, leurs poches étaient retournées. Ce fait s'est passé au camp de Mailly.

Lecture faite, persiste et signe avec nous.

N° 131.

DÉPOSITION reçue, le 27 octobre 1914, à Bourges, par M. Laurent, procureur de la République.

Saurat (Auguste), 26 ans, soldat au 59° d'infanterie, actuellement en traitement à l'hôpital militaire :

Serment prêté.

Le 9 ou le 10 septembre, nous étions au sud de Vitry-le-François. Nous marchions sur l'ennemi qui battait en retraite. Dans une clairière, dans un bois, nous avons trouvé six soldats du 88° d'infanterie couchés côte à côte et la tête fracassée. Ils avaient les mains attachées derrière le dos, ce qui prouve qu'il s'agissait bien de soldats faits prisonniers et fusillés. Du reste, il n'y avait pas eu de combat à cet endroit-là, et l'un d'eux avait la figure noircie par la fumée. Leurs poches étaient retournées, ce qui indiquait qu'ils avaient été volés. J'ajoute que le général Dumas, commandant le 17° corps d'armée, et le général Berteaux, commandant la 68° brigade d'infanterie, les ont vus.

Lecture faite, persiste et signe avec nous.

N° 132.

DÉPOSITION reçue, à Palavas (Hérault), par M. Rimbaud, substitut du procureur de la République à Montpellier.

Denamiel (Auguste), 30 ans, soldat au 2° génie, actuellement en traitement à l'hôpital temporaire du Grand-Hôtel :

Serment prêté.

Au camp de Mailly, aux environs de Maisons, vers le 8 septembre 1914, j'ai vu une patrouille composée d'un sergent et de sept à huit hommes, que les Allemands avaient fusillés. Les cadavres avaient encore les mains liées derrière le dos.

Lecture faite, persiste et signe avec nous.

N° 133.

DÉPOSITION reçue, à Montpellier, par M. Rimbaud, substitut du procureur de la République.

Audigey (Paul), 30 ans, soldat au 209° d'infanterie, actuellement en traitement à l'hôpital complémentaire n° 43 :

Serment prêté.

Vers le 7 ou le 8 septembre 1914, au-dessus de la ferme de La Certine, à l'est de Le Meix

Thiercelin, une patrouille d'infanterie du 88°, composée d'un sergent et de sept hommes, fut faite prisonnière. Les Allemands leur lièrent les mains et les fusillèrent. J'ai vu les cadavres. Le sergent avait encore les mains attachées.

Lecture faite, persiste et signe avec nous.

N° 134.

DÉPOSITION reçue, le 25 octobre 1914, à MONFLANQUIN (Lot-et-Garonne), par M. BOURNEL, juge de paix.

RAMON (Fernand), 23 ans, sergent au 14° d'infanterie :

Serment prêté.

Le 11 septembre dernier, au cours de la bataille de la Marne, une patrouille du 88° de ligne a été prise par les Allemands. On a trouvé les six soldats qui la composaient morts au même endroit; l'un d'eux avait encore les mains liées derrière le dos avec la courroie de sa musette, ce qui paraît affirmer que ces prisonniers ont été fusillés. Ce fait a d'ailleurs été constaté par les majors et porté à la connaissance de la division.

Lecture faite, persiste et signe avec nous.

N° 135.

DÉPOSITION reçue, le 15 octobre 1914, à VILLENEUVE-SUR-LOT, par M. DE GOMBAULT, juge d'instruction.

BOY (Jean), 23 ans, caporal au 20° d'infanterie, actuellement en traitement à l'hôpital temporaire de Lamothe, à Villeneuve-sur-Lot :

Serment prêté.

Le jour où a commencé la poursuite des Allemands après la bataille de la Marne, j'ai trouvé, dans une ferme dont je ne peux indiquer l'emplacement, un sergent, un caporal et trois soldats du 88° de ligne, auxquels on avait attaché les mains derrière le dos et qu'on avait fusillés. Ils avaient reçu des balles au front. C'était évidemment une patrouille française qui avait été surprise par l'ennemi.

Dans tous les villages que j'ai traversés et dont je ne puis dire les noms, la plupart des maisons avaient été brûlées et pillées. Le mobilier qu'on n'avait pu emporter gisait épars devant les portes, la vaisselle avait été cassée, les matelas éventrés.

Lecture faite, persiste et signe avec nous.

N° 136.

DÉPOSITION reçue, le 24 novembre 1914, à Toulouse, par M. Lambert, commissaire de police.

Gagneau (Henri), soldat au 2e bataillon de zouaves :

Serment prêté.

Le 8 septembre, nous partions vers Saint-Brice (1), après Sézanne. J'ai vu une ligne de tirailleurs algériens qui avaient été tués ou blessés. Les Allemands leur avaient à tous ouvert le crâne; tous les fronts étaient brisés, on voyait la cervelle. Il y avait des cadavres de tirailleurs que les Allemands avaient rangés en rond et à qui ils avaient brûlé la tête, rien que la tête. Le lieutenant qui commandait la section avait été dépouillé de toutes ses armes, de ses papiers, même de son alliance.

Lecture faite, persiste et signe avec nous.

N° 137.

DÉPOSITION reçue, le 26 novembre 1914, à Verfeil (arrondissement de Toulouse), par M. Barthère, juge de paix.

Maillet (Jean-Marie), 22 ans, soldat au 2e zouaves, actuellement en traitement à l'hôpital temporaire de Verfeil :

Serment prêté.

Le 8 septembre dernier, en allant à l'attaque du village de Saint-Brice (Marne) (2), j'ai vu ce qui restait d'une section de tirailleurs algériens, environ vingt-cinq hommes, le crâne défoncé avec leurs propres fusils; ceux-ci avaient la crosse pleine de sang.

Lecture faite, persiste et signe avec nous.

N° 138.

DÉPOSITION reçue, le 19 octobre 1914, à Château-Gontier, par M. Dambrine, commissaire de police.

Fougerouse (Jean-Marie), 25 ans, soldat au 216e d'infanterie, actuellement en traitement à l'hôpital de Château-Gontier :

Serment prêté.

Le 20 septembre 1914, vers cinq heures du matin, à la bataille de l'Aisne, aux environs de Soissons, j'étais dans une tranchée de quatrième ligne avec une douzaine de camarades. Environ deux cents Allemands, qui avaient forcé nos tranchées de premières lignes, nous ont surpris, entourés et faits prisonniers. Ils nous ont ensuite désarmés, déséquipés et fouillés. J'ai vu les soldats allemands s'emparer du porte-monnaie de plusieurs de mes camarades;

(1) (2) Lire : Saint-Prix (Marne).

quant à moi, ils n'ont pas trouvé le mien; puis ils se sont mis dans nos tranchées et nous ont fait placer à deux mètres en avant, les bras en l'air. Des troupes françaises placées sur le côté continuaient à tirer. J'ai entendu l'officier allemand dire en français : « Les Français ne devraient plus tirer pour l'instant, » et, sans doute sur l'ordre de ce dernier, les soldats allemands ont tiré sur nous presque à bout portant. Cinq de mes camarades ont été tués et les autres blessés. J'ai reçu deux coups de feu des Allemands : l'un m'a traversé le biceps du bras droit, l'autre m'a fracturé le poignet gauche. Plus tard, vers midi, notre artillerie, ayant repéré l'ennemi, a commencé à donner, et finalement, vers quinze heures, les chasseurs alpins sont arrivés, ont nettoyé le terrain et nous ont délivrés.

Lecture faite, persiste et signe avec nous.

N° 139.

DÉPOSITION reçue, le 29 octobre 1914, à Villeurbanne (Rhône), par M. Lançon, juge de paix suppléant.

Neujean (André-Eugène), 21 ans, soldat au 67e d'infanterie, actuellement en traitement à l'hôpital n° 308 :

Serment prêté.

J'ai été blessé le 22 août (1), à cinq heures du matin, entre Mouilly et Dompierre, à l'est de Verdun. Je faisais partie de la 4e compagnie, et la veille, j'ai constaté, dans un taillis, que mes camarades de la 3e compagnie, au nombre de quatre-vingts environ, étaient les uns sur les autres, désarmés, déséquipés. Les fusils des nôtres étaient cassés et tous ces hommes morts, frappés de balles, de coups de crosse, défigurés. Les Allemands avaient reculé et c'est dans ce mouvement de recul qu'ils ont commis ce massacre des nôtres. J'ai entendu dire que le lieutenant de réserve Delfosse, marchand de bière à Soissons, était parmi les morts. Les Allemands, à la faveur du brouillard, étaient revenus le soir sur les lignes, et le lendemain matin, à cinq heures, j'étais blessé. Voilà ce que je sais. J'ai pu aller, malgré ma blessure, à Rupt-en-Woëvre; de là, j'ai été transporté, dans une voiture de paysan, puis en auto, jusqu'à Verdun, et de là, à Villeurbanne.

Lecture faite, persiste et signe avec nous.

N° 140.

DÉPOSITION reçue, le 29 octobre 1914, à Villeurbanne (Rhône), par M. Lançon, juge de paix suppléant.

Pilloux (Arthur), 27 ans, soldat au 67e d'infanterie, actuellement en traitement à l'hôpital n° 308 :

Serment prêté.

Le 22 août (2) je me trouvais dans la forêt de Saint-Remy, au sud-est de Verdun. Vers dix heures du matin, la 3e compagnie, où j'étais cycliste, fut envoyée en reconnaissance à la

(1) (2) Lire : le 22 septembre.

lisière du bois. Par suite d'un mouvement offensif des Allemands, elle fut faite prisonnière; ils cassèrent toutes les armes. L'officier qui nous commandait était le lieutenant réserviste Delfosse, de Soissons. Moi, comme cycliste, je me trouvais en arrière, avec le commandant du 1er bataillon. Les Allemands, continuant leur mouvement offensif, furent arrêtés par le bataillon de renfort arrivé et durent se replier. Ne voulant pas s'embarrasser dans leur retraite de leurs prisonniers, ils les fusillèrent presque tous; quelques-uns seulement, en très petit nombre, purent s'échapper. Je puis affirmer que trois sections sur quatre de la compagnie avaient été faites prisonnières. C'est un de mes camarades, blessé par les Allemands qui avaient tiré sur les prisonniers, qui m'a raconté le fait. Ce camarade, je ne sais ce qu'il est devenu, et moi-même j'ai vu, lors de notre mouvement de réoccupation de la ligne, sur le bord de la route, près du village de Saint-Remy, les hommes de la compagnie susnommée gisant morts à l'endroit où ils avaient été faits prisonniers. Le camarade dont j'ai parlé m'a raconté qu'étant blessé il avait simulé la mort et avait échappé de cette façon au massacre, puis s'était sauvé pour revenir auprès de nous et être évacué. Le sergent qui ralliait la compagnie m'a déclaré que trente hommes avaient été reversés à la gauche de la 1re compagnie, ce qui ferait supposer que deux cents hommes environ auraient péri dans ce massacre. Les hommes que j'ai vus étaient frappés par des balles dans le dos; ils étaient pêle-mêle, les uns sur les autres.

Le lendemain même de ces atrocités, je fus blessé au même endroit, à deux cents mètres de cette hécatombe, car nous y avions stationné la nuit. J'ai été blessé et pansé aux pieds du colonel, évacué ensuite à Mouilly, près de Dieue; puis j'ai été envoyé à Verdun et enfin ici.

Lecture faite, persiste et signe avec nous.

N° 141.

RAPPORT du capitaine Eydoux, commandant le 1er bataillon du 67e régiment d'infanterie (23e brigade, 12e division, 6e corps d'armée).

Grande Tranchée de Calonne, le 23 septembre 1914.

Le 22 septembre, le 1er bataillon du 67e se trouvait en position de repli au carrefour de la route de Mouilly à Saint-Remy et de la Grande Tranchée de Calonne. Vers quatorze heures, la 3e compagnie fut envoyée pour renforcer le 1er bataillon du 54e, à la lisière est du bois de Saint-Remy. Environ une demi-heure après, le 54e s'étant replié à l'insu du lieutenant commandant la 3e compagnie, une section de cette compagnie fut cernée par une compagnie allemande et une trentaine d'hommes furent faits prisonniers.

Les Allemands, ayant été obligés de battre en retraite, emmenèrent leurs prisonniers avec eux; mais bientôt ils les firent coucher, et s'étant reportés de quelques mètres en arrière, ils tirèrent sur eux et en tuèrent ou blessèrent un très grand nombre.

Ces faits ont été certifiés par les soldats Louvain, Cotté, Debèze, qui avaient réussi à s'échapper.

Signé : Eydoux.

Vu et transmis :

Le Colonel commandant le 67e,

Signé : M. Bard.

N° 142.

RAPPORT rédigé, le 23 septembre 1914, par le colonel Chiché, commandant la 134e brigade.

Vaux-les-Palameix, 23 septembre 1914.

Le 22 septembre 1914, vers quinze heures quarante-cinq minutes, après le vigoureux retour offensif que conduisaient le colonel commandant la 134e brigade, le commandant Jehl et le capitaine Lauth, le 288e régiment réoccupa la Tranchée de Calonne.

En arrivant au carrefour formé par cette Tranchée et la route de Vaux à Saint-Remy, l'attention du colonel fut attirée par le caporal brancardier du 288e sur la situation particulière d'une quinzaine de morts et blessés français gisant dans le bois.

Un sous-officier, parmi ceux-ci, était encore en vie; il fit un récit impressionnant de ce que les malheureux avaient vécu.

Entourés dans le bois et blessés pour la plupart, ils avaient été emmenés prisonniers par les Allemands dans leur mouvement en avant. Quand les Allemands durent se replier, ils les firent coucher à terre et les fusillèrent, sans autre forme de procès, avec une sauvagerie inouïe : certains cadavres ont la tête littéralement en bouillie.

Indigné de ces atrocités, le colonel regagnait la route, quand on l'avertit que les mêmes faits s'étaient produits dans la partie du bois au nord de la Tranchée de Calonne; là se trouvait un véritable charnier : une quarantaine de Français, des 54e, 67e et 259e, étaient couchés à terre, la tête fracassée.

Les soldats Tantot, du 54e, 1re compagnie; Grandpierre (Louis), du même régiment, même compagnie; Chevalier (Raoul), du 261e, 20e compagnie, survivants de ces atrocités, sont actuellement à l'infirmerie du 288e, à Vaux-les-Palameix, et pourront fournir tous les détails complémentaires pour éclairer l'autorité supérieure.

Signé : Chiché,
Colonel commandant la 134e brigade.
P. O. : *L'officier d'état-major,*
F. de Boixo.

Transmis :
Ranzières, le 24 septembre 1914.
Le général commandant la 67e brigade D. R.
Signé : Marabail.

N° 143.

RAPPORT du médecin-major de 2e classe André Tournade, médecin-chef de l'ambulance n° 1 de la 67e division de réserve, au médecin principal de 1re classe, médecin divisionnaire.

Génicourt, le 27 septembre 1914.

J'ai l'honneur de vous transmettre la déposition du soldat Tantot, concernant les actes criminels dont les soldats allemands se seraient rendus coupables à l'égard de leurs prisonniers. Blessé au cou, le 23 septembre, dans un engagement auquel son régiment, le 54e d'infanterie, prit part, il fut fait prisonnier par les Allemands avec un certain nombre de ses camarades. Tous furent d'abord traités avec quelques ménagements; mais dans la suite, le détachement ennemi ayant été obligé de se replier, ils reçurent l'ordre de se coucher à terre. Un moment, ils purent croire que la liberté leur était rendue; mais, dès que les Allemands se furent éloignés à une distance d'environ quinze pas, ils essuyèrent plusieurs coups de feu. Au dire du soldat Tantot, quatre ou cinq seulement d'entre eux purent rejoindre les lignes françaises.

Les dépositions de Tantot et du soldat Chevalier, du 261ᵉ d'infanterie, précédemment données, concordent donc sur ce point essentiel : les Allemands en retraite, forcés d'abandonner leurs prisonniers, ont tiré sur eux.

On pourrait objecter cependant que les blessures reçues par les prisonniers abandonnés provenaient des lignes françaises qui, précisément, obligeaient les Allemands à reculer. Cette objection tombe devant le fait capital suivant : j'ai retiré de la plaie de la face antérieure du genou gauche de Tantot, encapuchonné dans un débri vestimentaire, le débri vulnérant; il s'agit d'une enveloppe de balle déchiquetée et dépouillée de son noyau de plomb central, dans un ricochet. La nature et la couleur du métal prouvent qu'il s'agit d'une enveloppe de balle allemande.

Le médecin-chef :
Signé : A. TOURNADE.

Vu et transmis à M. le général commandant
la 3ᵉ armée, à Verdun,
Q. G. de Ranzières, le 29 septembre 1914,
Signé : MARABAIL.

N° 144.

RAPPORT du capitaine DAVEZAN, du 288ᵉ régiment d'infanterie, au général commandant la 17ᵉ région.

Le 22 septembre, à la suite de la trouée faite par les Allemands à Hattonchâtel et Vigneulles dans la défense des Hauts-de-Meuse, mon régiment, le 288ᵉ de réserve (134ᵉ brigade, 67ᵉ division), reçut l'ordre de marcher de Mouilly (17 kilomètres S.-E. de Verdun), par Vaux-les-Palameix, sur Dommartin-la-Montagne (6 kilomètres S.-E. de Mouilly).

L'ennemi occupait la partie sud du bois de Saint-Remy et attaquait le 259ᵉ qui avait pris position sur le chemin, que nous suivions, de Vaux à Saint-Remy.

Notre mouvement nous conduisait sur le flanc gauche des Allemands et deux compagnies furent détachées plus au sud, vers le bois de la Côte-des-Bœufs, pour prendre de flanc et même à revers une tranchée établie par l'ennemi perpendiculairement à la route forestière dite: « Grande Tranchée de Calonne ».

Ces bois étant très fourrés et de traversée difficile, notre mouvement fut forcément ralenti, et lorsque, après avoir ouvert le feu, nous arrivâmes à l'embranchement de la Grande Tranchée de Calonne et du chemin de Vaux à Saint-Remy, le 259ᵉ s'était replié vers Mouilly; mais les Allemands, surpris par notre arrivée sur leur flanc gauche, abandonnaient à leur tour la partie et nous restâmes maîtres du bois.

Les dispositions furent prises pour la nuit; mon bataillon fournit une compagnie à la lisière, face à Saint-Remy; une seconde plus au sud, face à Dommartin; les deux autres furent placées en réserve au carrefour.

Des patrouilles explorèrent le bois et ramenèrent des isolés ennemis, pour la plupart blessés. C'est à ce moment, le 22 au soir, que j'appris la présence dans le bois, à cent cinquante mètres au nord du carrefour formé par la rencontre de la Grande Tranchée de Calonne avec le chemin de Vaux-les-Palameix à Saint-Remy, de cadavres de soldats français fusillés par les Allemands. Je m'y rendis et vis en effet une trentaine de soldats réunis sur un petit espace, pour la plupart couchés, quelques-uns cependant à genoux, et ayant tous reçu la même blessure : un coup de fusil dans l'oreille; un seul, très gravement blessé dans les parties basses, était encore vivant, pouvait parler, et m'a dit que les Allemands, avant de partir, leur avaient ordonné de se coucher, puis les avaient tués d'une balle dans la tête; que lui-même, blessé, avait obtenu sa grâce en l'implorant et en disant qu'il était père de trois petits enfants.

La boîte crânienne de tous ces malheureux avait été projetée au loin; les fusils, brisés à la poignée, étaient répandus çà et là, et le sang avait jailli sur les broussailles à tel point qu'en sortant du bois le devant de ma capote en était tout éclaboussé; c'était un vrai charnier.

En revenant, j'aperçus un cadavre nettement séparé des autres, à trente ou quarante mètres environ, mais portant la même blessure, et je suppose que le malheureux avait voulu fuir, mais que, bientôt rejoint, il subit le sort commun.

Le jour tombait, le temps pressait, je rejoignis rapidement mon poste et j'envoyai des brancardiers vers le blessé.

Je passai la nuit au carrefour, à côté du chef de bataillon Jehl qui commandait le régiment en remplacement du lieutenant-colonel Simoni, blessé, et auquel j'avais succédé dans le commandement du 5ᵉ bataillon. Nous avons parlé à plusieurs reprises de ce massacre, pendant la nuit, mais j'ignore si le commandant a été voir les cadavres.

Il serait toutefois facile de retrouver au 288ᵉ des gradés ou des hommes les ayant vus, principalement parmi les brancardiers et dans la compagnie la plus à proximité, la 19ᵉ, commandée à ce moment-là par le sous-lieutenant de réserve Palonga. J'ajoute que le récit d'un survivant n'était pas nécessaire pour se rendre compte de ce qui s'était passé; la vue de la position des corps, du genre de blessures, suffisait amplement : l'œuvre était signée et le doute impossible.

Le 23 septembre, à la pointe du jour, l'ennemi attaqua de nouveau le bois de Saint-Remy; dès le commencement de l'action, je fus blessé à l'épaule par un éclat d'obus et évacué sur Verdun. J'ignore ce qui s'est passé après mon départ.

Signé : Capitaine Davezan,
commandant le 5ᵉ bataillon du 288ᵉ.

N° 145.

DÉPOSITION reçue, le 11 décembre 1914, à Privas, par M. Roussel, procureur de la République.

Chevalier (Raoul), 29 ans, actuellement versé à la 31ᵉ compagnie du 261ᵉ régiment d'infanterie, à Privas :

Serment prêté.

J'ai été fait prisonnier par les Allemands le 21 septembre, sur les Hauts-de-Meuse, entre Thillot et Saint-Maurice. Nous avions passé dans les tranchées la nuit du 19 au 20; vers le soir, le 20, nous nous sommes retirés pour nous reposer; mais en route, nous avons rencontré le général en automobile, qui a donné l'ordre de retourner à nos anciennes positions.

En y arrivant, le 21 au matin, nous avons vu que les Allemands avaient occupé nos tranchées et étaient montés sur les pentes des Hauts-de-Meuse. Dans une manœuvre destinée à renforcer la 19e compagnie, et en cherchant à rejoindre le 6e bataillon, je me suis égaré dans les bois avec trois de mes camarades, dont un était blessé. Dans une clairière, nous nous sommes trouvés en face d'une soixantaine d'Allemands : on nous a désarmés assez brutalement : cependant un Allemand a fait cadeau de son pansement pour mon camarade blessé.

Au rassemblement de la compagnie allemande, nous étions sept prisonniers en comptant le blessé, que les Allemands ont emmené et que je n'ai plus revu : je crois qu'il se nommait Béal, mais je ne puis l'affirmer.

Lors de la distribution des vivres, on nous a donné une gamelle de soupe pour six.

Après un repos de deux heures environ, les Allemands nous ont mis leurs sacs sur le dos, et nous ont fait partir avec eux sur la ligne de feu. Nous avons repassé par la route conduisant aux Hauts-de-Meuse, que j'ai reconnue à cause d'un affût blindé abandonné; près d'un village, les Allemands ont subi le feu des Français et fait prisonnier un soldat du 220e.

Sur la demande des Allemands, il a déclaré qu'il y avait là environ trente Français; à ce moment, une mitrailleuse française est entrée en action très près; les Allemands ne pouvaient arriver à la découvrir. On nous a obligés à traverser la route, pour pénétrer dans un bois; puis on a mené de nouveau le soldat du 220e devant un commandant, pour lui faire dire où était la mitrailleuse; j'ai vu que les soldats lui ont lancé deux coups de pied dans les reins, dont il disait souffrir encore le lendemain.

Nous avons passé la nuit dans ce bois.

Le lendemain matin, il ne se passa rien de saillant; on entendait au loin une petite fusillade. Vers huit à neuf heures, le capitaine allemand nous a fait signe de nous coucher dans un chemin tracé à travers les taillis; nous nous étions placés derrière un arbre, en groupe, agenouillés, croyant qu'il allait y avoir une attaque. Mais l'officier nous a fait signe que ce n'était pas ainsi qu'il fallait se placer et nous a fait nous coucher l'un à côté de l'autre, face au sol, du côté de l'arbre faisant face au chemin.

En me retournant légèrement, j'ai vu que sept à huit soldats allemands, dont les pieds devaient être à environ un mètre des nôtres, nous visaient avec leurs fusils. Les Allemands ont tiré deux salves au commandement : à la première, je n'ai pas été touché; mais, à la seconde, j'ai reçu une balle à la cuisse et une autre au mollet. J'avais fait le mort; à la première décharge, mon voisin, Moulin, originaire d'Aubenas, a eu la tête fracassée et des débris sont tombés sur moi; en outre, j'ai senti un autre corps tomber en travers sur mes jambes : on a dû me croire mort.

Un autre de mes camarades, Serre, originaire d'Alissas, blessé par les décharges, a demandé pitié au nom de sa femme et de ses enfants : on lui a donné un coup de baïonnette. Il a de nouveau imploré pitié, faisant signe de lui tirer une balle dans la tête ou le cœur : mais on lui a lancé un second coup de baïonnette. Il a pu encore demander pitié, et alors un troisième coup de baïonnette l'a étendu.

Les Allemands ont ensuite coupé des branches pour nous en recouvrir, et ils sont partis environ un quart d'heure après.

Je suis resté longtemps ainsi; j'ai entendu passer des troupes. Vers trois heures, j'ai repoussé le corps qui me couvrait en partie, je suis sorti et j'ai pu rejoindre les lignes françaises au 288e d'infanterie. J'ai indiqué seulement au major de Génicourt comment j'avais été blessé : on en a pris note.

Je n'ai pas pu me rendre compte du numéro du régiment allemand dont j'avais été prisonnier, et ne me souviens pas de ce qui était inscrit sur son drapeau.

Lecture faite, persiste et signe avec nous.

N° 146.

DÉPOSITION reçue, le 5 novembre 1914, à Lyon, par M. Berthom, juge de paix.

Dauvé (Alexandre), 32 ans, soldat au 54e d'infanterie, actuellement en traitement à l'hôpital de la Charité :

Serment prêté.

Le 22 septembre, mon régiment se trouvait dans la forêt d'Argonne.

J'étais parti le matin en éclaireur prendre les positions de tirailleurs.

Six heures durant, avec mes camarades, nous sommes restés face à l'ennemi, dissimulés derrière nos sacs, par terre. L'ennemi était à environ cinquante mètres de nous. Nous nous sommes repliés de vingt-cinq mètres, en attendant que l'ennemi sorte de ses tranchées.

Vers les midi, je reçus un éclat d'obus dans l'épaule gauche; je restai par terre à peine quelques minutes, et je me relevai aussitôt pour fuir l'ennemi qui nous poursuivait.

Mes camarades furent faits prisonniers et, quoique blessé, je dus les suivre. Auparavant, les Allemands m'avaient dépouillé de tout ce que je possédais : une montre de vingt-cinq francs, et deux francs.

Peu de temps après notre départ avec les Allemands, ceux-ci durent nous relâcher, parce que des Français venaient à notre secours.

Nous étions environ vingt-cinq Français. Avant de nous quitter, les Allemands tirèrent un feu de salve sur notre groupe qui était étendu par terre, et quatre hommes seulement, dont je fais partie, ne furent pas atteints. Les autres furent ainsi massacrés.

Aussitôt faits prisonniers, nous avions été désarmés.

Après que les Allemands se furent éloignés, je me dirigeai vers les troupes françaises, lorsqu'un jeune soldat allemand (dix-huit ans à peu près), qui se rendait prisonnier, m'offrit de me soutenir et me conduisit à une ambulance française.

Lecture faite, persiste et signe avec nous.

N° 147.

RAPPORT du général Herr, commandant la 12e division d'infanterie, à M. le général commandant le 6e corps d'armée.

Rupt-en-Woëvre, le 23 septembre 1914.

J'ai l'honneur de vous rendre compte que le soldat Bigoin, du 89e, numéro matricule 5117, récemment affecté au 54e, qui avait combattu avec le 54e à la lisière est du bois de Saint-Remy et qui avait été fait prisonnier par les Allemands, m'a fait hier, 22 septembre, la déclaration suivante :

« J'ai été fait prisonnier ce matin, avec une trentaine de mes camarades du 54e, à la lisière

« est du bois de Saint-Remy, au moment où les Allemands ont pénétré dans le bois à notre « droite.

« Subitement notre artillerie a ouvert un feu intense; les Allemands se sont arrêtés, puis « ont reflué en désordre vers l'arrière.

« Nous étions à ce moment rassemblés, mes camarades et moi. Avant de se reporter en « arrière, les Allemands ont tiré sur nous presque à bout portant. Je me suis laissé tomber « pour attendre la cessation du feu.

« J'ai attendu que le bois de Saint-Remy fût évacué par les Allemands, et je suis revenu. « Je suis probablement le seul qui n'ait pas été atteint par cette fusillade. »

Signé : Général Herr.

N° 148.

DÉPOSITION reçue, le 27 octobre 1914, à Toulon, par M. Butin, commissaire de police, et confirmée sous serment, le 29 octobre, devant M. Jacquot, substitut du procureur de la République.

Herbin (Alfred), 34 ans, soldat au 67e d'infanterie, actuellement en traitement à l'hôpital annexe B, à l'école des Mécaniciens, à Toulon-Mourillon :

Le 23 septembre, vers trois heures et demie de l'après-midi, je me trouvais en première ligne de tirailleurs dans le bois de Saint-Remy (Meuse). A un moment donné, près d'un fourré, j'ai vu quelques soldats allemands qui fusillaient à bout portant un groupe de soldats de mon régiment, blessés, couchés sur le champ de bataille.

Lecture faite, persiste et signe avec nous.

N° 149.

DÉPOSITION reçue, le 29 octobre 1914, à Villeurbanne (Rhône), par M. Lançon, juge de paix.

Blandinières (Jean), 31 ans, soldat au 259e d'infanterie, actuellement en traitement à l'hôpital municipal n° 308 :

Serment prêté.

Le 22 septembre, nous étions sous le feu dans le bois de Saint-Remy; c'était entre midi et une heure du soir. Nous échangions des coups de fusil avec les Allemands. A un moment donné, les Allemands, qui étaient bien plus nombreux que nous, nous ont cernés et ont blessé ou tué un grand nombre d'entre nous. Étant tombé, plusieurs de mes camarades blessés « s'abouchèrent » sur moi. Un camarade, qui était couché sur moi, le dos contre ma poitrine, a été achevé par un Allemand à coups de fusil. La balle, après avoir traversé le corps de mon camarade, m'a traversé ensuite la cuisse gauche. Je suis resté quelque temps au milieu des cadavres de mes camarades : une demi-heure environ. Au bout de ce temps-là, le 67e d'infanterie étant venu, j'ai été dégagé et conduit à l'ambulance de Saint-Remy, et de là, à Villeurbanne. J'affirme que j'ai vu le soldat allemand, qui devait être de l'infanterie, tuer le camarade blessé qui était sur moi. C'était un vrai massacre. J'ai simulé la mort pendant un moment.

Lecture faite, persiste et signe avec nous.

N° 150.

DÉPOSITION reçue, le 3 novembre 1914, à MONTLUÇON, par M. DECORI, procureur de la République.

BLONDEL (Auguste), 33 ans, soldat au 207e d'infanterie, actuellement en traitement à l'hôpital annexe de la rue des Miauds :

Serment prêté.

Le 26 septembre dernier, à un endroit que je ne saurais vous désigner et qui se trouve dans le département de la Marne, j'ai été fait prisonnier par les Allemands. Pendant que j'étais entre leurs mains, ils m'ont désarmé; puis l'un d'eux m'a demandé, dans son patois, quelque chose. Je n'ai pas compris ce qu'il me disait, et j'ai hoché la tête. A ce moment, un Allemand m'a tiré un coup de fusil, à bout portant : ma poitrine a été traversée.

Puis, les ennemis se sont enfuis, me laissant seul sur les lieux. Je ne sais combien de temps j'ai été abandonné : mais je suis certain d'avoir passé la nuit. Ce n'est que le lendemain que les Français m'ont ramassé et m'ont prodigué les premiers soins.

Lecture faite, persiste et signe avec nous.

N° 151.

DÉPOSITION reçue, le 24 octobre 1914, à POUGUES-LES-EAUX (Nièvre), par M. MORLET, juge de paix.

LAFLEUR (Gustave), 33 ans, soldat au 21e d'infanterie coloniale, actuellement en traitement à l'hôpital temporaire n° 31 :

Serment prêté.

Le 26 septembre, j'ai été appelé, avec un certain nombre d'hommes de la septième compagnie, pour renforcer la sixième qui se trouvait à cent mètres en avant de nous, dans une tranchée, à Ville-sur-Tourbe, dans les bois de l'Argonne.

Un poste d'observation ayant été formé, j'en fis partie. Nous étions à peine installés, que nous fûmes assaillis par une grêle de balles venant de l'ennemi.

Tous mes camarades tombèrent frappés et je restai seul indemne. Je me suis alors sauvé pour rejoindre le surplus de mon bataillon, quand j'ai été surpris par un détachement allemand conduit par un lieutenant du 69e régiment d'infanterie.

Celui-ci, en arrivant près de moi, me dit, en excellent français, de me mettre au « garde-à-vous ». Quand j'eus exécuté ce mouvement, il prit mon fusil et le brisa contre un arbre; puis il fit deux ou trois pas en avant, sortit son revolver de l'étui, revint sur moi et, à bout portant, me le déchargea en pleine figure.

Je tombai dans le fossé sur le bord de la route; les soldats allemands me dévalisèrent complètement, sauf mon porte-monnaie que j'avais dissimulé entre ma chemise et mon tricot.

Je suis resté environ deux heures couché dans le fossé, faisant le mort; à ce moment, les obus français tombèrent sur l'ennemi, qui prit la fuite: j'en ai profité pour me rapprocher de nos lignes, et dès lors j'étais sauvé et dirigé ensuite sur la maison du colonel de notre régiment, où on me fit un premier pansement.

Lecture faite, persiste et signe avec nous.

N° 152.

DÉPOSITION reçue, le 18 octobre 1914, à PRIVAS, par M. ROUSSEL, procureur de la République.

DUVAUCHELLE (Gaëtan), 29 ans, caporal au 328e d'infanterie, actuellement en traitement à l'hôpital de la Croix-Rouge :

Serment prêté.

A la date du 26 septembre, ma compagnie se trouvait en position dans un bois, au-dessus de Vienne-la-Ville (arrondissement de Sainte-Menehould), à trois kilomètres environ en arrière de la ferme de Melzicourt occupée par la 22e compagnie, capitaine Marulier. Vers quatre heures du matin, notre capitaine, ayant entendu quelques coups de feu, nous a réveillés et fait partir au pas gymnastique pour occuper la lisière du bois.

Ma section étant la dernière, nous avons débouché au-dessus d'un chemin creux dans lequel nous avons tué trois Allemands; un groupe de soixante ennemis se trouvait à un tournant de ce chemin, au début, à l'amorce du chemin dans la plaine du côté de la ferme de Melzicourt.

Nous avons tiré sur ce groupe, qui s'est dispersé au bout d'une vingtaine de minutes; nous nous sommes avancés et, ayant aperçu un uniforme de fantassin français au milieu des Allemands tués, nous l'avons rejoint et l'avons tiré comme nous pouvions vers nous.

Il pouvait s'être écoulé environ trois quarts d'heure depuis le début de l'action quand nous sommes arrivés à ce fantassin français; il respirait encore, mais il n'a même pas pu boire.

J'ai constaté qu'il avait simplement sa musette et son bidon; il n'avait plus son équipement ni son fusil. Il portait à une jambe une blessure faite par une balle, et cinq coups de baïonnette allemande à la poitrine et au ventre; la déchirure du drap de la capote ne laissait aucun doute à cet égard.

J'ai de suite compris que ce fantassin, fait prisonnier pendant la nuit à la ferme de Melzicourt, avait été emmené par le groupe d'Allemands qui marchait sur nous; on l'avait placé en avant, une de nos balles l'avait atteint à la jambe; mais, avant de se retirer, les Allemands l'avaient tué à coups de baïonnette.

Nous avons fait un prisonnier allemand; il portait sur son casque le chiffre 8.

Lecture faite, persiste et signe avec nous.

Nos 153, 154.

DÉPOSITIONS reçues à Nevers, par M. Berquand, commissaire de police.

Verney (Émile), capitaine au 2e régiment du génie, actuellement en traitement à l'hôpital n° 41 :

Serment prêté.

Vers la fin de septembre, passant à cinq ou six kilomètres du village des Petites-Perthes (Marne), j'ai vu dix-huit prisonniers français qui avaient été fusillés par les Allemands. Ils avaient été au préalable ligotés à l'aide de courroies de musettes.

Ce fait a été constaté officiellement par le général commandant le 17e corps d'armée.

Après lecture, persiste et signe avec nous.

Moissonnie (Guillaume), 31 ans, soldat au 7e d'infanterie, actuellement en traitement à l'hôpital n° 41 :

Serment prêté.

Vers le 27 septembre dernier, me trouvant dans la Marne, à six kilomètres environ de Varges-Moulin, j'ai vu des soldats allemands qui achevaient des blessés français en tirant sur eux des coups de fusil.

Après lecture, persiste et déclare ne pouvoir signer, étant blessé aux deux bras.

N° 155.

DÉPOSITION reçue, le 16 novembre 1914, à Melun, par M. Jozon, juge d'instruction.

Faujour (Pierre), 42 ans, quartier-maître au 1er régiment de fusiliers marins :

Serment prêté.

Dans la nuit du 25 au 26 octobre dernier, le commandant Jeanniot, capitaine de frégate, du 2e régiment de fusiliers marins, fut fait prisonnier par les Allemands, aux environs de Dixmude. Ils l'ont maintenu prisonnier toute la nuit. Au matin, voyant qu'ils allaient être cernés, ils l'ont fusillé à bout portant.

Le commandant Jeanniot n'était pas blessé.

Lecture faite, persiste et signe avec nous.

N° 156.

DÉPOSITION reçue, le 19 novembre 1914, à Rennes, par M. Biarnais, commissaire de police.

Bonnet (Eugène), 26 ans, quartier-maître mécanicien aux équipages de la flotte, actuellement en traitement à l'hôpital complémentaire n° 40 :

Depuis le 1er octobre dernier, j'étais attaché, en qualité de chauffeur d'automobile, à l'état-major du 2me régiment de fusiliers marins. J'ai été blessé à Dixmude (Belgique), le lundi 26 octobre, vers six heures du matin, dans les conditions suivantes :

Dans la nuit du dimanche 25 au lundi 26 octobre, l'état-major, composé du capitaine de vaisseau Varnet, du lieutenant de vaisseau Monneau, de l'enseigne Bonnot, du docteur de 1re classe Duguay et de l'aumônier, M. Le Helloco, professeur à l'Institution Saint-Martin, de Rennes, se reposait dans une maison située sur le bord de la route de Dixmude à Furnes, et à environ huit cents mètres de cette première localité, lorsque, vers deux heures du matin, entendant des coups de feu, des cris et des sonneries de clairon, les officiers ouvrirent les portes pour se rendre compte de ce qui se passait. Le commandant Varnet, se rendant compte qu'il s'agissait d'une troupe allemande, rentra dans la maison ainsi que les autres officiers.

Les Allemands qui passaient sur la route, en raison de l'ouverture des portes s'étant aperçus que la maison renfermait des officiers, tirèrent des coups de fusil à l'intérieur.

Ayant alors contourné la maison, je trouvai, grièvement blessés, le docteur Duguay et l'abbé Le Helloco. Or comme les Allemands, qui étaient au nombre d'une soixantaine, ne s'étaient pas arrêtés, je me mis à la recherche d'un docteur et de brancardiers, à l'effet de faire prodiguer des soins à ces blessés et de les faire évacuer à l'ambulance. Ayant trouvé deux docteurs belges, je revins avec eux, et après avoir placé sur un brancard le docteur Duguay, aidé de l'un des docteurs et suivi de l'autre, nous nous mîmes en route pour gagner l'ambulance. Alors que nous avions parcouru environ deux cents mètres, nous fûmes entourés par une soixantaine d'Allemands, qui étaient dissimulés dans les fossés de la route; ils nous firent prisonniers et nous contraignirent à abandonner notre blessé sur le milieu de la route.

Dans l'espoir sans doute de faire d'autres prisonniers, les Allemands nous placèrent avec eux dans les fossés, où nous restâmes environ une heure, durant laquelle ils en firent, en effet, quelques nouveaux, parmi lesquels le capitaine de frégate Jeanniot.

Ce laps de temps passé, ils nous entraînèrent avec eux à travers champs, à l'effet de regagner les tranchées allemandes. Toutefois, ils ne nous permirent pas d'emmener avec nous notre blessé, M. le docteur Duguay, qui, atteint grièvement, dut sans doute succomber.

Heureusement, la direction prise nous fit tomber le matin, vers six heures, non dans les lignes allemandes, mais dans les lignes françaises; ce que voyant, les Allemands tirèrent sur nous à bout portant, tuant le capitaine de frégate Jeanniot et trois ou quatre autres prisonniers dont j'ignore les noms. Quant à moi, ayant vu un soldat allemand me mettre en joue alors que je me trouvais à environ 1m,50 de lui, je fis un mouvement de côté, ce qui me sauva la vie; car, grâce à ce mouvement, la balle qu'il me tira ne me blessa qu'à l'épaule droite. Fort heureusement, les deux docteurs belges, dont je ne connais pas les noms, avaient pu se sauver quelques minutes avant cette agression.

Lecture faite, persiste et signe avec nous.

N° 157.

DÉPOSITION reçue, le 14 janvier 1915, à Pont-Audemer, par M. Ragot, procureur de la République.

Fleury (Amand), 24 ans, soldat au 2e régiment de fusiliers marins, actuellement en traitement à l'hôpital n° 109 :

Serment prêté.

Le 25 octobre dernier, à Dixmude, nous étions, vers six heures du matin, sur le point de faire prisonniers des Allemands qui eux-mêmes, un peu auparavant, avaient pris sept ou huit hommes du 1er régiment de fusiliers marins. Quand les Allemands se sont aperçus du danger qu'ils couraient, et alors que nous n'étions plus qu'à une vingtaine de mètres d'eux, je les ai vus achever leurs prisonniers à coups de baïonnette. Ces prisonniers étaient blessés, mais marchaient encore. Parmi eux se trouvait le commandant Jeanniot, que j'ai vu tomber transpercé de plusieurs coups de baïonnette après avoir reçu plusieurs coups de feu. Un seul quartier-maître a été sauvé.

Lecture faite, persiste et signe avec nous.

FAITS NON CITÉS DANS LE RAPPORT.

N° 158.

DÉPOSITION reçue, le 19 octobre 1914, à TARARE (Rhône), par M. CAILLIER, juge de paix.

BERGER (Régis), 21 ans, soldat au 17e d'infanterie, 9e compagnie, actuellement en traitement à l'ambulance, rue Gambetta :

Serment prêté.

Après le combat du col de Saales (Vosges), au mois d'août dernier, étant en compagnie de mon sergent-major, j'ai vu achever un de mes camarades blessé, et ce, d'un coup de sabre, par des soldats allemands. Ce blessé se nommait Sibille (Camille) et appartenait à la même compagnie que moi. Les Allemands auteurs de ce forfait étaient des Bavarois appartenant à l'infanterie.

Lecture faite, persiste et signe avec nous.

N° 159.

DÉPOSITION reçue, le 3 novembre 1914, à AGEN, par M. BOUYSSY, juge suppléant faisant fonctions de procureur de la République.

CORNILLON (Victor), 22 ans, linotypiste, caporal au 17e d'infanterie, actuellement en traitement à l'hôpital n° 43 :

Serment prêté.

Nous nous battions au col de Hans (1), vers le 8 août, contre le 99e de ligne allemand. J'ai vu moi-même un de mes camarades, blessé à la cuisse par une balle, qui était tombé et qui fut achevé par les Allemands. C'était un nommé Sibille, qui était de ma compagnie et que je connaissais très bien. Lorsque nous avons eu repoussé les Allemands, nous avons pu

(1) Le col de Hans est à sept kilomètres environ au nord de Saales.

constater qu'il avait le corps traversé par des coups de baïonnette, et un bras complètement détaché.

Lecture faite, persiste et signe avec nous.

N° 160.

DÉPOSITION reçue, le 21 octobre 1914, à TARARE (Rhône), par M. CAILLIER, juge de paix.

FERRY (Alphonse), 34 ans, soldat au 17ᵉ d'infanterie, actuellement en traitement à l'ambulance Martin :

Serment prêté.

Le 13 août dernier, près du col de Saales (Vosges), j'ai vu une patrouille d'infanterie allemande, au nombre de quatre hommes, achever un militaire de mon régiment, de la 9ᵉ compagnie, qui avait été blessé. Ils se sont servis de leurs baïonnettes pour cet acte criminel.

Lecture faite, persiste et signe avec nous.

N° 161.

DÉPOSITION reçue, le 3 novembre 1914, à AGEN, par M. BOUYSSY, juge suppléant faisant fonctions de procureur de la République.

BONAFFOS (Victor), 23 ans, comptable, soldat cycliste au 149ᵉ d'infanterie, actuellement en traitement à l'hôpital temporaire n° 9 :

Serment prêté.

Le 9 août, je me trouvais au col de Sainte-Marie, à deux kilomètres environ du village de Wisembach. Nous nous étions battus tout le jour, depuis six heures du matin. Le soir, nous reçûmes l'ordre de battre en retraite devant des forces allemandes bien supérieures en nombre. Comme je trouvais difficile de me sauver en conduisant ma bicyclette, je dus me coucher à terre pour me dissimuler aux yeux des Allemands, qui arrivaient sur nous. C'est en étant dans cette position que j'ai vu — et cela, je l'affirme énergiquement — des soldats allemands qui frappaient des blessés à coups de crosse et qui leur enfonçaient ensuite leur baïonnette dans le corps pour les achever. Cinq ou six heures après, lorsque les brancardiers sont venus pour ramasser les blessés, les Allemands ont encore tiré sur eux; et ce n'est que le lendemain matin, qu'on a pu venir sur le champ de bataille pour recueillir ces blessés.

Lecture faite, persiste et signe avec nous.

N° 162.

DÉPOSITION reçue, le 16 octobre 1914, à SAINT-GENIS-LAVAL (Rhône), par M. GALFARD, juge de paix.

BLANC (Pierre), 25 ans, soldat au 58ᵉ d'infanterie, actuellement en traitement à l'hôpital auxiliaire n° 48 :

Serment prêté.

Le 11 août, dans la matinée, à La Garde (Lorraine annexée), en sortant d'une maison, j'ai vu des soldats allemands achever deux ou trois blessés français, qui étaient étendus par terre à quelques mètres de moi.

Lorsque j'ai été blessé, j'avais perdu connaissance; j'ai constaté, en revenant à moi, qu'il me manquait une bague en or que je portais à l'annulaire gauche et une montre-bracelet en argent.

Lecture faite, persiste et signe avec nous.

Nᵒˢ 163, 164.

DÉCLARATIONS reçues, le 27 août 1914, à l'hôpital militaire de CHAMBÉRY, par M. GENEBRIER, préfet de la Savoie.

Le soldat MALTHÈRE (Ernest), de la 22ᵉ compagnie du 235ᵉ d'infanterie, a pris part, à une date qu'il n'a pu bien préciser (du 12 au 15 août), à une action à Chavannes-les-Grandes, à huit ou dix kilomètres de Dannemarie.

Depuis le matin, il se battait contre des forces allemandes bien supérieures en nombre. Vers deux heures de l'après-midi, blessé par une balle à la cuisse droite au moment où la troupe dont il faisait partie, submergée par l'ennemi, se trouvait dans l'obligation de se replier, il tomba épuisé dans un champ. Quelques instants après, les Allemands poussèrent sur la position abandonnée, et l'un d'eux lui asséna dans les reins plusieurs coups de crosse des plus violents.

Au même moment, il a très nettement vu qu'un chasseur à pied, déjà blessé, a essuyé le feu de six fantassins allemands. L'officier qui les commandait, ayant jugé insuffisante l'efficacité de cette attaque, a tiré lui-même son revolver et, à bout portant, l'a déchargé sur notre soldat, qui a été abandonné comme mort sur le terrain.

Le soldat MOREL (Armand), de la 24ᵉ compagnie du 235ᵉ d'infanterie, se trouvait dans la même affaire que son camarade Malthère et combattait à ses côtés. Blessé à la rotule au cours de la même action, il s'est couché à terre et a feint d'être très grièvement malade. Au moment du passage de la troupe ennemie, un soldat s'est détaché et lui a lancé un coup de baïonnette qui l'a atteint à la main droite.

Ces déclarations ont été faites en présence de M. BRIAN, inspecteur principal des Douanes à Chambéry.

(Suivent les signatures.)

N° 165.

DÉPOSITION reçue, le 3 novembre 1914, à LYON, par M. BELLONNET, juge de paix.

BERTHON (Paul), 21 ans, soldat au 17ᵉ d'infanterie, actuellement en traitement à l'hôpital auxiliaire n° 112 :

Serment prêté.

Le 18 août dernier, j'étais avec mon régiment à Russ, en Alsace. Vers les sept heures du soir, par suite du feu nourri des adversaires, nous avons été obligés de quitter la position que nous occupions; à ce moment, j'ai été blessé à la main droite par une balle. Ne sachant où aller, je me suis caché dans un buisson; j'y étais à peine dissimulé, lorsqu'est arrivé un régiment de Bavarois. De ma cachette, j'ai vu des soldats bavarois qui achevaient des soldats français à coups de crosse et de baïonnette; ensuite, ils dépouillaient les cadavres, en prenant tout ce qu'ils trouvaient dans les poches et les sacs. Peu après, les ennemis s'étant retirés, j'ai pu, grâce à la nuit, malgré ma blessure, rejoindre les postes français.

Lecture faite, persiste et signe avec nous.

N° 166.

DÉPOSITION reçue, le 23 octobre 1914, à BAYONNE, par M. LANGÉ, juge d'instruction.

MAURY (Antoine), 23 ans, soldat au 142ᵉ d'infanterie :

Serment prêté.

Le 18 août dernier, à Rosbach, en Lorraine, je venais d'être blessé et mon régiment, qui était en plaine, se retirait dans un bois qui se trouvait à cinquante mètres derrière nous. A une certaine distance de moi, je vis un soldat français (de mon régiment ou du 122ᵉ qui combattait avec nous) s'asseoir dans un champ, blessé aux jambes. Il n'avait plus ses armes dans la main, lorsqu'un soldat allemand, courant sur lui, lui tira à deux mètres un coup de fusil : et je vis mon camarade s'allonger et ne plus bouger.

Lecture faite, persiste et signe avec nous.

N° 167.

DÉPOSITION reçue, le 26 octobre 1914, à VILLEFRANCHE-SUR-MER (Alpes-Maritimes), par M. PUPET, commissaire de police.

CHENNEVIÈRE (Jean), 21 ans, soldat au 27ᵉ régiment de chasseurs, actuellement au dépôt de Villefranche :

Serment prêté.

Le 20 août, j'ai été blessé au combat de Dieuze.

Quelques secondes après, j'ai fait demi-tour pour retourner sur la ligne, où je devais reprendre le fanion de ma compagnie que j'avais laissé sur mon sac. Me trouvant alors à une trentaine de mètres des lignes allemandes, j'ai vu des officiers allemands achever à coups de revolver quelques-uns de nos blessés.

Lecture faite, persiste et signe avec nous.

N° 168.

DÉPOSITION reçue, le 16 octobre 1914, à Nevers, par M. Cathala, juge d'instruction.

Gaudon (Claude), 23 ans, soldat au 21e bataillon de chasseurs à pied, actuellement en traitement à l'hôpital temporaire n° 10 :

Serment prêté.

Au Donon, le 21 août, nous avons eu un engagement avec un régiment de Bavarois. Nous avons vu un de nos sergents, dont j'ai oublié le nom, tomber sur le champ de bataille : nous nous sommes arrêtés, prêts à revenir sur les ennemis qui nous suivaient ; mais ceux-ci sont arrivés rapidement vers nous, et nous avons très bien vu certains d'entre eux achever le sergent à coups de crosse de fusil.

Lecture faite, persiste et signe avec nous.

N° 169.

DÉPOSITION reçue, le 30 octobre 1914, à Bourges, par M. Laurent, procureur de la République.

Vallet (Jean-Marie), 24 ans, soldat au 121e d'infanterie, actuellement en traitement à l'hôpital temporaire n° 28 :

Serment prêté.

Vers le 20 ou le 22 août, je me trouvais avec mon régiment en avant de Sarrebourg. Nous étions refoulés rapidement, quand j'ai vu les Allemands qui nous poursuivaient achever un officier français, qui était tombé à terre après avoir été blessé. Je l'ai parfaitement vu, car cela s'est passé à une dizaine de mètres de moi.

Lecture faite, persiste et signe avec nous.

N° 170.

DÉPOSITION reçue, le 17 novembre 1914, à Mirande, par M. Laboulbène, procureur de la République.

Favey (Émile), 26 ans, soldat au 28e d'infanterie, actuellement en traitement à l'hôpital temporaire n° 45 :

Serment prêté.

Le 22 août dernier, le jour où eut lieu la bataille de Lerme (1), en Belgique, lorsque nos

(1) Lire : Leernes-sur-Sambre.

troupes se sont repliées, j'ai vu les Allemands achever à coups de baïonnette, à coups de crosse de fusil et même à coups de soulier, les blessés français que nous avions dû abandonner en nous retirant: c'étaient des blessés de mon régiment.

Lecture faite, persiste et signe avec nous.

N° 171.

DÉPOSITION reçue, le 4 novembre 1914, à TOULON, par M. COUVE, juge d'instruction.

DELACÔTE (Auguste), 25 ans, soldat au 113e d'infanterie, actuellement en traitement à l'hôpital annexe du Lycée :

Serment prêté.

Le 22 août dernier, à Signeuls (Belgique), ... au moment où nous avons été forcés de reculer, le capitaine Regnauld, de la 6e compagnie, a été blessé : il est tombé, et nous n'avons pu lui porter secours. J'ai très nettement vu, me trouvant à ce moment à une distance de deux cents mètres environ, des soldats allemands l'achever à coups de crosse.

Lecture faite, persiste et signe avec nous.

N° 172.

DÉPOSITION reçue, le 29 octobre 1914, à BOURGES, par M. SIBOULET, juge d'instruction.

QUENARD (Damas), 22 ans, soldat au 95e d'infanterie, actuellement au dépôt de convalescents Lariboisière :

Serment prêté.

Vers le 22 août, nous nous trouvions en arrière-garde, au moment de la retraite, aux environs de Blamont. Ma section a été assaillie par les mitrailleuses de deux unités allemandes; il est tombé un certain nombre d'hommes, et ceux qui ont pu se retirer se sont réfugiés derrière un mur, à proximité. Je me trouvais parmi ceux-ci. J'ai vu qu'après l'effet des mitrailleuses produit, les Allemands se sont avancés à la baïonnette et ont achevé les blessés français qui essayaient de se relever. Ma section se composait de soixante hommes au début de l'action, et nous ne sommes revenus que quinze ou vingt.

Lecture faite, persiste et signe avec nous.

N° 173.

DÉPOSITION reçue, le 24 octobre 1914, à NICE, par M. LE NORMANT, substitut du procureur de la République.

WERNERT (Georges), 30 ans, soldat au 279e d'infanterie :

Serment prêté.

Le 23 août, j'ai été blessé dans un combat qui a eu lieu en face d'une localité nommée, je crois, Lenoncourt. Après le combat, j'étais étendu à terre, sur le côté droit, lorsque j'ai aperçu, sur ma droite, à une vingtaine de mètres de moi, abrité par un vallonnement, un Allemand dans la position du tireur couché. Presque en même temps, j'ai aperçu un blessé français, à une douzaine de mètres environ de l'Allemand et derrière lui, se traînant sur les genoux. L'Allemand s'est retourné, a mis le blessé en joue et a tiré sur lui. Le blessé est tombé à terre.

Lecture faite, persiste et signe avec nous.

N° 174.

DÉPOSITION reçue, le 12 novembre 1914, à Lyon, par M. Barnaud, commissaire de police.

Milaire (Léon), 24 ans, soldat réserviste au 31ᵉ chasseurs à pied :

Serment prêté.

Le 23 août 1914, j'ai été blessé de plusieurs balles, dans les bois de Badonviller, et je suis tombé. Un autre soldat du même bataillon, blessé comme moi, est tombé cinquante mètres plus loin. Les autres Français s'étaient éloignés.

J'ai vu un soldat allemand lui couper la gorge. Le soldat ainsi assassiné a poussé un fort cri, et c'est tout. Des soldats allemands s'avançaient vers moi pour m'achever, ce que j'ai compris à leurs gestes, lorsque l'artillerie française les a dispersés.

Conduit par des Français à Raon-l'Étape, j'y ai été fait prisonnier par les Allemands, le 25 ou le 26 août. Là, des soldats allemands m'ont pris mes effets militaires et ce qu'ils contenaient, soit cinq francs environ, que j'ai réclamés inutilement plusieurs fois dans la suite.

J'ai été délivré par les Français environ trois semaines après.

Lecture faite, persiste et signe avec nous.

N° 175.

DÉPOSITION reçue, le 20 mars 1915, à Bordeaux, par le lieutenant Loustalot, substitut du rapporteur près le Conseil de guerre de Bordeaux (18ᵉ région).

Héline (Paul), 22 ans, soldat au 57ᵉ régiment d'infanterie :

Serment prêté.

J'ai été témoin de diverses atrocités commises par les Allemands sur le champ de bataille, à Lobbes, près Charleroi, le 23 août. Je venais de recevoir trois balles dans le bras droit et j'étais par terre. J'ai vu des soldats allemands s'acharner à coups de baïonnette sur un soldat de mon régiment tombé sur le sol et ne donnant plus signe de vie. Quelques instants après, comme ils s'éloignaient, j'ai rassemblé mes forces et je suis parti avec deux autres camarades, très blessés eux aussi, pour tenter de regagner la lisière du bois voisin et y chercher un abri. Les Allemands nous ont aperçus alors et, bien que voyant qu'ils avaient affaire à des blessés impuissants à combattre, ils nous ont tiré dessus. Mes deux camarades, qui se sauvaient, ont été abattus, et c'est par miracle que j'ai échappé en me dissimulant dans les broussailles.

Lecture faite, persiste et signe avec nous.

N° 176.

DÉPOSITION reçue, le 26 octobre 1914, à Bergerac, par M. Crozes, juge de paix.

Dubar (François), 25 ans, soldat de 1re classe au 43e régiment d'infanterie, actuellement en traitement à la caserne Chanzy (annexe de l'hôpital n° 17) :

Serment prêté.

Soit le 23, le 26 ou le 29 août dernier — je ne me souviens pas exactement de la date — au Hérie-la-Viéville, entre Guise et Marle, le soir de la bataille, à un moment où nous battions en retraite et avant une charge à la baïonnette que nous fîmes dans la soirée, j'ai vu des soldats, déjà blessés dans la journée, achevés par l'ennemi à coups de crosse et de baïonnette, notamment un caporal, nommé Degroise, de ma compagnie.

Lecture faite, persiste et signe avec nous.

N° 177.

DÉPOSITION reçue, le 13 octobre 1914, à Villeneuve-sur-Lot, par M. de Gombault, juge d'instruction.

Simonet (Henri), 21 ans, soldat au 161e d'infanterie, actuellement en traitement à l'hôpital n° 14 :

Serment prêté.

Le 24 août dernier, à Billy, près d'Étain, je fus blessé et je dus rester une partie de la journée couché dans un champ de blé. D'autres soldats gisaient également non loin de moi et je les entendis crier, au passage de soldats allemands. Quand je me retirai et que je passai à côté d'eux, je constatai qu'ils avaient été achevés à coups de baïonnette; je m'expliquai alors les cris que j'avais entendus. Je dus mon salut à ce que j'étais resté couché dans le champ de blé.

Les villages traversés par les Allemands avaient été incendiés.

Lecture faite, persiste et signe avec nous.

N° 178.

DÉPOSITION reçue, le 27 octobre 1914, à Melun, par M. Duvoir, juge faisant fonctions de juge d'instruction.

Farges (Louis), 20 ans, confiseur, soldat au 46e d'infanterie, actuellement en traitement à l'hôpital maritime du collège Saint-Aspais :

Serment prêté.

Le 24 août 1914, à Longuyon, le jour même où j'ai été blessé, j'ai parfaitement vu les Allemands achever des blessés français à coups de crosse de fusil. A ce moment-là, nous battions en retraite, et les faits que je vous signale se sont passés au moment où j'assistais un séminariste blessé, qui doit être prisonnier maintenant.

Lecture faite, persiste et signe avec nous.

N° 179.

DÉPOSITION reçue, le 24 octobre 1914, à Saint-Hilaire-des-Loges (Vendée), par M. Chauvin, juge de paix.

Teillet (Jean), 22 ans, clairon au 114e d'infanterie, actuellement en convalescence :

Serment prêté.

Le 24 août dernier, à Réméréville, dans les environs de Nancy, j'ai assisté à une action à la suite de laquelle nous avons dû battre en retraite, vers neuf heures du soir. Pressés de près par l'ennemi, moi et un caporal, nous avons dû abandonner sur le terrain deux soldats de l'active, du 114e, blessés aux jambes et tombés à terre. Rendus à cinquante mètres des deux blessés, nous avons vu très distinctement, la nuit n'étant pas sombre, deux soldats allemands achever nos camarades à coups de baïonnette. Je ne connaissais pas les blessés ; je savais seulement qu'ils étaient d'un bataillon du 114e détaché à Parthenay.

Lecture faite, persiste et signe avec nous.

N° 180.

DÉPOSITION reçue, le 19 octobre 1914, à Mende, par M. Agulhon, substitut du procureur de la République.

Bourlier (Camille), 28 ans, soldat au 360e d'infanterie, actuellement en traitement à l'hôpital temporaire n° 19 :

Serment prêté.

Le 25 août dernier, à Réméréville (Meurthe-et-Moselle), j'avais été blessé dans le dos par un shrapnell et j'étais tombé à terre. Une heure après environ, sont arrivés une douzaine d'Allemands; l'un d'entre eux s'est mis à donner des coups de crosse de fusil à l'un de mes camarades, un caporal de mon régiment, qui était tombé blessé avant moi; il l'a ainsi achevé. Mon camarade se plaignait de sa blessure, et ce sont sans doute ses cris qui ont attiré l'attention du soldat allemand qui s'est approché pour le frapper.

Presque au même moment, un autre soldat allemand s'est avancé vers moi, qui pourtant ne faisais aucun mouvement de crainte d'attirer l'attention, et m'a donné un coup de baïonnette qui m'a traversé l'épaule gauche. Ce coup a déterminé un évanouissement, et je n'ai pas pu voir si les Allemands continuaient leur besogne sur d'autres blessés; je puis néanmoins le supposer, car, lorsqu'on m'a relevé, presque tous mes voisins étaient morts.

Lecture faite, persiste et signe avec nous.

N° 181.

DÉPOSITION reçue, le 23 octobre 1914, à Carcassonne, par M. Berne, substitut du procureur de la République.

Gachet (René), 21 ans, mécanicien, soldat au 156e d'infanterie, actuellement en traitement à l'hôpital n° 11 :

Serment prêté.

Le 25 août, je me trouvais avec ma compagnie, entre Drouville et Réméréville, au-dessus de Nancy, en tirailleurs dans les terres labourées. Obligés de nous replier sous le feu de l'ennemi, j'ai été blessé, à huit heures et demie du matin, et ma section presque entière a été anéantie. Je me suis couché dans le creux d'un sillon, et à proximité, à environ deux mètres, se trouvait un clairon de 1re classe qui avait reçu une balle dans la tête; il remuait encore et bougeait le bras gauche.

L'infanterie allemande s'est avancée, baïonnette au canon, et a tiré sur les lignes françaises en avant desquelles nous nous trouvions. Puis elle s'est avancée dans la direction des nôtres, et pour ce faire, a traversé le champ où je gisais. C'est alors que j'ai vu un fantassin allemand se détacher de sa section, revenir en arrière, s'approcher du blessé qui remuait et, à deux reprises, lui porter un coup de baïonnette dans la poitrine avec un acharnement et une animosité visibles.

Lecture faite, persiste et signe avec nous.

N° 182.

DÉPOSITION reçue, le 24 octobre 1914, à SAINT-JEAN-D'ANGELY, par M. LAMOR, procureur de la République.

JAUNEAUD (Henri), 22 ans, lieutenant au 125e d'infanterie, actuellement en convalescence :

Serment prêté.

Le 25 août 1914, vers quinze heures, sur le champ de bataille de Réméréville (Lorraine), blessé moi-même, j'ai vu avec ma jumelle, à deux cents mètres environ, une patrouille de Bavarois achever un blessé couché, à coups de crosse.

Le 18 août, à Grémecey (Lorraine annexée), j'ai trouvé sur des cadavres bavarois des chargeurs à balles dum-dum et des explosifs à main qui avaient servi à incendier le village.

Lecture faite, persiste et signe avec nous.

N° 183.

DÉPOSITION reçue, le 7 novembre 1914, à NICE, par M. LE NORMANT, substitut du procureur de la République.

GAUT, soldat au 226e de ligne :

Serment prêté.

Le 25 août dernier, j'ai été blessé dans un combat, le matin, à Réméréville, près le bois de Saint-Philibert, forêt de Champenoux. J'étais tombé sur la pente d'une crête, d'où je découvrais très nettement la plaine. Vers le soir, entre cinq et six heures environ, j'ai vu un groupe de trois soldats allemands venir, dans le champ d'avoine qui fermait cette plaine, ramasser les fusils abandonnés. A un moment — ils se trouvaient à deux cents mètres de moi à peu près, — l'un d'eux s'est baissé; je l'ai vu lever la crosse de son fusil et la faire retomber avec force, trois fois de suite au moins, sur un blessé qui levait les bras et poussait des cris. Le blessé s'est ensuite tu. Je n'ai pas vu le corps du blessé, mais il n'est pas douteux qu'il a été tué à coups de crosse et qu'il levait les bras en manière de supplication. Le groupe des trois Allemands a ensuite continué sa route à travers le champ.

Lecture faite, persiste et signe avec nous.

N° 184.

DÉCLARATION faite, le 29 septembre 1914, à l'hôpital auxiliaire n° 33, à Hyères (Var), par le caporal Doré, du 226e régiment d'infanterie :

Je soussigné, Doré (Gaston), caporal au 226e de ligne, 17e compagnie, âgé de 28 ans, né à Fontainebleau (Seine-et-Marne), déclare avoir été blessé à Courbesseaux, à vingt kilomètres à l'est de Nancy, le 25 août 1914, par des éclats de mitrailleuse dans les reins. Après ma chute — environ deux heures après — un officier allemand s'est dirigé vers moi et mes camarades tombés en grand nombre, et a déchargé cinq fois son revolver sur nous. Se munissant ensuite d'un poignard, il s'est baissé vers moi, et d'un coup de son arme, m'a transpercé le cou de part en part.

Après être resté trois jours sans pouvoir être secouru, je fus relevé par des artilleurs et transporté au poste de secours de Courbesseaux, où je reçus les premiers soins.

J'affirme que plusieurs de mes camarades, blessés comme moi, ont été achevés à coups de revolver ou de poignard par le même officier allemand.

Hyères, le 29 septembre 1914.

Signé : Gaston Doré.

N° 185.

RAPPORT du médecin-chef de l'hôpital auxiliaire n° 33, à Hyères (Var).

Hyères, le 5 octobre 1914.

Le 25 août dernier, vers huit heures du matin, à Courbesseaux, le bataillon dont faisait partie le caporal Doré étant en avant-garde, Doré fut atteint d'une balle dans la région lombaire gauche, d'une autre balle à la fesse droite et de deux shrapnells à la jambe droite.

Tombé sur la ligne des tirailleurs, le bataillon battant en retraite, Doré resta sur le terrain avec quelques autres blessés. Les Allemands qui avaient fait le coup de feu passèrent et enlevèrent les armes des blessés sans s'occuper de ceux-ci. Deux heures après, passa sur ce terrain un autre détachement d'Allemands, une trentaine d'hommes, parmi lesquels un officier. Doré ne peut dire si ces militaires étaient des Prussiens ou des Allemands confédérés. Il a cru remarquer sur la patte d'épaule de l'un d'eux un numéro élevé, comme 160. Il vit un officier s'approcher des blessés, un revolver à la main, et faire feu sur eux pour les achever. Cet officier avait déjà achevé cinq blessés. Lorsqu'il arriva près de Doré, il se baissa pour le regarder et, n'ayant plus de balles de revolver, il sortit un poignard qu'il plongea dans le cou du caporal. La pointe, entrée du côté droit, en arrière du larynx, sortit du côté gauche. La plaie donna lieu à une hémorragie abondante. Le caporal Doré porte actuellement une cicatrice linéaire transversale, d'un centimètre et demi de longueur, à la région droite du cou, en arrière du larynx, et une cicatrice de même aspect dans la région symétrique du cou.

Les plaies de la fesse droite et de la région lombaire gauche ne sont pas encore entièrement cicatrisées.

J'estime que, dans deux mois, Doré pourra reprendre son service.

N° 186.

DÉPOSITION reçue, le 21 octobre 1914, à NICE, par M. LE NORMANT, substitut du procureur de la République.

SAINTEMARTINE (Marcel), 31 ans, soldat au 279ᵉ d'infanterie :

Serment prêté.

Le 26 août 1914, j'ai été blessé au combat de Courbesseaux, vers les neuf heures du matin. Quelques heures après, j'ai vu déboucher d'un bois trois ou quatre soldats allemands qui ont parcouru le champ de bataille. L'un d'eux a frappé d'un coup de sabre à la tête un blessé qui était assis et criait : « A boire ! » à ma droite, à cent cinquante mètres environ; le blessé est retombé à terre en poussant un cri, et je ne l'ai plus entendu.

Lecture faite, persiste et signe avec nous.

N° 187.

DÉPOSITION reçue, le 23 octobre 1914, à LODÈVE, par M. LARNAUDIE, procureur de la République.

DEMANDRE (Louis-Alexandre), 30 ans, soldat au 279ᵉ d'infanterie, actuellement en traitement à l'hôpital militaire n° 39 :

Serment prêté.

A Courbesseaux, non loin de la localité, le 25 août, à huit heures et demie du matin, je me trouvais, blessé, dans un labour. A cent cinquante mètres de moi se trouvait, également blessé, un lieutenant de mitrailleuses. Nos troupes, à ce moment, battaient en retraite. Lorsque les Allemands approchèrent du lieutenant dont je viens de parler, ils l'achevèrent d'un coup de fusil.

Un moment après, j'ai vu achever un soldat français blessé qui se trouvait à peu près à la même distance de moi. Il était couché à terre; un Allemand lui a enlevé son fusil, que ce blessé tenait dans ses mains sans le menacer, et s'est servi de cette arme pour l'achever.

Je puis ajouter que, le même jour, deux heures environ après les faits que je viens de rapporter, j'ai vu les obus allemands tomber sur une ambulance surmontée du drapeau de la Croix-Rouge. Je dois à la vérité d'ajouter que je ne puis affirmer que les artilleurs qui tiraient pouvaient voir le drapeau de la convention de Genève.

Lecture faite, persiste et signe avec nous.

N° 188.

DÉPOSITION reçue, le 23 octobre 1914, à AMBÉRIEU (Ain), par M. BOVIER, juge de paix.

TOURNEMEULE (André), soldat au 279ᵉ d'infanterie, actuellement en traitement à Ambérieu ;

Serment prêté.

Le 25 août dernier, mon régiment battait en retraite à Courbesseaux. Mon capitaine

(21e compagnie) ayant été blessé, nous sommes revenus sur nos pas afin de le relever; mais quand nous arrivâmes, nous vîmes deux soldats ennemis qui l'achevaient à coups de crosse. Lorsque nous fûmes près de lui, il avait cessé de vivre.

Ce même jour, comme nous aidions des brancardiers (porteurs du brassard de la Croix-Rouge), il nous fut impossible de ramener aucun blessé, l'ennemi tirant sur les brancardiers malgré la vue du brassard.

Autour du 12 septembre, à Hoéville, le même fait se produisit et il nous fut impossible de relever nos blessés par suite du tir de l'ennemi sur les brancardiers.

Lecture faite, persiste et signe avec nous.

N° 189.

DÉPOSITION reçue, le 27 octobre 1914, à Toulon, par M. Butin, commissaire de police, et confirmée sous serment, le 29 octobre, devant M. Jacquot, substitut du procureur de la République.

Denance (Jules), 34 ans, sergent au 226e d'infanterie, actuellement en traitement à l'hôpital annexe B, école des Mécaniciens, Toulon-Mourillon :

Le 25 août, vers neuf heures du soir, j'étais blessé et couché sur le champ de bataille, à trois kilomètres du village de Courbesseaux, près Lunéville.

Les Allemands se trouvaient à cent cinquante mètres environ de moi et d'autres blessés. Ils sont venus pour ramasser les leurs. A quatre mètres de moi se trouvaient deux soldats français blessés; quand ils arrivèrent auprès d'eux, j'ai vu deux soldats allemands achever ces deux blessés par plusieurs coups de baïonnette.

Moi, je n'ai dû mon salut, voyant cette sauvagerie, qu'en faisant le mort.

Lecture faite, persiste et signe avec nous.

N° 190.

DÉPOSITION reçue, le 27 octobre 1914, à Balaruc-les-Bains (Hérault), par M. Payan, lieutenant de gendarmerie.

Roy (Auguste-Félix), 32 ans, soldat au 279e d'infanterie, actuellement en traitement à l'hôpital de Balaruc-les-Bains :

Serment prêté.

Le 25 août 1914, vers cinq heures et demie, j'ai été blessé au combat de Courbesseaux, près de Nancy, et suis resté plusieurs heures sur le champ de bataille, les Allemands nous ayant débordés et nos blessés n'ayant pu être relevés immédiatement. Vers onze heures et demie, alors qu'il ne restait sur le champ de bataille que des blessés, français et allemands, j'ai vu venir sept soldats ennemis, qui ont traversé une partie du terrain sur lequel j'étais tombé. A deux cent cinquante mètres environ de moi, un de ces soldats s'est arrêté, et, après s'être mis à genoux, je l'ai vu tirer deux ou trois coups de fusil sur des blessés français. Craignant d'être achevé par ce soldat, je me suis allongé sur le sol, et là, bien que ne le voyant pas, je l'ai entendu tirer encore plusieurs coups de feu. Il est certain qu'il devait achever d'autres blessés. Peu de temps après, n'entendant plus rien, j'ai relevé la tête et j'ai constaté que ces sept soldats allemands étaient partis.

Lecture faite, persiste et signe avec nous.

N° 191.

DÉPOSITION reçue, le 30 octobre 1914, à Narbonne, par M. Vignalou, juge de paix.

Rebiffé (Marcel), 28 ans, caporal au 279e d'infanterie, actuellement en traitement à l'hôpital complémentaire n° 35 :

Serment prêté.

Le 25 août dernier, jour où j'ai été blessé à Courbesseaux, près Nancy, est également tombé, près de moi, le sous-lieutenant de réserve de mon régiment : Beulaigue, d'Arles. Au moment où je m'apprêtais à panser la blessure qu'il avait reçue à la cuisse, des Allemands arrivèrent brusquement dans notre direction, puis nous passèrent dessus. Je perdis connaissance; mais ayant ensuite repris mes sens, je revins vers le sous-lieutenant, qui se trouvait à trois mètres environ de moi, et je pus constater qu'il avait été tué à bout portant par des coups de feu dans le dos. Je dis : à bout portant, car l'étoffe était brûlée tout autour de la blessure.

Lecture faite, persiste et signe avec nous.

N° 192.

DÉPOSITION reçue, le 27 novembre 1914, à Nice, par M. Le Normant, substitut du procureur de la République.

Matte (Gilbert), sergent au 279e d'infanterie :

Serment prêté.

Le 25 août dernier, j'ai été blessé à un combat entre Courbesseaux et Ognéville (1), vers les six heures du matin. Vers les huit heures du matin, autant que je puis préciser, j'ai vu une patrouille allemande, qui venait de Courbesseaux dans la direction d'Ognéville, autour d'un de mes camarades, sergent, qui se trouvait, blessé, à environ douze à quinze mètres de moi. Le blessé, qui était assis, leur a montré le siège de sa blessure, à la poitrine. Un des hommes de la patrouille, qui se tenait derrière le blessé, lui a porté sur la tête un coup de crosse; le blessé est tombé à la renverse; l'homme a porté un second coup de crosse dans la même direction.

J'ai pu, trois jours après, rentrer en rampant à Courbesseaux. Lorsque j'ai quitté le champ de bataille, j'ai vu mon camarade qui était mort.

Sur ce même champ de bataille, la première nuit qui a suivi le combat où j'ai été blessé, j'ai vu un grand nombre de brancardiers allemands venir ramasser les blessés. Des blessés

(1) Lire : Hoéville.

français criaient : « A boire! » J'ai vu les brancardiers projeter la clarté de leur lampe électrique portative sur les blessés; j'ai entendu presque simultanément des détonations d'armes à feu, vraisemblablement de revolvers. Au bout de peu de temps, les blessés ont cessé de crier : « A boire! » Il n'était pas douteux, en effet, que les Allemands achevaient ceux des blessés français qu'ils ne pouvaient emmener.

Lecture faite, persiste et signe avec nous.

N° 193.

DÉPOSITION reçue, le 27 octobre 1914, à Hyères (Var), par M. Venturini, commissaire de police.

Garand (Joseph), 30 ans, soldat au 237e d'infanterie de réserve, actuellement en traitement à l'hôpital Sainte-Clotilde :

Serment prêté.

J'ai été blessé, le 25 août, près d'Arracourt (Meurthe-et-Moselle) : une balle ou un éclat d'obus, m'occasionnant plusieurs blessures. Pendant que j'étais étendu sur le sol, je vis un soldat allemand tirer un coup de fusil à bout portant sur un sergent qui était déjà blessé à la jambe droite.

La victime de cet acte de barbarie expira quelques heures après dans des souffrances atroces. Il criait à chaque instant : « Achevez-moi! achevéz-moi! »

Lecture faite, persiste et signe avec nous.

N° 194.

DÉPOSITION reçue, le 31 octobre 1914, à Castres, par M. Huger, commissaire central de police.

Retureau (Louis), 30 ans, soldat au 279e d'infanterie, actuellement en traitement à l'hôpital de Castres :

Serment prêté.

Le 25 août dernier, j'ai pris part au combat d'Arracourt (Meurthe-et-Moselle). Je suis tombé, blessé au bras gauche, qui a été fracturé, par une balle dum-dum. Trois soldats allemands sont passés près de moi et m'ont fouillé.

N'ayant trouvé sur moi rien à leur convenance, ils se sont arrêtés auprès d'un sergent du même régiment que moi, qui gisait blessé, comme moi, au bras gauche. Les trois Allemands ont frappé le soldat français à coups de crosse de fusil, lui ont fracturé le crâne et l'ont tué.

Lecture faite, persiste et signe avec nous.

N° 195.

DÉPOSITION reçue, le 24 octobre 1914, à Béziers, par M. Roux, juge de paix.

Strul (Eugène), 20 ans, caporal au 2e bataillon de chasseurs à pied, actuellement en traitement à l'hôpital temporaire n° 29 :

Serment prêté.

Le 25 août, à Rozelieures, je me trouvais avec mon bataillon dans le bois de Lalo. J'ai vu un soldat bavarois qui achevait à coups de crosse de fusil un soldat français blessé, couché à terre.

Lecture faite, persiste et signe avec nous.

N° 196.

DÉPOSITION reçue, le 29 octobre 1914, à Moulins, par M. Mallet, juge d'instruction.

Delance (Claude), 20 ans, soldat au 134e d'infanterie, actuellement en traitement à l'hôpital n° 3, à Yzeure :

Serment prêté.

Le 25 août, j'étais avec ma compagnie à Rozelieures (Meurthe-et-Moselle). En me repliant devant des forces supérieures, j'ai été frappé par une balle aux deux jambes et je suis resté sur place. Les Allemands nous suivaient à une soixantaine de mètres. En passant près de moi, l'un d'eux m'a tiré, à bout portant, un coup de revolver : la balle m'a traversé les deux joues, et depuis, je ne vois plus de l'œil gauche.

En passant près de moi, les Allemands avaient secoué mon sac et prononcé des paroles que je n'ai pas comprises. Je n'avais fait aucun mouvement.

Lecture faite, persiste et signe avec nous.

N° 197.

DÉPOSITION reçue, le 8 octobre 1915, à Mâcon, par M. Lacomme, procureur de la République (1).

Delance (Claude), soldat au 134e d'infanterie, en garnison à Mâcon :

Serment prêté.

J'ai été blessé, le 25 août 1914, au combat de Rozelieures. Ma section, la première de la 8e compagnie, qui s'était avancée dans des vergers à droite du village, avait reçu l'ordre de se replier ; il était alors huit heures du matin. Le mouvement de repli était à peine

---

(1) Nous croyons devoir donner ici, bien qu'elle ait été recueillie postérieurement à la publication de notre rapport au *Journal Officiel*, cette seconde déposition du soldat Delance, qui complète et précise encore la première.

commencé que je tombai, atteint d'une balle qui m'avait traversé les deux cuisses, atteignant le nerf sciatique droit.

Quelques minutes après et au moment où j'essayais de me relever, les Allemands, des Bavarois, arrivaient sur moi; je fus bien vite entouré et me sentis saisi par derrière et secoué fortement. Les Bavarois parlèrent quelques secondes entre eux, et un officier (je le reconnus, car il portait un sabre et un revolver) s'approcha de moi et ajusta sur ma tempe droite le canon de son revolver. Le coup partit; mais le canon ayant légèrement dévié, la balle pénétra à hauteur de la pommette de la joue droite, traversa la face, occasionnant des lésions au nerf optique gauche, puis elle ressortit, après avoir perforé la joue gauche. A ce moment, je perdis connaissance : une hémorragie considérable s'était produite. Je restai là jusqu'au lendemain, 26 août, et je repris connaissance vers huit heures du matin, au moment où une patrouille de chasseurs à cheval français vint me recueillir et m'emmena sur une brouette jusqu'au village de Rozelieures, d'où je fus transporté en voiture jusqu'à Damas-au-Bois, où on me fit un premier pansement.

Je fus ensuite évacué à l'hôpital n° 3, à Moulins, où l'on constata la perte de l'œil gauche.

A la suite de cet événement, la médaille militaire m'a été conférée, ainsi que la croix de guerre avec palme.

Lecture faite, persiste et signe avec nous.

N° 198.

DÉPOSITION reçue, le 21 octobre 1914, à NICE, par M. LE NORMANT, substitut du procureur de la République.

HAMER (Louis), 32 ans, soldat au 237e d'infanterie :

Serment prêté.

Le 25 août dernier, j'ai été blessé au combat de Champenoux. A la tombée de la nuit, j'étais étendu sur le champ de bataille, à la ferme de Champenoux, près la lisière du bois, lorsque j'ai vu un groupe d'une trentaine de soldats allemands, parcourant le champ de bataille, fouiller les vêtements des morts. Un blessé de ma compagnie, qui se trouvait à une distance de trente mètres environ de moi, à ma droite, assis, demandait à boire. Un des soldats allemands se dirigea vers lui et lui donna un coup de talon sur la tête. Le blessé retomba à terre. Je ne sais si ce blessé est mort; car, dans la nuit, j'ai, en rampant, rejoint la lisière du bois et je l'ai perdu de vue.

Lecture faite, persiste et signe avec nous.

N° 199.

DÉPOSITION reçue, le 20 novembre 1914, à LYON, par M. QUENIN, commissaire de police.

ISSARTEL (Antoine-Marius), 22 ans, caporal au 121e d'infanterie, actuellement en traitement à l'hôpital auxiliaire Claude-Joseph Bonnet, 38, rue de l'Enfance :

Serment prêté.

Le 26 août 1914, entre huit et dix heures du matin, je me trouvais avec quatre de mes camarades, blessés comme moi, dans un bois situé près du hameau de Xaffévillers. Nous venions d'y passer une nuit sans secours et pensions pouvoir rejoindre les positions françaises, lorsque nous vîmes venir à nous une patrouille allemande composée de six hommes du 131e régiment. Nous avons crié que nous étions blessés, en leur montrant nos blessures. Sans tenir compte de cette observation, un des soldats prussiens, non gradé, a tiré sur nous presque à bout portant. Mes camarades Benoît et Rougeron ont été atteints, le premier à la tête, le second à la poitrine. Ils ont été tués sur le coup. Six fois, le Prussien a déchargé son arme. Mes deux autres camarades et moi n'avons pas été atteints, parce que nous nous sommes couchés et avons fait le mort. Nous sommes restés dans cette position une partie de la journée, tant que l'ennemi a occupé le terrain.

Lecture faite, persiste et signe avec nous.

N° 200.

DÉPOSITION reçue, le 17 octobre 1914, à CARCASSONNE, par M. CAPILLÉRY, procureur de la République.

COLIN (Gaston), 24 ans, voyageur de commerce, soldat au 146e d'infanterie, actuellement en traitement à l'hôpital mixte :

Serment prêté.

Je puis préciser que les faits dont j'ai été témoin se sont passés dans la nuit du 26 au 27 août dernier. J'avais été blessé par un obus qui n'a pas éclaté et qui m'a violemment contusionné le flanc gauche, occasionnant de graves lésions internes. J'ai perdu connaissance; puis, revenu à moi, je me suis rendu à Haraucourt tout seul. Entre Drouville et Haraucourt, dans un champ d'avoine où avait eu lieu récemment un combat, se trouvaient plusieurs blessés français qui depuis deux jours attendaient des soins. J'ai alors aperçu un détachement de soldats allemands et je me suis blotti dans un fossé, après avoir eu soin de charger mon fusil. C'est alors que j'ai entendu un fantassin français demander du secours.

Ce soldat était à une cinquantaine de mètres de moi : il était étendu à terre. Trois des soldats allemands se sont détachés de leur groupe et se sont approchés du blessé, en cherchant des munitions dans leur cartouchière. S'apercevant sans doute qu'ils en étaient démunis, l'un d'eux frappa le blessé à la tête avec une violence extrême, et à plusieurs reprises, de la crosse de son fusil. Apercevant des hussards français qui les poursuivaient, les trois Allemands prirent la fuite. Au même instant arrivaient sur le champ de bataille des infirmiers français qui, sur mon indication, s'approchèrent du blessé, et nous constatâmes alors que celui-ci avait la figure complètement tuméfiée à la suite des coups de crosse qu'il avait reçus.

Ce blessé a été transporté, sur une voiture de berger, sans doute à Saint-Nicolas ou à Nancy. Il avait, je crois, le côté ouvert et une balle dans le bras.

J'ai eu l'occasion, le lendemain, de voir à Saint-Nicolas, où j'avais été évacué, des prisonniers et blessés allemands, et je leur ai entendu dire qu'ils avaient reçu de leurs chefs l'ordre d'achever les blessés français.

Je précise en outre que, sur ma demande, ces Allemands ont déclaré que, si leurs balles étaient en quelque sorte coupées en croix à l'extrémité, c'était afin d'écarter les chairs et de faire plus de mal.

Lecture faite, persiste et signe avec nous.

N° 201.

DÉPOSITION reçue, le 26 octobre 1914, à Toulon, par M. Dubois, commissaire de police, chef de la sûreté, et confirmée sous serment devant M. Jacquot, substitut du procureur de la République.

Barbaroux (Charles), 21 ans, soldat au 8ᵉ régiment colonial, 28ᵉ compagnie de dépôt :

Le 27 août 1914, dans le bois de Martincourt (Meuse), après une charge à la baïonnette effectuée, vers quinze heures, par les 9ᵉ et 11ᵉ compagnies du 8ᵉ colonial, alors que j'étais isolé du reste de ma compagnie (9ᵉ) avec mes camarades Milanaise, soldat réserviste, et Beauvait, de l'active, qui se trouvent encore sur le front, j'ai vu deux fantassins allemands du 63ᵉ ou 73ᵉ régiment qui achevaient à coups de baïonnette un blessé français du 8ᵉ colonial, alors qu'il était étendu à terre. J'ignore le nom de ce soldat. Nous avons aussitôt ouvert le feu sur ces criminels et ainsi vengé nos camarades.

Lecture faite, persiste et signe avec nous.

N° 202.

DÉPOSITION reçue, le 17 octobre 1914, à Carcassonne, par M. Berne, substitut du procureur de la République.

Blin (André), 22 ans, soldat au 37ᵉ d'infanterie, actuellement en traitement à l'hôpital n° 6 :

Serment prêté.

Dans la nuit du 27 au 28 août dernier, avec la 6ᵉ compagnie, dont je faisais partie, j'ai participé à une attaque à la baïonnette contre de l'infanterie allemande. Cette attaque a eu lieu dans la direction nord-nord-est par rapport au village de Maixe et à deux kilomètres environ en avant de celui-ci, près de la ferme de la Rochelle (région de Nancy).

Nous avons pu seulement percer les lignes ennemies; après avoir occupé la ferme, nous avons dû l'abandonner. Dans ce mouvement de retraite, je me suis trouvé séparé de mes camarades, absolument isolé, et je suis resté à soigner les blessés français qui se trouvaient à découvert, à côté des tranchées ennemies, à proximité de la ferme.

Le combat avait cessé vers neuf heures et demie du soir, et il était environ deux heures du matin, quand une cinquantaine de fantassins allemands, en armes et porteurs de lanternes, sont arrivés à l'endroit où gisaient les blessés. A leur vue, je me suis couché, pour passer inaperçu et pouvoir me sauver. J'ai alors vu très nettement, à la lueur des lanternes, trois soldats allemands achever à coups de crosse de fusil deux blessés français. Les malheureux criaient, se plaignaient. L'un d'eux, le dernier que j'ai vu, a essayé de se relever, s'est même « accroché » avec un des Allemands; mais comme ceux-ci étaient en nombre, il a été rejeté à terre et achevé.

Je me suis sauvé comme j'ai pu, en rampant, et j'ai fini par rejoindre ma compagnie le 28 août.

Lecture faite, persiste et signe avec nous.

N° 203.

DÉPOSITION reçue, le 27 octobre 1914, aux Touches-de-Périgny (Charente-Inférieure), par M. Moreau, juge de paix.

Thibaud (Émile), 28 ans, soldat au 338e d'infanterie, actuellement en convalescence :

Serment prêté.

Le 28 août dernier, me trouvant aux environs de Bapaume, j'ai été blessé à la jambe gauche par une balle et je suis tombé avec d'autres camarades.

C'est là que j'ai vu des Allemands, maîtres du champ de bataille, achever trois blessés français tombés près de moi; ils ont tiré sur eux avec le fusil.

Les ayant vus m'enlever ma baïonnette, j'avais bien peur d'y passer aussi : car, près de moi, je voyais un Allemand tirer sur les blessés pendant qu'un autre me parlait, me faisant signe de me relever; comme je ne pouvais pas, ils sont partis, et j'ignore pourquoi ils m'ont abandonné. Tout ce que je puis dire, c'est que, parmi les trois blessés qu'ils ont achevés, se trouvaient deux gradés : un sergent et un caporal.

Après le combat et le départ des deux Allemands, j'ai été recueilli par des habitants, qui m'ont conduit dans leur demeure, où ils m'ont pansé ; le lendemain, j'ai été pris par l'ambulance française, et de là, évacué sur l'hôpital de Lens, et j'ai été envoyé ici en convalescence pour un mois, qui expire après-demain, 29 octobre.

Je dois ajouter qu'étant ainsi tombé blessé sur le champ de bataille, j'ai vu un brancardier allemand fouiller les poches des morts; il n'est point venu jusqu'à moi; il était seul et avait au bras une croix rouge.

Lecture faite, persiste et signe avec nous.

N° 204.

DÉPOSITION reçue, le 6 novembre 1914, à Vierzon (Cher), par M. Maillary, juge de paix.

Bouville (Jean-Baptiste), 23 ans, soldat de 1re classe au 147e d'infanterie, actuellement en traitement à l'hôpital temporaire n° 45 :

Serment prêté.

Le 28 août dernier, vers deux heures de l'après-midi, à la suite d'une attaque contre les Allemands, la 1re compagnie, qui se trouvait en face de moi, a été presque anéantie. J'ai vu le sergent Bove et un soldat, qui tous deux étaient blessés, achevés par un groupe d'Allemands à coups de baïonnette et de revolver. Un officier devait, je crois, se trouver parmi les Allemands auteurs de ces faits.

(*Suivent les signatures du juge de paix et du greffier, le déclarant, blessé, ne pouvant signer.*)

N° 205.

DÉPOSITION reçue, le 11 novembre 1914, à LYON, par M. COLLOMB, juge de paix.

BONHOMME (Louis), 23 ans, sergent au 7e bataillon de chasseurs, actuellement en traitement à l'Hôtel-Dieu :

Serment prêté.

Le 28 août 1914, dans la forêt de Saint-Benoît, entre Raon-l'Étape et le col de la Chipotte, j'ai été blessé à la cuisse gauche de deux balles; je suis resté parmi les morts. J'avais toute ma connaissance. J'étais couché. A côté de moi se trouvaient deux ou trois blessés français, que des soldats allemands ont achevés à coups de baïonnette, à coups de crosse; j'ai même entendu un coup de fusil.

C'est un officier allemand qui les a fait cesser; sans cela, les soldats allemands nous auraient tous achevés.

J'ai été fait prisonnier.

Lecture faite, persiste et signe avec nous.

N° 206.

DÉPOSITION reçue, le 14 décembre 1914, à BERGERAC, par M. CROZES, juge de paix.

ARMAGNAC (Jules), 30 ans, soldat au 308e d'infanterie, actuellement au dépôt :

Serment prêté.

Le 28 août dernier, vers les huit heures et demie du matin, je fus blessé d'un éclat d'obus à l'épaule droite, à Moislains (Somme). Perdant le sang par la blessure et aussi par la bouche, je restais étendu, lorsque les Allemands, en tirailleurs, arrivèrent un moment après à côté de moi. Je les entendis crier entre eux ces mots : « Franzose, kapout ! » et aussitôt ils tirèrent sur moi, et sur d'autres blessés qui se trouvaient à côté de moi, des coups de fusil. Une balle me traversa le flanc gauche et vint sortir près du nombril. Je porte encore le pantalon que j'avais ce jour-là et je vous montre les trous occasionnés par cette balle. J'ai vu aussi, à ce moment-là, un soldat réserviste de la même compagnie que moi (la 23e, dont le capitaine était M. Avril de Lenclos), le nommé Isidore Delpech, caporal, qui m'avait dit avoir été blessé à la main en même temps que moi, touché également par ces Allemands d'un coup de fusil qui a dû l'achever, autant qu'il m'est possible de l'affirmer, ayant perdu connaissance aussitôt. Quand je quittai le champ de bataille, le soir même, pour me traîner au bord de la route, je le laissai étendu par terre, et je crois bien qu'il était mort.

Je fus ramassé par une ambulance allemande ; je restai environ vingt jours prisonnier : les Allemands nous ont ensuite abandonnés, et je fus alors transporté à l'hôpital d'Arras.

Lecture faite, persiste et signe avec nous.

N° 207.

DÉPOSITION reçue, le 26 octobre 1914, à Pau, par M. Sarthou, juge d'instruction.

Calamel (Paulin), 21 ans, soldat au 60e d'infanterie, actuellement en traitement à l'hôpital temporaire n° 5 (lycée de Pau) :

Serment prêté.

Le 29 août dernier, à Proyart, près Amiens, je fus blessé à la jambe gauche par un éclat d'obus; en attendant l'arrivée des secours, je demeurai étendu à terre, faisant le mort. A quatre mètres à peine de moi se trouvait, également à terre, un autre soldat français blessé, et j'affirme avoir vu deux soldats allemands l'achever d'un coup de crosse, qu'ils lui portèrent sur la tempe. C'était vers dix heures du soir; ce blessé criait et n'avait aucune arme dans la main.

Lecture faite, persiste et signe avec nous.

N° 208.

DÉPOSITION reçue, le 22 mars 1915, à Bordeaux, par le lieutenant Loustalot, substitut du rapporteur près le Conseil de guerre de la 18e région.

Laborde (Adrien), 26 ans, soldat au 6e régiment d'infanterie :

Serment prêté.

Voici un fait d'atrocité qui s'est passé sous mes yeux, sur le champ de bataille d'Origny-Sainte-Benoîte, le 29 août, alors que je venais d'être blessé. A vingt mètres de moi environ, un fantassin français gisait, blessé à la cuisse, sur le sentier. Passa un officier allemand, qui le poussa brutalement du pied. Sous l'action de la douleur, le blessé tenta de se redresser. Alors l'officier, bien que voyant le fantassin couvert de blessures, l'ajusta avec son revolver et lui fit sauter la cervelle.

Lecture faite, persiste et signe avec nous.

N° 209.

DÉPOSITION reçue, le 16 octobre 1914, à Bédarieux (Hérault), par M. Jaubourg, commissaire de police.

Bloch (Sylvain), 27 ans, soldat au 279e d'infanterie, actuellement en traitement à l'hospice Saint-Louis :

Serment prêté.

Dans les premiers jours de septembre, je me trouvais un jour en patrouille, avec un sergent et quatre hommes de mon régiment, sur la lisière d'un bois, près de Réméréville, dans la région de Nancy. Tout à coup, notre attention fut attirée par plusieurs coups de feu tirés à une centaine de mètres de nous, toujours sur la lisière du bois. Nous nous sommes approchés et avons aperçu une patrouille allemande de cinq à six hommes, commandée par un sergent, qui achevait un fantassin français blessé. Le sergent lui tirait le dernier coup dans la tête. Nous avons abattu ce gradé pendant que le reste de la patrouille prenait la fuite. Nous avons alors constaté que le blessé français, qui portait un pansement à la cuisse — pansement qu'il avait dû s'appliquer lui-même en attendant d'être relevé —, avait été achevé par quatre balles dans la tête.

Lecture faite, persiste et signe avec nous.

N° 210.

DÉPOSITION reçue, le 24 octobre 1914, à Nice, par M. Le Normant, substitut du procureur de la République.

Gabas (Émile), 23 ans, soldat au 37e d'infanterie :

Serment prêté.

Le 1er septembre, à Maixe, vers onze heures du matin, je me trouvais, blessé, dans un champ, à la suite du combat de la matinée. Un camarade était près de moi, à cinq mètres environ à ma gauche, blessé également. J'ai vu venir sur notre gauche, à environ cent mètres, deux Allemands armés de fusils, allant vers nous. Je me suis étendu dans un sillon. Lorsqu'ils sont arrivés à notre hauteur, j'ai entendu mon camarade les supplier de ne pas l'achever, disant qu'il était réserviste, père de famille. L'un des Allemands a répondu : « Kapout! » J'ai entendu deux détonations. J'ai attendu quelque temps et j'ai vu les Allemands disparaître derrière un bois qui se trouvait en face de nous, à une dizaine de mètres environ. Je me suis alors approché de mon camarade. Il avait la gorge fendue, et j'ai constaté que les deux coups de fusil tirés l'avaient atteint au front, de haut en bas. Il était mort.

Lecture faite, persiste et signe avec nous.

N° 211.

DÉPOSITION reçue, le 14 octobre 1914, à Castelnaudary, par M. Malavialle, juge de paix.

Berthier (Alphonse), 18 ans et demi, soldat au 54e d'infanterie, actuellement en traitement à l'hôpital de Castelnaudary :

Serment prêté.

Le 4 ou 5 septembre dernier, sur la Meuse, j'étais en patrouille. Les Allemands avaient traversé la Meuse. Nous avons fait feu sur eux; mais, l'artillerie allemande ayant tiré sur nous, nous avons dû nous replier, laissant quelques morts ou blessés, notamment un sergent réserviste arrivé de la veille, qui était tombé blessé. Les Allemands se sont avancés sur nous à l'abri de leurs obus et, dans notre retraite, j'ai vu un Allemand tenant sa baïonnette à la main en frapper le sergent blessé.

Lecture faite, persiste et signe avec nous.

N° 212.

DÉPOSITION reçue, le 30 octobre 1914, à Bourges, par M. Siboulet, juge d'instruction.

Bertrand (Ernest), 23 ans, soldat au 18e bataillon de chasseurs à pied, actuellement à l'hôpital temporaire n° 28 :

Serment prêté.

A une époque que je ne puis préciser, les Français battaient en retraite aux environs de Maurupt. Mon bataillon se trouvait à proximité d'hommes d'infanterie de marine. Nous avons vu un adjudant de cette arme tomber à la suite d'une blessure qu'il venait de recevoir. Son régiment ayant continué à reculer, les Allemands se sont précipités sur lui et l'ont achevé à coups de crosse.

Lecture faite, persiste et signe avec nous.

N° 213.

DÉPOSITION reçue, le 15 décembre 1914, à Rennes, par M. Rons, commissaire de police.

Klein (Cyrille), 25 ans, sous-lieutenant au 42e d'infanterie, actuellement en traitement à l'hôpital Saint-Yves :

Le 6 septembre dernier, à Bouillancy, après avoir été blessé par une balle qui m'a traversé la poitrine, je suis resté sur place; après avoir subi un évanouissement, j'ai constaté avoir été complètement dépouillé de mes armes et du contenu de mon sac. Quelques instants après, un groupe de soldats allemands m'entourait, et de l'un d'eux, je reçus deux coups de baïonnette : l'un au niveau de la septième côte et l'autre dans la région lombaire.

Lecture faite, persiste et signe avec nous.

N° 214.

DÉPOSITION reçue, le 27 octobre 1914, à Cette, par M. Pons, juge de paix.

Denois (Léon), 32 ans, soldat de 1re classe au 4e régiment d'infanterie :

Serment prêté.

Le 6 septembre 1914, à trois heures précises du soir, aux environs de Vaubecourt (Meuse), j'étais tombé blessé sur le champ de bataille, frappé d'une balle au genou. C'est là que j'ai vu, en me retournant, deux camarades également blessés, appartenant à mon régiment, tués lâchement par un soldat bavarois avec la crosse de son fusil.

C'est le même Allemand qui a achevé mes deux compagnons d'armes blessés et étendus sur le sol.

Lecture faite, persiste et signe avec nous.

N° 215.

DÉPOSITION reçue, le 20 octobre 1914, à Nevers, par M. Cathala, juge d'instruction.

Castellan (Marius), 30 ans, soldat au 341ᵉ d'infanterie, actuellement en traitement à l'hôpital temporaire n° 19 :

Serment prêté.

Le 7 septembre, à Heippes (Meuse), je suis resté, blessé, sur le champ de bataille pendant deux jours et demi; d'autres blessés nombreux m'entouraient. Certains d'entre eux ont donné leurs bandes de pansement aux soldats allemands, pour qu'ils les soignent; mais les Allemands les rejetaient en l'air en riant. Ils ont achevé, près de moi, deux blessés à coups de crosse de fusil, et si j'ai échappé à ce moment-là à leurs coups, c'est que j'ai fait le mort. Derrière moi, j'ai entendu les cris d'autres blessés que les Allemands ont achevés, sans doute comme ceux que je venais de voir. Nous ne sommes restés que trois de notre compagnie.

Lecture faite, persiste et signe avec nous.

N° 216.

DÉPOSITION reçue, le 28 octobre 1914, à Moulins, par M. Mallet, juge d'instruction.

Renult (Paul), 30 ans, soldat au 35ᵉ d'infanterie, actuellement en traitement à l'hôpital militaire :

Serment prêté.

Le 7 septembre, du côté de Bar-le-Duc, j'ai été blessé à l'épaule, alors que nous battions en retraite. Je suis tombé. Les Allemands nous poursuivaient. L'un d'eux, simple soldat, en arrivant près de moi, a fouillé mon sac et pris ce qu'il contenait. Il a cherché dans ma poche, mais n'a pu trouver mon argent qui était caché sur ma poitrine. Puis, se reculant d'un pas, il m'a mis en joue. J'ai mis mon bras droit devant ma tête; il m'a tiré un coup de fusil: je me suis évanoui. Quand j'ai repris connaissance, j'ai constaté que le coup de feu tiré par l'Allemand m'avait fracassé le bras droit et fait une plaie superficielle sous le cou. Je me suis enfui seul un peu plus tard.

(*Suivent les signatures du juge d'instruction et du greffier, le témoin, amputé du bras droit, n'ayant pu signer.*)

N° 217.

DÉPOSITION reçue, le 6 novembre 1914, à Saint-Étienne, par M. Bouquin, commissaire de police.

Sauvat (Mathieu), 29 ans, caporal au 238ᵉ d'infanterie, actuellement au dépôt, caserne Rullière :

Le 7 septembre, à vingt heures, à la bataille de Fosse-Martin, près d'une ferme, à l'attaque d'une tranchée occupée par les Allemands, je fus blessé d'une balle à l'épaule droite et d'une autre au pied droit. Ne pouvant plus avancer, je me suis couché à terre, où j'eus encore mon képi traversé par une balle.

Alors que j'étais couché, j'ai vu distinctement, à la lueur d'une meule de paille allumée par les Allemands, un blessé français d'infanterie, qui était couché à dix mètres de moi, se retourner au moment où les Allemands s'approchaient de lui, et demander grâce. Ce fut sa perte, car l'un de ces soldats lui asséna deux violents coups de crosse sur la tête, et je l'ai distinctement entendu crier : « Aïe ! Aïe ! » puis il n'a plus bougé.

Quant à moi, je fus soulevé par un Allemand par la martingale de ma capote, mais je n'ai pas bougé. Croyant que j'étais mort, il m'a laissé retomber à terre.

Je ne connais pas le nom ni le régiment du blessé qui a été achevé dans les circonstances que je viens de vous relater.

Lecture faite, persiste et signe avec nous.

N° 218.

DÉPOSITION reçue, le 3 décembre 1914, à Toulouse, par M. Champol, commissaire de police.

Claisse (Albert), 22 ans, soldat au 162e d'infanterie, actuellement en traitement à l'hôpital temporaire n° 17 :

Serment prêté.

Le 7 septembre, près de Sézanne, le capitaine Fleury, de la 5e compagnie, ayant été blessé, est tombé. Blessé moi-même en même temps, je suis tombé près de lui. Immédiatement, les Allemands ont été sur nous. Le capitaine Fleury a été achevé à coups de fusil, alors qu'en ce qui me concerne, ils m'ont laissé tranquille et m'ont même pansé.

Lecture faite, persiste et signe avec nous.

N° 219.

DÉPOSITION reçue, le 5 novembre 1914, à Lyon, par M. Berthom, juge de paix.

Blanchi (Jean), 29 ans, artiste lyrique, incorporé au 112e régiment d'infanterie, actuellement en traitement à l'hôpital de la Charité :

Serment prêté.

Le 9 septembre, mon régiment se trouvait à Vaubecourt, près de Bar-le-Duc.

Vers les dix heures du soir, nous avons fait un assaut à la baïonnette contre les Allemands, qui se trouvaient en avant du village de Vaubecourt, et cela trois fois de suite. J'ai été blessé par une balle à l'avant-bras droit, presque à bout portant, et je suis tombé sur le champ de bataille. Notre troupe s'étant repliée, je n'ai pu la suivre et je suis resté la nuit, la journée et encore la nuit suivante.

Pendant que je suis resté sur le champ de bataille, j'ai remarqué que les blessés qui appelaient du secours ou qui essayaient de se relever étaient tués à coups de fusil par les Allemands qui nous entouraient : c'est pourquoi je n'ai fait aucun mouvement pour m'en aller.

Les Allemands ayant été chassés du village au bout de la seconde nuit, j'ai pu me rendre à mon régiment, qui se trouvait à environ un kilomètre.

Lecture faite, persiste et signe avec nous.

N° 220.

DÉPOSITION reçue, le 3 novembre 1914, à Agen, par M. Bouyssy, juge suppléant faisant fonctions de procureur de la République.

Kissel (Paul), 32 ans, sergent au 17° bataillon de chasseurs à pied, actuellement en traitement à l'hôpital temporaire n° 9 :

Serment prêté.

Le 10 septembre au soir, je me trouvais au camp de Mailly; il y avait, à quelques pas de moi, un blessé du 21° d'infanterie. Les Allemands survinrent tout à coup et se précipitèrent sur lui. Ils le fouillèrent, et l'achevèrent à coups de baïonnette. J'ai été témoin du fait, puisque, ainsi que je viens de le dire, je me trouvais, blessé moi-même, environ à dix mètres de ce soldat.

Aussitôt après, d'ailleurs, les Allemands sont venus sur moi. Ils m'ont également fouillé et m'ont arraché ma montre; mais à ce moment, le 21° chasseurs à pied a tiré sur eux, et c'est à cela que j'ai dû mon salut.

Lecture faite, persiste et signe avec nous.

N° 221.

DÉPOSITION reçue, le 28 octobre 1914, à Bourges, par M. Laurent, procureur de la République.

Sachet (Henri), soldat au 304° d'infanterie, actuellement en traitement à l'hôpital temporaire n° 17 :

Serment prêté.

Le 11 septembre dernier, à La Vaux-Marie, à environ vingt-quatre kilomètres de Bar-le-Duc, j'ai été blessé avec plusieurs de mes camarades, et comme nos troupes avaient reculé, nous sommes restés sept jours sur le champ de bataille avant d'être ramassés par nos troupes, qui avaient repris l'offensive. Ce sont des soldats du 54° de ligne qui nous ont alors emmenés dans une maison du village. Le quatrième jour, il était venu des soldats allemands, au nombre de trois, accompagnés d'un officier, qui ont parcouru le terrain et qui ont achevé les blessés qui étaient étendus. Je les ai vus achever ainsi à coups de revolver le soldat Caillon et le soldat Lesellier, qui étaient du même régiment que moi. Après le départ des Allemands, je les ai appelés; mais ils ne m'ont pas répondu. Comme j'avais vu tirer les Allemands à l'endroit où ils étaient et dans leur direction, j'ai eu la certitude qu'ils avaient été achevés. Les Allemands ont bien passé à côté de moi, mais ils ne m'ont rien dit, sauf qu'ils ont fouillé mes poches et m'ont pris mon porte-monnaie contenant cent vingt-trois francs.

Lecture faite, persiste et signe avec nous.

N° 222.

DÉPOSITION reçue, le 24 octobre 1914, à Montmorillon, par M. Flonet, procureur de la République.

Belloc (Pierre), 30 ans, réserviste au 249e d'infanterie, actuellement en traitement à l'hospice de Montmorillon :

Serment prêté.

Vers le 17 ou le 18 septembre dernier, entre Craonne et Craonnelle, de la tranchée où je me trouvais, j'ai vu les Allemands tirer des coups de fusil et achever ainsi deux Français blessés, qui se trouvaient à environ dix mètres en avant de ma tranchée. Il y avait à peu près quinze mètres de distance entre les Allemands et les blessés; ils tiraient donc intentionnellement sur ces derniers, qui demandaient grâce. L'un d'eux était un caporal dont j'ignore le nom; je l'ai entendu crier : « Ne tirez pas, ne me tuez pas : je suis blessé! »

Lecture faite, persiste et signe avec nous.

N° 223.

DÉPOSITION reçue, le 13 novembre 1914, à Auch, par M. Noé, procureur de la République.

Dupont (Félix), 21 ans, sergent au 119e d'infanterie, actuellement en traitement à l'hôpital temporaire n° 32 :

Serment prêté.

Entre le 15 et le 20 septembre, au Luxembourg, ferme située en face du village d'Hermonville, nous attaquions un petit bois, lorsque nous fûmes surpris sur notre flanc par des Allemands. Nous eûmes rapidement de nombreux blessés, qui essayaient de gagner en rampant un talus, pour se soustraire au feu de l'ennemi. Les Allemands, qui étaient à cinquante mètres environ de nous, de l'autre côté d'un petit canal que nous ne distinguions pas, nous appelaient, disant : « Venez, nous vous soignerons. » Quelques hommes faisaient alors des efforts pour se soulever; mais ils étaient aussitôt assaillis par des feux de salve. Pour mon compte, j'en connais deux qui furent tués. L'un se nommait Houel; j'ignore le nom de l'autre.

Lecture faite, persiste et signe avec nous.

N° 224.

DÉPOSITION reçue, le 28 octobre 1914, à Issoudun, par M. Mohler, procureur de la République.

Paillarse (Joseph), 29 ans, caporal réserviste au 292e d'infanterie, actuellement en traitement à Issoudun, à l'hôpital temporaire n° 23 :

Serment prêté.

Le 21 septembre, à Fontenoy (Aisne), nous étions une cinquantaine de blessés dans une ferme qui était transformée en poste de secours, et sur laquelle le drapeau de la Croix-Rouge était bien visible. Vers six heures du matin, les obusiers allemands ont bombardé la ferme pendant une heure, une heure et demie, jusqu'à ce qu'ils y aient mis le feu.

Dans plusieurs villages où les Allemands avaient passé, dans la région de l'Oise, j'ai vu que les maisons avaient été pillées.

Le 20 septembre, à Fontenoy, vers trois heures du soir, nous étions quatre dans une tranchée. Tandis que nous surveillions notre secteur, les Allemands sont arrivés d'un autre côté; ils étaient cinq ou six cents, à vingt ou trente mètres de distance. Une vingtaine se sont approchés et nous ont mis en joue. L'un d'eux nous a dit en français : « Sortez de vos tranchées! » Nous avons posé nos fusils et nous sommes sortis. Alors on nous a dit : « Déséquipez-vous. » Nous commencions à défaire les courroies de nos sacs, lorsque les Allemands se sont mis à discuter entre eux. Aussitôt un ou deux des Allemands se sont reculés et ont tiré sur nous. Mon camarade Prat est tombé mort à mes côtés sans prononcer une parole. Nous nous sommes alors enfuis; les balles sifflaient derrière nous, et j'en ai reçu deux dans le bras gauche. C'est à ce moment que j'ai pu rejoindre le poste de secours dont j'ai parlé au début de ma déposition.

Lecture faite, persiste et signe avec nous.

N° 225.

DÉPOSITION reçue, le 15 février 1915, à BAYONNE, par M. LANGÉ, juge d'instruction.

PANTALÉON (Jean-Baptiste), 32 ans, soldat au 49e d'infanterie :

Le 20 septembre dernier, sur le plateau de Craonne, la 17e compagnie fut portée près du moulin de Bauclair, et là, on nous commanda de creuser des tranchées. Pendant que ce travail s'effectuait, je fus placé, avec un de mes camarades, en sentinelle au pied du moulin, de façon à surveiller l'ennemi, dont les tranchées se trouvaient à cent mètres environ. Une fois les tranchées françaises terminées, nous ralliâmes la compagnie par ordre, de façon à être tous à l'abri. A la pointe du jour, nous fûmes attaqués et nos tranchées furent cernées et prises par l'ennemi. Au cours du combat qui se déroula à ce moment, je reçus un coup de baïonnette qui me traversa le mollet droit, et au moment où j'allais être à nouveau frappé par le soldat qui m'avait déjà blessé, celui-ci tomba mort, atteint par une balle française. Les Allemands, maîtres de ma tranchée, y pénétrèrent, et l'un d'eux resta accroupi sur mon dos pendant près de vingt minutes; car, voyant que je ne pouvais plus me défendre, je m'étais étendu dans le fond de la tranchée, faisant le mort. Peu après, j'avais sans doute fait un mouvement involontaire, le soldat allemand me saisit par l'épaule et me fit lever. Lui et ses camarades commencèrent par me dévaliser et m'enlevèrent ensuite mon équipement.

Nous étions une quinzaine de soldats français prisonniers, de la 4e section. Les Allemands nous obligèrent alors à nous coucher sur le talus de la tranchée. Dans cette position, nous étions surélevés et nous devions forcément recevoir les balles tirées par les troupes françaises. Nous restâmes dans cette position toute la journée. Plusieurs d'entre nous furent tués. Quand la fusillade, qui avait duré toute la journée, cessa, il y avait encore sept ou huit soldats français vivants. Les Allemands en firent lever trois ou quatre et les emmenèrent en arrière de leurs lignes. Parmi ceux-là se trouvait le nommé Diaz, je crois, ancien ordonnance du capitaine Mesquy, du 49e. Nous restâmes quatre dans la même position, sans avoir pu bouger depuis le matin. J'étais allongé sur le banc, parallèlement à la tranchée, et à ma suite se trouvait le nommé Lorrède, de Dax, sa tête touchant la mienne. Vers huit heures et demie du soir, alors que depuis quelque temps la fusillade avait cessé, j'entendis soudain, non loin de moi, un coup de feu. Obliquant légèrement la tête, mon camarade Lorrède me dit à voix basse : « On nous fusille », et je vis en effet un des Allemands de la tranchée s'approcher du sergent-fourrier Desclaux, de Dax, étendu comme nous sur le rebord de la tranchée, et lui tirer à bout portant un coup de fusil dans la tête. Ce même Allemand s'approcha de nous et examina, le fusil à la main, si nous faisions quelque mouvement. Comme je restais aplati sans bouger, il sortit de la tranchée en enjambant mon corps, et sitôt qu'il eut fait ce mouvement, je levai la tête pour voir ce qu'il faisait. Dans ce mouvement, ma tête atteignit le niveau de celle de mon voisin Lorrède. J'eus à peine le temps de voir l'Allemand qui visait celui-ci, qu'un coup de feu partit; je poussai un cri et laissai retomber ma tête sur le sol. Le soldat, croyant avoir fait coup double, rentra dans la tranchée. Je restai ainsi pendant près de trois quarts d'heure. A ce moment, la pluie s'étant mise à tomber, les Allemands s'accroupirent contre la paroi de la tranchée pour se mettre à l'abri. Ce que voyant, je résolus de profiter de cette circonstance pour essayer de me sauver; tantôt en rampant, tantôt à quatre pattes, je m'éloignai progressivement et parvins ainsi à la ligne française, vers trois heures du matin, où je fus recueilli par l'adjudant de la 19e compagnie du 249e de ligne. J'avais mis cinq heures pour effectuer trois cents mètres.

Lecture faite, persiste et signe avec nous.

N° 226.

RAPPORT de l'adjudant-chef BONNEAU, de la 4e compagnie, 15e territorial, sur la patrouille du 21 septembre 1914.

Patrouille commandée par l'adjudant-chef Bonneau, 4e compagnie, 15e territorial.

Composition : 4 sergents, 37 caporaux et soldats.

Itinéraire : Blanzée, Moranville, Grimaucourt, Herméville, Braquis et bois d'Herméville.

Heure de départ : 5 heures.

Je me suis porté sur le bois d'Herméville par l'itinéraire fixé : Blanzée, Moranville, Grimaucourt, Herméville et Braquis. Arrivé dans ce village à neuf heures, j'ai fait reposer et manger mes hommes. A dix heures, je suis parti dans la direction de Saint-Maurice par le bois d'Herméville, me faisant précéder d'une pointe d'éclaireurs commandée par le sergent Brancourt. Arrivé à hauteur du bois d'Autray, je fus accueilli par une vive fusillade venant de la droite (clairière entre les bois de Buzy et d'Autray). Les éclaireurs avaient traversé sans avoir rien remarqué. Je donnai l'ordre au sergent Brancourt de se replier sur moi, mouvement qu'il commença de suite en faisant face du côté d'où venaient les coups de feu. A ce moment, déboucha sur ma gauche un détachement ennemi qui ouvrit le feu sur nous ; le sergent Brancourt tomba mortellement blessé d'une balle dans les reins, tandis que j'étais obligé de me replier sur le poste du 364e, établi en avant du bois de Braquis. Là, j'envoyai rendre compte de ce qui se passait au commandant des troupes de Braquis, qui me donna l'ordre de rester avec le poste du 364e et d'attendre un moment pour tenter d'aller chercher le sergent Brancourt, qui était resté sur place.

D'accord avec une patrouille du 364e commandée par un sergent, qui protégeait ma droite, je me portai en avant par bonds et arrivai jusqu'au corps du sergent Brancourt. Ce sous-officier avait été déshabillé et achevé à coups de crosse ; j'ai rencontré ses armes, mais sans cartouches. Nous avons été de nouveau attaqués sur notre gauche, mais j'ai pu revenir avec le corps sans autre perte. Ayant l'autorisation de ramener le corps à Châtillon, je suis revenu par le même itinéraire, à dix-huit heures trente. Le corps du sergent Brancourt a été déposé dans l'église de Châtillon et veillé par les hommes de la compagnie.

Châtillon, le 21 septembre 1914.

L'adjudant-chef,
Signé : Bonneau.

N°s 227, 228.

DÉPOSITIONS reçues, le 28 octobre 1914, à Bourges, par M. Siboulet, juge d'instruction.

Driquert (Joseph), 31 ans, soldat au 8e bataillon de chasseurs à pied, actuellement en traitement à l'hôpital temporaire n° 4 (annexe) :

Serment prêté.

Vers le 22 septembre, sur les hauteurs aux environs de Reims, mon bataillon avait placé un petit poste dans un petit bois, et ma compagnie se trouvait en arrière de ce petit poste, à la lisière d'un bois plus étendu.

Des fantassins allemands ont surpris le petit poste, dont les hommes se sont enfuis pour nous rejoindre ; le sergent et le caporal qui commandaient cette fraction, ayant été blessés avant la fuite, étaient restés sur le terrain.

J'ai vu personnellement, et mes camarades ont vu comme moi les fantassins allemands achever le sergent et le caporal à coups de baïonnette et de crosse de fusil sur la tête. Un de mes camarades, qui est ici, connaît le nom du caporal ainsi achevé.

Je me rappelle le nom d'une ferme située près de l'endroit (deux kilomètres environ) où se sont déroulés les faits que j'ai révélés ; c'est la ferme de Moscou.

Lecture faite, persiste et signe avec nous.

Martin (Arthur), 26 ans, 1re compagnie, 8e bataillon de chasseurs à pied à Étain, actuellement en traitement à l'hôpital temporaire n° 4 (annexe), route d'Orléans :

Serment prêté.

Vers le 22 septembre, autour de Reims, sur les hauteurs, ma compagnie se trouvait à la lisière d'un bois, couverte par des avant-postes. Vers trois heures du matin, nous avons entendu crier et nous sommes partis immédiatement dans la direction de ces appels. J'ai vu, en arrivant près d'un petit poste placé à proximité d'un petit bois, des fantassins allemands en train d'achever un caporal de la 1re compagnie, originaire d'Amiens. Près de ce caporal se trouvait le cadavre d'un sergent, qu'on m'a dit avoir été achevé dans les mêmes conditions. Les hommes du petit poste avaient pu se replier à temps.

Lecture faite, persiste et signe avec nous.

N° 229.

DÉCLARATION du sous-lieutenant Bosveuil, du 61e d'infanterie.

Je soussigné, Bosveuil (Louis), sous-lieutenant de réserve au 61e régiment d'infanterie, déclare sur l'honneur être prêt à témoigner de l'exactitude du fait suivant:

Le 23 septembre 1914, à la suite de l'attaque par les Allemands du village d'Avocourt (Meuse), attaque qui fut repoussée par une charge à la baïonnette faite par quelques troupes des 141e et 61e régiments d'infanterie, je dépassai une ligne de blessés et de morts allemands. A ce moment, je m'entendis appeler par un blessé français du 141e, étendu sur le sol, qui me dit à peu près ceci :

« Mon lieutenant, voulez-vous dégrafer mon sac et m'allonger la tête? Je vais mourir : ces bandits m'ont achevé. J'avais reçu une balle dans le genou et me traînais sur le sol, sans armes, lorsque les Allemands sont venus sur moi et m'ont criblé de coups de baïonnette; j'en ai reçu au moins trois coups dans le ventre, autant dans la poitrine ; un officier m'a tiré un coup de revolver à la tête. J'ai une femme, un enfant; mais sommes-nous vainqueurs au moins ? »

Ma réponse affirmative réconforta ce brave soldat et adoucit sa fin qui me paraissait toute proche, mais que je ne vis pas; la nuit tombait, je devais rassembler ma section et emmener quelques prisonniers.

Lyon, hôpital auxiliaire n° 51, le 12 février 1915.

Signé: Bosveuil.

N° 230.

DÉPOSITION reçue, le 27 octobre 1914, à Albi, par M. Lisbonne, procureur de la République.

Baron (Alphonse), soldat au 63e d'infanterie, actuellement en traitement à l'hôpital n° 8:

Serment prêté.

Le 26 septembre, à Saint-Léonard, près Reims, j'étais blessé, ainsi que d'autres camarades. Il passa d'abord une ligne d'Allemands : c'était la garde impériale. Cette ligne se borna à nous désarmer. Puis vint une seconde ligne, qui explorait les blessés et achevait ceux qui l'étaient insuffisamment et auraient pu fuir; je vis assommer trois blessés à coups de crosse. J'ouvris aussitôt ma capote et montrai ma blessure à celui qui était chargé de m'inspecter, et il me laissa tranquille.

A la fin de cette bataille, nos troupes réussirent à cerner l'ennemi et à faire de nombreux prisonniers. L'un d'eux déclara que c'est par ordre de leurs chefs qu'ils étaient chargés d'achever les blessés qui n'étaient pas gravement atteints et qui pouvaient échapper.

Lecture faite, persiste et signe avec nous.

N° 231.

DÉPOSITION reçue, le 27 octobre 1914, à Toulon, par M. Butin, commissaire de police, et confirmée sous serment, le 29 octobre, devant M. Jacquot, substitut du procureur de la République.

Grelinguey (Henri), 29 ans, soldat au 171e d'infanterie, actuellement en traitement à l'hôpital annexe B, à Toulon-Mourillon :

Le 9 octobre, vers dix heures du soir, dans la forêt de Barbotte, après une charge à la baïonnette, nous avons été obligés de nous replier sous le feu meurtrier des Allemands, qui nous poursuivaient de près. A un moment donné, à dix mètres de moi, j'ai vu plusieurs soldats allemands achever, à coups de baïonnette et de fusil à bout portant, des soldats français qui étaient tombés blessés.

Lecture faite, persiste et signe avec nous.

N° 232.

DÉPOSITION reçue, le 5 décembre 1914, à Cahors, par M. Lom, procureur de la République.

Friederich (Auguste), 35 ans, sous-lieutenant de réserve au 204e d'infanterie, actuellement en traitement à l'hôpital mixte de Cahors :

Serment prêté.

Quand j'ai été évacué, le 25 novembre, sur Cahors, j'étais avec mon régiment dans le Soissonnais. Je sais, par ouï-dire, que dans cette région il y a eu, de la part des Allemands, des pillages, des incendies et de nombreuses exécutions de civils; mais le seul fait précis sur lequel je puis déposer et qui se place au 28 octobre, est le suivant :

Nous étions sur les hauteurs de Soissons. Dans une attaque sur une tranchée allemande, prononcée par un lieutenant du 204e avec quinze volontaires, en franchissant les premiers réseaux de fil de fer, un de ces hommes tomba blessé. Les autres poursuivirent leur opération, mais aucun ne revint. Au bout d'un certain temps, le blessé dont je viens de vous parler, qui était enchevêtré dans les fils de fer, appela à haute voix le capitaine Noël, de la 18e compagnie, qui était à proximité, et lui donna son nom — dont je ne me souviens plus — en le suppliant de venir le dégager. C'était matériellement impossible. Mais les Prussiens, en entendant cette conversation, achevèrent ce malheureux blessé à coups de fusil. J'étais à cent mètres de là et j'ai vu le fait dont je dépose : j'ai vu le cadavre.

Lecture faite, persiste et signe avec nous.

IV

§ 1. — ATTENTATS CONTRE LE PERSONNEL SANITAIRE.

N° 233.

DÉPOSITION faite, le 17 janvier 1915, à PARIS, devant la Commission d'enquête instituée par décret du 23 septembre 1914.

MOZER (Marius), 28 ans, interne des hôpitaux de Paris, médecin auxiliaire au 161ᵉ d'infanterie, proposé pour la réforme n° 1 :

Je jure de dire la vérité.

Le 22 août, après la bataille de Mercy-le-Haut, je venais de faire transporter un blessé chez une femme qui m'avait conduit auprès de lui dans un verger, puis j'avais pansé le capitaine de La Laurencie installé dans une autre maison, quand les Allemands arrivèrent. Un jeune officier suivi de deux soldats étant entré dans la chambre où je me trouvais avec M. de La Laurencie, interrogea et désarma les blessés qui étaient dans la maison. Ayant constaté que j'étais médecin, il me laissa mon revolver.

Dans la soirée, je sortis pour aller chercher une lanterne, avec le caporal Deshayes et deux brancardiers. Nous essuyâmes alors le feu d'une patrouille. Après m'être jeté à plat ventre pour éviter les balles, je me glissai derrière une voiture et je tentai de m'expliquer en allemand. Une voix me répondit en français : « Levez-vous. Venez. » Ayant obéi, je me trouvai en présence d'un sous-officier qui m'ordonna de mettre les bras en l'air, me fouilla, et me conduisit auprès d'un capitaine, dans la maison où j'avais transporté un premier blessé. Ce capitaine était dans la cour. Il m'interrogea, me fit fouiller à nouveau, puis, ayant avisé mon étui de revolver, en retira cette arme et me dit : « Pourquoi avez-vous un revolver, et pourquoi est-il chargé? » Je cherchai à lui expliquer que dans notre armée comme dans la sienne les médecins ont, conformément à la convention de Genève, le droit de porter sur eux des armes défensives; mais il m'interrompit à chaque instant et je me rendis compte qu'il ne m'écoutait pas. Bientôt, il me donna l'ordre de marcher devant lui. Au moment où j'arrivais dans l'embrasure de la porte, il m'ordonna de regarder la fenêtre. Je tournai aussitôt le corps dans la direction indiquée. Je sentis alors qu'il me plaçait le canon de mon revolver sur la tempe gauche. Je pensai qu'il voulait m'effrayer et je fis bonne contenance; d'ailleurs, l'arme était au cran de sûreté et le barillet tourna plusieurs fois sans que le coup partît. Je finis par me retourner pour demander au capitaine allemand si cette mauvaise plaisanterie n'allait pas cesser, et en même temps je fis un mouvement assez brusque de la tête. A cet instant, une détonation retentit. La balle, m'atteignant derrière l'oreille gauche, sortit au-dessous de l'œil droit, me faisant deux blessures dont vous voyez les cicatrices. Je tombai lourdement sur le sol, crachant du sang et croyant mourir. Je souffrais atrocement et ne pouvais me tenir que sur le côté gauche. Ayant pu regarder de côté, je vis mon agresseur qui continuait à braquer sur moi mon revolver en disant : « Ne bougez pas. » Je pensais qu'il allait m'achever, quand j'entendis le bruit d'une discussion violente. Un officier allemand qui, lui aussi, tenait un revolver à la main, me demanda si je souffrais beaucoup et s'écria : « C'est une honte et une infamie qu'on vient d'accomplir! » Il me releva, me fit asseoir sur une chaise, et envoya chercher un commandant. Ce dernier m'exprima des regrets. On me fit ensuite transporter par mes brancardiers auprès du capitaine de La Laurencie. Le lendemain matin, plusieurs officiers et médecins allemands sont venus me visiter et me présenter des excuses. J'ai été le même jour transféré comme prisonnier à Fontay, puis de là on m'a conduit à Metz, où j'ai été très bien soigné.

Après lecture, le témoin a signé avec nous.

N° 234.

DÉPOSITION reçue, le 22 février 1915, à HUISSEAU-SUR-COSSON (Loir-et-Cher), par M. NIVAULT, suppléant du juge de paix du canton de Bracieux, arrondissement de Blois.

SCHNEYDER (Jean-Auguste), aide-major de première classe, en convalescence au château de Biou, commune de Huisseau-sur-Cosson :

Serment prêté.

Le 22 août, je reçus l'ordre de rester avec une trentaine de blessés grièvement atteints et inévacuables dans le joli petit village de Raon-sur-Plaine, au pied du Donon : nos troupes battaient en retraite devant le flot grossissant de l'ennemi. A huit heures du matin, les rues, qui, une heure avant, étaient animées par le va-et-vient de nos troupes, étaient absolument désertes. Les habitants qui n'avaient pu fuir étaient soigneusement enfermés dans leurs caves; seuls, quelques soldats passaient encore, rasant les murs pour éviter les obus qui s'abattaient sur la ville. C'est dans ces circonstances qu'ayant aperçu le docteur R..., médecin-auxiliaire au ... de ligne, je le priai de se réfugier dans ma demeure. Jusqu'à onze heures, la fusillade ne cessa de crépiter, et quelques obus tombèrent dans le voisinage de notre ambulance sans occasionner le moindre dégât. A midi, nous aperçûmes, à travers les persiennes closes, les premiers casques à pointe qui s'avançaient prudemment dans les rues désertes : une heure après, l'occupation était complète. Nous signalâmes alors notre présence à l'ennemi, et quelques officiers procédèrent à une visite minutieuse des locaux que nous occupions, en ayant bien soin de nous faire passer les premiers et de nous suivre revolver au poing. Pendant deux jours, nous devions rester au milieu des troupes allemandes, continuant à soigner nos blessés et les leurs. Nous n'eûmes pas trop à nous plaindre. Je dus cependant protester contre l'installation autour de notre ambulance d'une batterie, qui, pendant deux heures, tira sans discontinuer sur notre artillerie située à environ quatre kilomètres. Celle-ci ne risposta du reste pas, voyant sans doute le grand pavillon de la Croix-Rouge qui flottait au-dessus de la maison. Mes protestations ne servirent à rien; il me fut même répondu d'aller dire à nos troupes de s'éloigner et de ne pas tirer, et qu'alors tout feu cesserait. Dans la soirée, on vint nous prier d'évacuer nos blessés par nos propres moyens : le village allait être incendié. Cette menace stupide ne reçut heureusement aucune exécution. Tous ces faits ne constituent en somme que des incidents sans grande importance; le corps médical allemand nous réservait beaucoup mieux.

Le 23 août, à une heure, une ambulance allemande, commandée par le professeur Vulpius, d'Heidelberg, arriva à Raon-sur-Plaine. Nous reçûmes immédiatement sa visite, et le célèbre professeur nous informa que le soir, nous et nos blessés, nous serions dirigés sur l'Allemagne. Nous lui fîmes remarquer que, les blessures dont étaient atteints ces malheureux étant presque toutes abdominales, il y avait lieu de différer ce voyage long et pénible, puisque cette évacuation se faisait par route sur des camions automobiles à roues non caoutchoutées. Nos protestations ne furent même pas écoutées. Puis le docteur Vulpius, étant devenu le chef de la place par suite du départ des troupes, nous informa que, si les habitants se livraient à une manifestation quelconque à l'égard de ses hommes, comme le maire était parti, nous serions, le docteur R. . . et moi, responsables. Il nous laissa même entrevoir le sort qui nous serait réservé. Nous nous attendions à mieux de la part d'un confrère, même . . . allemand. Ensuite, ce major s'absenta quelques heures, et vers quatre heures, après une sieste qui avait légèrement bouffi son visage, il vint nous retrouver et nous annonça qu'il allait procéder à une « petite formalité qu'il avait coutume de pratiquer ». Je reproduis textuellement ses propres paroles. La formalité était bien simple : il s'agissait, pour le docteur R. . . et moi, de lui remettre tout l'argent que nous avions sur nous. La seule concession qu'il nous accordait était de ne pas être fouillés : il comptait sur notre parole et sur notre honneur pour ne rien garder, et lui donner tout ce que nous possédions. Je protestai énergiquement, alléguant la convention de Genève qui assurait, me semblait-il, le respect de notre personne et de notre propriété. Nous dûmes néanmoins nous exécuter et lui donner notre porte-monnaie, contenant et contenu. Puis, après nous avoir ainsi soulagés, il se dirigea avec son secrétaire vers nos pauvres blessés, qui, tous, furent fouillés et odieusement dépouillés de leur argent. Il n'y avait plus à protester : nous étions en présence non d'un médecin, mais d'une horrible brute, et nous dûmes assister, le cœur serré, à cette indigne spoliation qui ne respectait ni les blessés, ni les moribonds. Dans la suite de ce Vulpius se trouvait un jeune médecin, qui, indigné des procédés de son chef, vint me trouver en cachette et m'offrit, les yeux pleins de larmes, de me donner de l'argent si j'en désirais. Lorsque le professeur eut terminé son vol, je protestai encore et lui demandai qui restituerait cet argent. Alors, avec un sourire ironique, il me répondit en excellent français : « Les Français sont rasoirs; il vous sera rendu en France ou en Allemagne. » Et comme je lui faisais remarquer que ma demande ne suffisait pas à en obtenir la restitution, il me dit : « Eh bien, je vais vous faire donner un reçu. » Et son scribe nous établit alors individuellement, au docteur R. . . et à moi, un reçu de la somme qui venait de nous être dérobée. Ce reçu devait avoir, dans la suite, son utilité.

Le soir, vers six heures, tous nos blessés étaient entassés dans des camions automobiles à roues ferrées et, en dépit de leurs souffrances, étaient dirigés sur l'Allemagne. J'ignore l'endroit; tout ce que je sais, c'est que la première étape qu'ils devaient parcourir était d'au moins soixante kilomètres. C'était au-dessus des forces de la plupart de ces malheureux. J'avais en outre avec moi quatre infirmiers, qui furent également embarqués avec nos malades et qui ont été gardés en Allemagne comme prisonniers de guerre. Quant au docteur R. . . et à moi, nous fûmes, le soir même, conduits à Strasbourg en automobile et enfermés au Festung-Lazaret. Le lendemain, on nous conduisit à la Kommandantur, où nous eûmes la chance de trouver un général allemand correct et convenable. Après les formalités d'usage, nous lui racontâmes le dénuement dans lequel nous nous trouvions grâce à l'obligeance du célèbre Vulpius. Il parut fort étonné, examina soigneusement nos reçus, causa longuement avec son état-major, et nous assura que nous serions remboursés. Le lendemain, en effet, nous reçûmes la visite d'un officier, qui nous paya en billets la valeur intégrale de ce qui nous avait été dérobé en argent et en or.

Après un séjour de douze jours, nous eûmes la chance de bénéficier d'un échange et de regagner la France par la Suisse. Pendant notre séjour à Strasbourg, nous fûmes à peu près bien traités, avec interdiction cependant de quitter le Festung-Lazaret dans lequel nous avions été enfermés. Notre transfert de Strasbourg en Suisse s'est effectué sans aucun égard; nous fûmes encadrés constamment par des soldats baïonnette au canon.

En gare d'Appenweier, on nous fit évacuer les wagons de troisième que nous occupions, pour nous faire monter en quatrième.

Lecture faite, persiste et signe avec nous.

N° 235.

DÉPOSITION reçue, le 21 novembre 1914, à Laval, par M. Bertaud, procureur de la République.

Morillon (André), 44 ans, médecin-major de 2e classe, actuellement à la disposition du service de santé à Laval :

Serment prêté.

J'étais médecin-chef au 25e régiment territorial, en garnison à Laval. Je suis parti avec mon régiment au début de la mobilisation. A Cambrai, le 26 août, dans l'après-midi, ayant établi mon poste de secours dans la clinique du docteur Salmond, je suis appelé à aller secourir deux blessés, dont le capitaine Renard, tombés près du pont de la gare de Cambrai. Je commande quatre brancardiers, deux brancards, et, accompagné de M. Fourneau, aumônier volontaire au 25e territorial, je me rends près des blessés. Nous étions tous munis, y compris l'aumônier, de brassards de la Croix-de-Genève estampillés par le Ministère de la Guerre. L'ennemi nous a laissés avancer jusqu'auprès d'une chaussée à douze mètres du pont. Les Allemands, qui étaient sur le toit de la gare et dans un belvédère, à cent cinquante mètres à peine de là, nous voyaient parfaitement ainsi que nos brassards. Nous voyant, ils ont tiré sur nous et une balle a traversé mon képi. Ils ne pouvaient tirer sur d'autres que sur nous, car nous étions seuls à cet endroit. Nous avons dû nous replier sans pouvoir ramasser les blessés. La meilleure preuve qu'ils nous visaient, c'est que le feu a cessé dès que nous nous sommes repliés.

Lecture faite, persiste et signe avec nous.

N° 236.

DÉPOSITION faite, le 12 avril 1915, à Paris, devant la Commission d'enquête instituée par décret du 23 septembre 1914.

Bender (Xavier), aide-major de première classe à l'ambulance n° 4 du 5e corps :

Je jure de dire la vérité.

Le 31 août, vers huit heures du soir, j'ai été désigné pour rester dans le petit village de Fossé (Ardennes) avec les blessés que les troupes françaises, qui se repliaient, étaient dans l'impossibilité d'emmener. Pendant toute la nuit, aidé par quatre infirmiers volontaires, j'ai donné des soins à deux cents hommes environ; et le lendemain matin, en attendant l'arrivée imminente de l'ennemi, j'ai fait rassembler toutes les armes, vider les cartouchières, et j'ai pris toutes les précautions que la prudence commandait.

Vers neuf heures et demie, bien que j'eusse fait couvrir plusieurs maisons de pavillons de la Croix-Rouge, une batterie allemande a ouvert le feu sur nous à quinze cents mètres et, pendant à peu près une heure, nous a arrosés d'obus. Plusieurs bâtiments se sont effondrés; mais, par une chance extraordinaire, il n'y a pas eu plus de quatre hommes atteints.

Vingt-cinq ou trente minutes plus tard, arriva une patrouille de uhlans commandée par un officier. Je m'avançai vers celui-ci et lui demandai de me procurer du secours, lui déclarant que deux cents blessés étaient confiés à ma garde. Il me répondit : « Je m'en fous », et ajouta que si je voulais prévenir les troupes qui étaient à proximité, je n'avais qu'à aller moi-même les trouver. C'est ce que je tentai de faire.

A la sortie du village, je vis des Allemands déployés en tirailleurs : une compagnie formée en colonne par quatre, à cent cinquante mètres environ de moi, et plusieurs officiers qui me parurent de grades élevés. Comme je montrais mon brassard et mon fanion, on me fit signe d'approcher et de lever les bras. J'obéis; mais, quand je me trouvai à une vingtaine de mètres de l'ennemi, des coups de feu éclatèrent et je tombai, atteint d'une balle à la jambe droite. Aussitôt, les Allemands se précipitèrent sur moi et me relevèrent en me mettant des revolvers sur la gorge, en me traitant d'assassin et en me déclarant que j'allais être fusillé, parce que, prétendaient-ils, j'avais tiré. Malgré mes dénégations, je fus attaché à un arbre, tandis qu'un peloton se groupait près de moi. A ce moment, survint un officier que je crois être un colonel. Il se mit à m'invectiver grossièrement et, toujours sous le même prétexte, à me menacer de mort à nouveau. Je protestai énergiquement : « Allez jusqu'au village, lui dis-je, et si vous y trouvez un seul homme ayant une arme, vous pourrez me fusiller. » Il parut alors se calmer et me dit : « S'il en est ainsi, vos hommes ne seront pas tués; mais vous, vous avez tiré, aussi vous serez fusillé. Je vous fais la grâce d'attendre, et vous saurez, avant de mourir, si vos hommes doivent être épargnés. » Quelques instants après, un capitaine, qui avait sorti sa montre de sa poche et m'avait déclaré que j'avais encore un quart d'heure à vivre, a ouvert ma tunique et m'a volé, dans mon portefeuille, une somme de 450 francs, ainsi que les photographies de ma femme et de mon enfant. Sur ces entrefaites, des coups de feu ayant retenti sur notre gauche, tirés vraisemblablement par des chasseurs que j'avais vus auparavant, les Allemands partirent en toute hâte, me laissant attaché à mon arbre. Après de grands efforts, je parvins à me détacher et je m'empressai de revenir à mon poste de secours. J'ai remarqué que mes agresseurs portaient des coiffes de casque retournées. Je crois, sans en être absolument sûr, que ces coiffes, sur lesquelles je voyais des chiffres à rebours, portaient le numéro 67; en tout cas, le régiment auquel j'ai eu affaire appartenait à l'armée du Kronprinz.

Bientôt, une autre troupe se présenta à Fossé. Elle fut d'une correction parfaite, et le général qui la commandait m'annonça la prochaine arrivée d'une compagnie sanitaire. Cette compagnie, qui faisait partie d'un corps wurtembergeois, se comporta également d'une façon convenable; d'ailleurs, les Wurtembergeois et les Saxons sont toujours beaucoup moins inhumains que les Bavarois et les Prussiens. Le lendemain matin, les troupes d'occupation du village furent remplacées par des Prussiens. Ceux-ci me firent connaître que mes blessés allaient être emmenés à Stenay. Effectivement, ils en firent entasser une centaine sur des voitures, et je partis moi-même, après avoir reçu d'un officier la promesse sur l'honneur que ceux qui restaient seraient soignés. A Stenay, où on nous assigna pour logement une caserne d'artillerie, je demandai vainement un peu d'aide pour descendre mes blessés et je dus pourvoir moi-même à cette opération, bien que souffrant de plusieurs blessures, n'ayant d'autre secours que celui qui m'était donné par les deux infirmiers qu'on avait emmenés avec moi. Dans la nuit et le jour suivant, on nous amena cent quatre-vingts nouveaux blessés dans un état effroyable. Ces malheureux étaient restés sans soins, étendus pendant cinq ou six jours sur le champ de bataille. Nous les avons installés, tandis que les Allemands, qui ne nous aidaient en rien, fumaient leur pipe auprès des voitures. Pendant les premiers jours, nous n'avons rien eu à manger. Nos pauvres soldats hurlaient de faim. Ils seraient morts d'inanition sans le dévouement admirable d'une jeune fille, Mlle Huon, qui, avec un courage extraordinaire, est parvenue, au péril de sa vie, à leur apporter quelque nourriture. Plusieurs fois, elle a essuyé des coups de fusil, quand elle pénétrait le soir dans la caserne. Des infirmiers lorrains, appartenant à l'armée allemande, nous ont également ravitaillés en cachette. Enfin, dans les derniers jours, on nous a donné à manger, et quelques objets de pansement ont été mis à notre disposition. J'avais une soixantaine de grands blessés. J'ai supplié le major allemand de les opérer. Il m'a déclaré qu'on le ferait quand on aurait le temps. J'ai alors demandé qu'on m'autorisât à les opérer moi-même; mais je n'ai obtenu d'autre réponse que celle-ci : « Vous êtes dans les lignes allemandes, vous devez subir notre loi. » Presque tous ces malheureux sont morts faute de soins.

Alors que j'étais à Stenay, j'ai reçu, par l'intermédiaire d'un paysan, une lettre par laquelle l'un de mes infirmiers restés à Fossé me priait de faire tout pour lui venir en aide, et m'apprenait qu'il voyait chaque jour quelques-uns de ses blessés mourir de faim ou d'infection. Je tentai une démarche; mais au moment où, après l'avoir faite, je rentrais à la caserne, je fus roué de coups de crosse. Enfin, pendant les journées qui suivirent, je fus mis au mur deux fois : la première parce qu'un homme avait, soi-disant, essayé de s'évader, et la seconde parce qu'un blessé se serait approché d'un dépôt d'armes.

Au bout de onze jours, on me fit savoir que j'allais être expédié en France par la Suisse, et l'officier qui commandait à Stenay me fit transférer, dans ce but, à Montmédy. Là, le commandant d'étape modifia la décision qui me concernait et, en me traitant d'assassin, me fit conduire à la citadelle, où je trouvai le docteur Dutheil et où on nous laissa ensemble pendant deux jours, mourant de faim et de soif.

Au cours de la troisième nuit, vers deux heures, on vint me chercher pour me faire parcourir trois ou quatre cents mètres dans les fossés de la citadelle, au milieu d'une section qui marchait baïonnette au canon. Un officier m'annonça que j'allais être fusillé. Néanmoins, cette menace ne fut pas exécutée, et on me fit rentrer avec force injures et bourrades, après m'avoir chargé de transmettre des ordres à des prisonniers français.

A ce propos, j'affirme que nos soldats prisonniers ont été employés à travailler à la construction du chemin de fer de Montmédy, qui devait servir à amener les obus et les canons allemands.

Le lendemain, à midi, malgré mon état de santé, on m'a fait faire, avec d'autres, un trajet de trente kilomètres à pied pour me rendre à Longuyon, d'où j'ai été envoyé, en chemin de fer, en Allemagne. Pendant sept mois, je suis resté en captivité à Ingolstadt. Nous y étions traités comme des prisonniers de droit commun et nous y subissions de dures humiliations. C'est ainsi que les officiers français, quel que fût leur grade, jusqu'à des colonels, étaient contraints de saluer les premiers le lieutenant commandant le dépôt. On nous a fait fouiller plusieurs fois par de simples soldats, et j'ai entendu le major Kleck dire, en parlant de nous : « Il ne faut pas leur faire la vie trop douce. »

La nourriture était détestable et les conditions d'habitabilité très défectueuses. Nous ne pouvions sortir que pendant une heure et demie matin et soir, dans une sorte de cour intérieure, et la faculté, qui nous avait été laissée au début, de monter sur les talus du fort pour jouir d'un peu de vue, nous a été bientôt retirée, Je dois dire qu'elle fut rétablie au mois de mars, à la suite d'une visite de l'ambassadeur d'Espagne.

Les officiers à deux galons, comme nous, touchaient une solde de soixante marks par mois; mais il leur était retenu quarante-huit marks pour la nourriture et pour la bière.

A Stenay, de la caserne où j'étais interné, je voyais chaque jour les Allemands sortir des maisons avec des bouteilles et de nombreux objets. Je les voyais également charger du mobilier sur des voitures. Le jour de mon départ, le général a émis un ordre interdisant le pillage; mais à ce moment, il ne restait plus rien à piller.

Plusieurs femmes ont été violées par nos ennemis dans une grange attenant à notre caserne. Nous entendions leurs cris, entremêlés de coups de feu. Quelques personnes ont été fusillées. Le curé-doyen est mort des suites des mauvais traitements qu'il avait subis.

A Noers et à Audun-le-Roman, où je suis passé en me rendant en Allemagne, tout avait été détruit par l'incendie allumé volontairement.

Pendant que j'étais à Stenay, je me suis occupé d'un soldat français qui avait reçu au pied une blessure peu grave et ne nécessitant pas une opération. Ma stupéfaction a été grande, quand j'ai constaté un jour qu'un médecin allemand lui avait coupé la cuisse. J'ai manifesté à celui-ci mon étonnement et mon indignation; mais il s'est borné à me répondre : « Ce sera un homme de moins contre nous dans la guerre future. »

Ainsi que je vous l'ai déjà dit, j'ai été interné à la citadelle de Montmédy avec le docteur Dutheil. Il m'a raconté une partie des atrocités qui ont été commises sur nos blessés à Gomery; mais j'ai été mieux renseigné encore sur ces faits horribles par le docteur Sédillot, qui en a été l'une des victimes, et que j'ai eu pour compagnon de captivité à Ingolstadt. Quand des journaux français en eurent fait la relation d'après les récits des infirmiers déjà rapatriés, M. Sédillot a été appelé devant des officiers allemands réunis en conseil de guerre. Ceux-ci, après avoir cherché adroitement à l'intimider, lui ont posé des questions tendancieuses; il a d'abord refusé de signer le procès-verbal de son interrogatoire. Le lendemain, il lui en a été donné lecture en ma présence, et il en a fait rectifier des passages, qui avaient été rédigés de manière à modifier d'une façon évidente le sens des déclarations de mon confrère.

Après lecture, le témoin a signé avec nous.

N° 237.

DOCUMENT communiqué à la Commission par M. le docteur BENDER, aide-major de 1re classe à l'ambulance n° 4 du 5e corps d'armée.

A Monsieur le médecin-major Bender, de l'ambulance n° 4, à l'hôpital de Stenay.

Fossé, le 3 septembre 1914.

Monsieur le Major,

Nous vous envoyons un homme de Fossé pour avoir des instructions au sujet de l'évacuation de notre centaine de pauvres blessés, qui sont restés avec nous à Fossé. Leur situation, comme vous pouvez le penser, est lamentable et intenable, et leurs gémissements continuels. Nous ne pouvons ni les soigner, ni les nourrir, faute de médecin, de médicaments et de vivres. Les plaies s'enveniment, certaines sont déjà infectées, et la gangrène menace sans doute de s'y mettre bientôt. Les pauvres soldats se plaignent du matin au soir; ils disent qu'on veut les abandonner et les laisser mourir l'un après l'autre. Tous les jours nous en voyons mourir, huit déjà depuis votre départ; et il y en aura d'autres incessamment.

Au nom de l'humanité, il n'est pas possible qu'on abandonne et qu'on laisse périr ainsi cent pauvres soldats français.

L'un d'eux, qui sait l'allemand, a voulu adresser lui-même quelques mots au médecin allemand qui dirige l'hôpital de Stenay. Je joins ce mot à ma lettre.

Pour le transport de ces blessés de Fossé à Stenay, on pourrait disposer ici de deux voitures seulement; mais, si l'on y était obligé, on se servirait de ces deux seules voitures en faisant plusieurs transports en plusieurs jours. Nous commencerons par transporter les plus malades.

Tous pourtant auraient grand besoin d'être transportés le plus rapidement possible.

Nous attendons avec impatience une réponse qui donne de l'espoir à nos pauvres blessés.

Veuillez agréer, Monsieur le Major, nos sentiments très respectueux.

Signé : P. Sevin, Guihard,

Infirmiers de l'ambulance n° 4.

L'adjoint de Fossé certifie l'authenticité de la présente lettre.

Signé : Poltié.

238.

DÉPOSITION reçue, le 29 octobre 1914, à Tours, par M. Marcombes, procureur de la République.

Vaudremer (Lucien), 46 ans, capitaine au 39e d'infanterie :

Serment prêté.

Le 20 ou le 21 août, entrant avec ma compagnie dans le village de Villers-Poterie (Belgique), je fus accosté par le médecin du bataillon de tirailleurs qui avait occupé ce point jusqu'alors. Il me demanda de mettre à sa disposition quelques hommes, pour aider son service à ramasser des blessés. Ces hommes, avec le personnel médical sous les ordres du médecin, munis de brancards, allèrent dans le village pour relever les blessés. Ils les portèrent sur la voiture d'ambulance qui stationnait devant une grange, sur la grande route traversant le village de l'est à l'ouest. A un moment donné, les Allemands, qui avaient cerné le village, s'emparèrent de deux points permettant de battre la route des deux côtés ; ils tirèrent ainsi sur les brancardiers, les médecins et la voiture : ils firent de nombreuses victimes. Comme leur tir était réglé à deux cents mètres à peine, ils n'ont pu se méprendre sur la qualité de ceux qu'ils visaient ; d'ailleurs, aucune méprise n'était possible, puisque les Allemands étaient très rapprochés et voyaient parfaitement les brancardiers et les croix rouges sur les voitures d'ambulance, et qu'il n'y avait à cet endroit que des blessés et le personnel médical.

Lecture faite, persiste et signe avec nous.

N° 239 [1].

DÉPOSITION reçue, le 19 décembre 1914, à ARGENTAN, par M. LIMOUZINEAU, procureur de la République.

LEFORT (Gaston-Denis-Oscar), 26 ans, actuellement caporal-infirmier au 104e d'infanterie :

Serment prêté.

Le 22 août 1914 au soir, je me suis trouvé près de la gare d'Ethe (Luxembourg belge), où j'étais resté après la retraite de mon régiment, avec quelques infirmiers, pour donner nos soins aux blessés.

Le 23 août au matin, sur les ordres d'un médecin auxiliaire du 103e régiment, nous avons transporté à la mairie d'Ethe d'autres blessés, relevés pendant la nuit. Puis nous sommes allés chercher une partie des blessés que nous avions secourus la veille et qui se trouvaient sous un hangar, à l'extrémité du bourg, parce qu'ils devaient être plus confortablement à la mairie.

A ce moment est arrivée une compagnie allemande qui appartenait, je crois, au 6e régiment d'infanterie bavaroise.

L'officier qui la commandait, prétextant que le nombre des infirmiers qui se trouvaient à la mairie était trop considérable, en prit douze qu'il fit mettre au milieu de ses hommes et emmener avec quelques infirmiers, brancardiers et autres prisonniers qui s'y trouvaient déjà.

Quelques instants plus tard, j'entendis une fusillade, et des habitants du village nous dirent que c'étaient nos camarades qui venaient d'être fusillés.

Environ une heure après, je pus me rendre sur les lieux avec d'autres brancardiers et constater qu'il était exact que soixante soldats français, dont vingt-cinq infirmiers ou brancardiers, avaient été fusillés à la sortie du bourg. Il y en avait encore quelques-uns, trois au moins, qui survivaient, mais qui étaient affreusement blessés ; deux sont d'ailleurs morts peu de temps après, bien que nous leur eussions donné des soins immédiatement.

Le même jour, de nombreux civils belges ont été fusillés à Ethe par les Allemands. Je n'en sais pas le nombre exact ; nous en avons relevé plusieurs qui n'étaient pas encore morts, et que nous avons portés à l'ambulance. Nous avons notamment relevé un bébé de quatre ou cinq mois, à côté de sa mère tuée et de sa grand-mère grièvement blessée.

Le même jour, 23 août, le feu a été mis au hangar sous lequel se trouvaient encore une partie de nos blessés, que l'arrivée des Allemands nous avait empêchés de transporter à la mairie, et vingt ou trente environ de ces malheureux ont péri dans les flammes.

Dans l'après-midi, le village d'Ethe a été complètement pillé par les soldats ennemis et la plupart des maisons ont été ensuite incendiées.

Interné depuis au camp d'Altengrabow, je suis rentré en France le mois dernier, à la suite d'un échange.

Lecture faite, persiste et signe avec nous.

---

(1) Cette déposition est complétée par les documents nos 240 à 243, qui n'ont été recueillis que postérieurement au dépôt du Rapport.

N° 240.

EXTRAIT DU RAPPORT fait, à son retour de captivité, par le médecin aide-major Joyeux, du 104e régiment d'infanterie.

Le Mans, 4 août 1915.

Ayant été affecté au 104e régiment d'infanterie dès le début de la mobilisation, j'ai été chargé d'assurer le service médical du 2e bataillon jusqu'au 22 août 1914.

Ce jour, après avoir couché à Latour (Belgique), nous venions de dépasser le village d'Ethe, nous engageant sur la route d'Arlon, lorsque l'attaque a commencé. J'étais avec mon bataillon. La route suit une vallée à peu près parallèle au ruisseau du Ton, affluent de la Semois. A ce moment, nous avons été surpris par l'ennemi occupant toutes les collines environnantes et faisant converger son feu sur nous. J'ai alors tenté d'établir plusieurs postes de secours à différents endroits, profitant des replis du terrain formés par les remblais de la route. Malheureusement, la situation est redevenue rapidement intenable; les brancardiers envoyés à la recherche des blessés ne revenant plus, j'ai essayé de regagner le village pour y établir une formation sanitaire. La voiture médicale du bataillon a tenté de revenir par la route; je ne l'ai plus revue depuis. Quant à nous, médecins et infirmiers, nous nous sommes jetés dans le ruisseau et nous avons ainsi réussi à atteindre les premières maisons; cette traversée a été des plus pénibles : en arrivant à notre but, il ne restait plus que les deux médecins, cinq ou six infirmiers et brancardiers. Nous avons rencontré, à ce moment, M. le général de Trentinian et son état-major dont faisait partie M. le médecin divisionnaire Simonin. Nous avons demandé des ordres à ce dernier; il nous a indiqué une maison où fonctionnait un poste de secours; nous nous y sommes rendus et avons pansé des blessés pendant quelques heures. Vers trois heures de l'après-midi, un officier a averti qu'il existait à l'entrée du village, chez un notaire, un poste de secours qui réclamait des médecins. J'ai alors confié nos blessés aux infirmiers et suis parti, avec M. le médecin auxiliaire Bénard et l'infirmier Hardy, étudiant en pharmacie, pour y donner mes soins. Après avoir parcouru environ deux cents mètres, nous nous sommes trouvés en présence d'une patrouille allemande, occupant une rue perpendiculaire à celle que nous suivions, qui a fait feu sur nous sans nous atteindre. Nous nous sommes réfugiés dans une maison voisine, et à peine venions-nous d'y entrer que passaient dans les rues des compagnies ennemies chargeant vers le haut du village. Devant l'affolement des habitants de la maison qui craignaient d'être compromis par notre présence, nous sommes sortis par une porte de derrière donnant sur le jardin. A ce moment, nous entendions des cris indiquant une charge à la baïonnette, et les balles sifflaient à nos oreilles de toutes parts. Nous sommes entrés dans une maison, pour y attendre une accalmie; mais bientôt nous avons pu constater, en regardant par les fenêtres, que les Allemands occupaient la rue en face de la maison : nous entendions leurs commandements et la continuation de la fusillade jusque fort avant dans la nuit. Enfin, vers trois heures du matin, les coups de feu cessent, et nous avons pu sortir. A ce moment, les Allemands et les Français étaient retirés chacun de leur côté; quelques gradés ralliaient des soldats et les entraînaient par la route où nous étions venus la veille. Nous avons décidé de concert avec le docteur Bénard de rester au village, pensant que notre présence était indiquée vu le grand nombre de blessés qu'on commençait à amener de toutes parts.

Nous avons donc installé nos blessés en cinq ou six endroits différents, notamment dans la maison d'école, à la gare, dans un café et dans quelques maisons particulières. Les habitants nous ont aidés à les soigner.

Vers sept heures du matin ont commencé à arriver les premières patrouilles ennemies; puis le gros des troupes a défilé. Un officier supérieur nous a tous fait sortir, m'a ordonné de conserver dix hommes comme personnel sanitaire et de lui remettre tous les autres soldats se trouvant autour de moi, valides ou blessés pouvant marcher. Ils ont été emmenés et fusillés une cinquantaine de mètres plus loin, sans aucun motif. A partir de ce moment ont eu lieu des scènes d'horreur dans tout le village, qui ont duré plusieurs jours. On a fusillé, sans le moindre motif, des soldats, des civils, femmes, enfants, vieillards. La plus grande partie du village a été pillée et brûlée. Nous-mêmes, quoique médecins, avons été bien souvent menacés, lorsque nous voulions nous interposer, et plusieurs fois emmenés par des soldats, dans le but avoué d'être massacrés au moindre prétexte. Grâce à ma connaissance de la langue allemande, j'ai pu réussir à persuader aux ennemis qu'il était de leur intérêt de me laisser la vie sauve, pour soigner au moins leurs blessés, et j'ai pu également tirer d'embarras un grand nombre de personnes qui, sans cela, auraient été fusillées. Nous avons dû, sans les moindres ressources, subvenir à l'alimentation, au logement et aux soins de nos blessés, d'un certain nombre d'Allemands (une cinquantaine environ), et de la population civile qui s'était réfugiée dans les greniers de l'école servant d'infirmerie. Nous avons pour cela réquisitionné la paille qui restait encore, sur laquelle se sont couchés les blessés; les animaux qui erraient dans les rues ont été sacrifiés et consommés; enfin, nous avons pu trouver quelques paniers médicaux dans les voitures brisées, abandonnées sur le champ de bataille.

Les habitants du grand-duché de Luxembourg, avec un zèle et un dévouement admirables, sont venus à plusieurs reprises nous porter secours. Ils ont évacué nos blessés en automobile, et nous-mêmes avons été emmenés à Luxembourg, d'où, selon la promesse d'un médecin allemand qui était venu nous visiter, nous devions rentrer en France. J'estime à six cents environ le nombre des blessés soignés à Ethe; une trentaine ont succombé avant leur évacuation.

En arrivant à Luxembourg, le 3 septembre, nous avons été, malgré nos protestations, dirigés sur Trèves, où on nous a internés à la Hornkaserne, tranformée en lazaret. . . . .

. . . .

Signé : Dr Joyeux.

N° 241.

EXTRAIT DU RAPPORT fait, à son retour de captivité, par le médecin-major de 1re classe Trassagnac, chef de service au 104e régiment d'infanterie.

Le 10 août 1915.

22 août 1914. — Ethe (Belgique). — Au lever, à cinq heures, aux Ruettes, je reçois l'ordre de mon commandant de suivre le 3e bataillon, qui doit aller cantonner à Saint-Léger. Aucun incident jusqu'à Ethe, que nous traversons au milieu du brouillard. Nous sommes en colonne de route, quand les premiers coups de feu éclatent, alors que nous venons de dépasser la gare. A notre gauche, deux officiers du 103e d'infanterie et des soldats du 103e et du 104e sont blessés ou tués. Le capitaine de Lavalade, du 103e, est frappé à mort.

Panser d'abord les blessés et les mettre à l'abri, rejoindre ensuite à l'arrière mon chef de service, voilà la décision prise. Il faut aller vite. Je garde avec moi le Dr Daniel, médecin auxiliaire du 3e bataillon (du 104e) et les infirmiers Bayard et Roulin. Je renvoie à l'arrière les autres infirmiers et brancardiers, mon ordonnance et mon cheval qui vient de recevoir une balle. La voiture médicale du bataillon ne peut plus traverser en ce moment. La route à traverser est balayée par les balles et les mitrailleuses.

Le nombre des blessés augmente sans cesse. Nous les rangeons dans la gare, après les avoir soignés. Dans la journée, quelques distributions d'eau, de vivres, de sacs ou de morphine leur sont faites. A la fin de la journée, j'ai le plaisir de constater qu'aucun d'eux n'a été blessé à nouveau; ils sont là environ soixante-dix. Et pourtant, balles et grenades tombent à nos côtés, perforant même les carreaux des fenêtres. Les deux fanions de la Croix-Rouge placés sur les deux façades de la gare, comme les paniers de pansements, sont déchirés par les balles. Le soir, pendant le bombardement, la gare reçoit seulement deux obus; l'un frappe un angle, l'autre fait une ouverture dans le toit, mais aucun de nos blessés ne reçoit la moindre égratignure.

Évacuer nos blessés couchés et me mettre en liaison avec mon chef de service n'est pas possible à cette heure. Un coup d'œil aux fenêtres me montre la ligne d'infanterie allemande placée en demi-cercle autour de la gare. J'avertis le Dr Daniel que nous allons partir dès la nuit tombante, avec la voiture et les blessés pouvant marcher.

Vers six heures et demie, nous entendons des coups de feu et les cris gutturaux des patrouilles allemandes. Avec Daniel, nous sortons pour éviter la fusillade de nos blessés. L'officier allemand nous sépare d'eux; mais, sur nos demandes réitérées, il nous laisse soigner les blessés d'une nouvelle zone où il nous amène.

Les régiments allemands passent à côté de nous; les premiers soldats de chaque formation nous mettent en joue, mais, constatant notre occupation, ils nous laissent à notre œuvre. Un colonel allemand juge que nous sommes trop près des lignes françaises et nous fait mener deux kilomètres plus loin; là encore, un groupe de blessés reçoit un premier pansement.

Il est trois heures du matin; encadrés entre les chevaux d'artillerie et les réserves d'obus, nous tombons de fatigue.

23 août. — Poste de secours allemand. — Dès l'aube, de nouveaux blessés sont amenés et pansés. Un groupe de civils belges, hommes, femmes et enfants, sont à côté et me demandent ce que l'on va faire d'eux. Cultivateurs paisibles, ils ont passé dans leur cave la journée du combat et espèrent, maintenant que tout est terminé, retrouver leur liberté.

Un général allemand est là et me fait appeler. Je lui demande, mais en vain, de revenir à Ethe où il y a nombre de blessés à soigner. « On a tiré sur nos troupes, me dit-il; en représailles, je vais faire lancer quelques grenades sur le village et commencer la fusillade. » Je lui réponds : « Oui, on a tiré sur vous; ce sont nos soldats avant de se replier. » Il me tourne le dos.

Cinq minutes après, pendant que je panse le lieutenant . . . , du . .[e] chasseurs, j'entends les Allemands séparer, à coups de crosse, les hommes belges de leurs femmes et de leurs enfants, et les fusiller presque à bout portant. Aucun jugement, même sommaire, n'a été rendu contre eux. Le triple crépitement de la fusillade étouffe leurs cris. Deux sentinelles allemandes nous amènent à un nouveau groupe de blessés et nous font passer à côté des cadavres, dont le sang coule encore.

Laissés là deux jours, sans remèdes et sans vivres (sauf de l'eau), on nous emmène enfin.

25 août. — A Etalle, dans un lazaret allemand, une ambulance commence à s'installer; elle est encombrée de blessés français et allemands.

Le canon tonne toujours, tout proche, et nous pourrions servir d'otages et de boucliers si l'armée française revenait.

Le médecin-chef allemand nous garde. Nous soignons surtout les blessés français, et les médecins allemands sont corrects vis-à-vis d'eux. La population belge, dont les maisons sont comblées de blessés, procure aux Français les soins les meilleurs; les Belges se privent de leurs lits et partagent leur nourriture avec nos compatriotes.

Et pourtant, l'affolement règne dans le village. Le 25 août, le vicaire est pendu, parce qu'il a dans sa poche un couteau et chez lui des panoplies de vieilles épées pour le patronage des garçons dont il est le directeur.

Les 26, 27, 28, les maisons les plus riches sont pillées (le linge et le vin sont en partie apportés à l'ambulance). Après le pillage, l'incendie et l'assassinat des habitants étouffent toute trace de crime. Dans un grand magasin que l'incendie a épargné, des coupons d'étoffe sont lacérés à coups de baïonnette à scie, afin d'être rendus inutilisables.

La population est terrorisée. Les femmes dont les maris ont été fusillés ne veulent pas croire à leur malheur, car elles sont sûres qu'il n'y pas eu de francs-tireurs. Pour éviter tout doute, les Allemands, sous la menace du fusil, forcent les parents de ceux qui ont été assassinés à creuser leurs tombes et à reconnaître les cadavres.

Les blessés de l'ambulance, trois cents Français environ, sont évacués peu à peu. La canonnade diminue vers Sedan. L'ambulance allemande doit se transporter à Reims, puis à Paris.

Le 2 septembre, nous sommes amenés à la Direction des Étapes, à Libramont. Le général-médecin ne veut pas discuter avec nous; il nous affirme que nous allons retourner en France par la Suisse.

A Coblentz, on nous embarque dans un wagon à bestiaux, avec un groupe d'officiers prisonniers. . . . .

Le médecin-major de 1re classe,

Signé : Dr Trassagnac.

N° 242.

EXTRAIT DU RAPPORT fait, à son retour de captivité, par le médecin-major de 2e classe Chon, du 14e hussards.

Alençon, le 20 août 1915.

Le 22 août 1914, le 14e régiment de hussards, qui avait cantonné à Chenois et à Saint-Mard (Luxembourg belge), partait au petit jour dans la direction de Saint-Léger. Après avoir traversé le village de Latour, le régiment dépassait les avant-postes du 103e d'infanterie et continuait sa route vers Ethe. Un brouillard extrêmement épais tombait, et nous marchions au pas. Tout d'un coup, le régiment partit au trot, puis au galop, au commandement de « Chargez! » qui parvint à nos oreilles. Quelques minutes après, nous traversions à toute allure le village d'Ethe, et nous apprenions que nous venions de poursuivre un détachement de cavalerie ennemi rencontré sur la route. Le régiment s'arrête derrière la gare d'Ethe, le service médical à hauteur de la gare elle-même. Nous relevons quelques cavaliers dont les chevaux s'étaient abattus au tournant d'une rue, puis nous attendons que quelques reconnaissances explorent le terrain. Quelques coups de feu partent; plusieurs balles tirées de très près sifflent au-dessus de notre tête : nous devons être au contact de l'ennemi.

A ce moment (six heures environ), le capitaine Delafon, adjoint au colonel, nous donne l'ordre d'aller ramasser un uhlan sur la route, en tête du régiment.

Notre aide-major, le docteur Levesque, part avec une voiture médicale et deux infirmiers, relève le cavalier allemand, qui avait une jambe fracturée, et recueille également le maréchal des logis Devaux, qui, tombé de cheval et atteint de fracture du crâne, avait été porté dans une maison sur le bord de la route.

M. Levesque, avec ses blessés, revient près de nous, et aussitôt le régiment se replie dans le village où il se masse, pendant que l'infanterie cherche à se déployer en avant de la gare. Le gros du régiment est dans Ethe même; un escadron cependant se trouve en partie derrière le pont du chemin de fer, qui sépare les deux agglomérations contiguës d'Ethe et de Belmont.

Nous allons nous placer derrière cet escadron, et comme le régiment stationne, nous voulons panser nos blessés, qui n'ont pu l'être encore et gémissent dans notre voiture. A côté de nous se trouve précisément une maison installée en ambulance; nous faisons descendre par nos hommes nos deux blessés et nous nous mettons en devoir de panser le maréchal des logis Devaux, de réduire et d'immobiliser la fracture de jambe du cavalier allemand.

Le combat semble s'engager sérieusement; les coups de feu partent maintenant nombreux et à courte distance. Nous donnons l'ordre au conducteur de notre voiture, resté à la porte de la maison d'ambulance, de nous prévenir immédiatement au cas où le régiment se porterait en avant. Nous terminions nos pansements, lorsqu'en effet on vient nous dire que le régiment part. Nous nous disposons à replacer dans notre voiture nos blessés pansés et envoyons notre sous-officier infirmier comme agent de liaison. Ce dernier part, et au moment où il se présente pour passer sous le pont du chemin de fer que le régiment vient de franchir il y a deux ou trois minutes, il est reçu par une grêle de balles. Aucune ne l'atteint, et il vient nous rendre compte qu'il n'a pu passer. Nous regardons par une fenêtre de la maison et nous voyons, à une vingtaine de mètres, de nombreux fantassins allemands qui occupent le pont et se dissimulent tout alentour, derrière un lavoir, en particulier, et sur le remblai du chemin de fer. Les Allemands attaquent le village à revers. Il nous est absolument impossible de sortir sans nous jeter sur les fusils allemands; nous n'avons qu'une issue, et elle est gardée. Avec angoisse, nous nous demandons comment nous allons nous échapper. Heureusement, les Allemands ne nous voient pas: notre voiture et nos chevaux sont dissimulés dans une impasse conduisant à un garage d'automobiles. Nous conservons cependant l'espoir que le pont sera bientôt dégagé et que nous pourrons rejoindre notre régiment. Il est sept heures environ. La bataille fait rage à présent. Les mitrailleuses allemandes placées dans le cimetière, dans les jardins avoisinants, les canons placés dans le village, tirent sans discontinuer. Les feux allemands et français se croisent sur nos têtes. Nous montons dans le grenier de la maison, d'où nous cherchons à observer le champ de bataille; quelques fantassins français venant de la direction d'Ethe se présentent pour passer le pont du chemin de fer et essuient, comme nous, le feu des Allemands. Ils rebroussent chemin; mais, comme le remblai du chemin de fer est occupé, ces malheureux se trouvent comme nous pris dans une impasse et se cachent dans les maisons.

Le brouillard s'étant dissipé, nous apercevons derrière Ethe de nombreuses colonnes d'infanterie allemande qui se disposent à entrer en action.

D'autre part, en avant du remblai du chemin de fer, vers neuf heures, nous voyons nettement des lignes de tirailleurs ennemis qui s'avancent en rampant. Nous avons l'impression d'être maintenant irrémédiablement coupés; nous ne pouvons même pas tenter de sortir de cette ambulance sans être fusillés à bout portant.

Nous avons avec nous : M. Levesque, aide-major de 1re classe de réserve; le maréchal des logis Huet, sous-officier infirmier; l'infirmier Guérin; l'infirmier Léger; le conducteur de la voiture de blessés, Boutruche; notre ordonnance, le cavalier Moulard; l'ordonnance de

M. Levesque, le cavalier Fourmond : au total, deux officiers, un sous-officier, cinq hommes.

Chacun d'entre nous épie, qui par une fenêtre, qui sur le toit de la maison, le moment propice qui nous permettra de fuir ; mais cet espoir nous abandonne peu à peu, l'action ne paraissant pas se dérouler à l'avantage des nôtres.

La matinée passe, terrible, et notre situation est toujours aussi critique. Au début de l'après-midi, les Allemands commencent à piller et à incendier les maisons situées derrière le pont du chemin de fer, tirent sur les fenêtres. Nous nous rendons compte que bientôt nous allons être découverts. L'espoir de nous échapper nous abandonne ; il ne nous reste plus que celui de voir respecter nos blessés et notre personnel. Il est environ trois heures de l'après-midi.

Les fantassins allemands défoncent les portes à coups de crosse les unes après les autres ; ils approchent de la maison où nous sommes abrités. Ils arrivent. Nos voitures et nos chevaux sont à la porte ; ils s'en emparent, puis pénètrent dans la maison. On les conduit dans la chambre des blessés, où nous étions tous réunis. Revolver au poing, un sous-officier nous demande rageusement des explications ; heureusement, nous pouvons lui répondre dans sa langue et lui expliquer que nous venons de soigner des blessés français et allemands. Il interroge les blessés allemands et sa colère semble se calmer. Il nous prend nos armes, puis emmène avec lui notre sous-officier et nos infirmiers, et nous dit de continuer à soigner sur place les blessés qui arrivent de plus en plus nombreux.

On se bat maintenant dans la rue ; les fantassins français coupés de leurs unités, comme nous l'étions nous-mêmes, se défendent de leur mieux ; de nombreux blessés allemands arrivent dans notre ambulance. Deux médecins allemands sont là, qui nous regardent faire.

Vers quatre heures, l'ordre est donné d'évacuer la maison, que, paraît-il, on va bombarder. On sort tous les blessés ; les médecins allemands emmènent leurs blessés et quelques-uns des nôtres. On nous laisse le soin de sortir nos blessés les plus graves et de les installer sur des civières improvisées. Toutes les maisons brûlent autour de nous ; celle que nous venons de quitter commence également à brûler. Escortés de fantassins allemands, aidés par quelques civils, on nous fait mettre en route.

M. Levesque et moi portons nous-mêmes nos blessés.

Nous traversons la rue principale du village, qui est maintenant une véritable fournaise ; les toits s'effondrent à nos pieds, les balles sifflent de tous côtés. Péniblement, nous arrivons aux dernières maisons. Nous voyons là, sur le bord de la route, notre petite voiture pour blessés absolument éventrée, le cheval ayant été pris.

Un peu plus loin, un peloton d'exécution ; en face de lui, sur un petit talus, sur le bord de la route, gisent enchevêtrés une cinquantaine de cadavres de prisonniers français qu'on vient de fusiller. Nous approchons et reconnaissons à leur veste bleue, à leur brassard, nos malheureux petits infirmiers qui n'ont pas été épargnés. Un sous-officier achève à coups de revolver ceux qui respirent encore ; il nous interpelle, nous fait poser nos brancards et nous donne, en allemand, l'ordre de lui désigner tous ceux des nôtres qui respirent encore. Nous répondons que nous ne voulons pas faire cette besogne, que nous sommes faits pour soigner et non pour tuer, que nous préférons subir le même sort. Furieux, ce sous-officier réitère son ordre et fait mine de tirer sur nous. Fort heureusement arrive à ce moment, à notre hauteur, l'officier allemand qui avait fait évacuer l'ambulance où nous venions d'être pris. Nous allons sur lui et lui expliquons ce qu'on exige de nous ; sa réponse est d'abord que les lois de la guerre veulent que l'on tue tous ceux qui ont tiré sur les troupes, qu'avec la justice allemande il n'y a pas de quartier. Nous lui faisons remarquer alors que, parmi ces hommes qu'on vient de fusiller, il y a nos infirmiers, qui ont été désarmés devant nous et qui non seulement n'ont pas tiré, mais, bien mieux, ont été faits prisonniers pour avoir voulu soigner avec nous des blessés allemands; que cette façon d'agir avec des infirmiers est contraire aux lois de la guerre. Après quelques instants d'hésitation, l'officier, pris de pitié et de remords peut-être, donne l'ordre d'arrêter cette fusillade. Nous insistons et lui demandons de pouvoir emmener avec nous ceux de ces malheureux qui n'étaient pas morts. Il finit par nous l'accorder, après nous avoir cependant dit qu'il valait mieux achever tout de suite les trop gravement atteints. Nous nous opposons à son projet. Ce dialogue avait lieu en allemand. Parlant français, nous nous adressâmes à nos pauvres fusillés pour leur dire : « Tous ceux qui peuvent, venez avec nous; du courage, nous vous emmenons. »

Ce fut un spectacle navrant et inoubliable de voir ces hommes, échappés miraculeusement à la mort, se dégager lamentablement de ce monceau de cadavres. Un avait le nez complètement arraché et était horrible à voir; d'autres, blessés aux jambes, nous suppliaient de venir les prendre. Nous pensions alors qu'après avoir remis nos blessés à une formation sanitaire allemande, nous pourrions revenir chercher ceux que nous ne pouvions prendre immédiatement. Il n'en fut rien, et plusieurs de ces malheureux moururent sans doute sans le moindre secours, à l'endroit où ils avaient été lâchement fusillés.

(Nous devions retrouver huit jours plus tard le cavalier Fourmond, ordonnance de M. Levesque; il avait eu la tête traversée, avait perdu connaissance et, revenu à lui dans la nuit, s'était traîné dans une maison où il fut découvert plus tard et amené à Virton ensuite. Il fut d'ailleurs évacué presque aussitôt en Allemagne.)

Nous reprîmes notre route, portant toujours nos blessés, suivis des hommes, une vingtaine, qui, sortis du tas de cadavres, pouvaient, en se soutenant mutuellement, marcher encore. On nous mène devant une ligne de tranchées allemandes et on trie nos blessés. Les moins graves sont emmenés tout de suite en arrière, pendant qu'on nous laisse, nous, devant les tranchées avec les cinq ou six blessés les plus graves. Ces malheureux poussent des cris affreux, et nous ne pouvons rien leur faire; nous n'avons pas un pansement, pas une goutte d'eau à leur donner. Nous les encourageons de notre mieux et leur disons que, comme on vient de nous en avertir, des infirmiers allemands vont venir les prendre. Mais une heure passe, puis deux; la nuit vient, et personne ne s'occupe de nous. Nous faisons un lit à nos blessés avec de l'avoine que nous arrachons dans un champ voisin. Nous sommes gardés par deux sentinelles qui nous préviennent que, si nous fuyons, nous sommes morts : « Wenn sie fliehen, sind sie todt », et qui nous repoussent brutalement lorsque nous voulons nous approcher de nos blessés, en prononçant un guttural : « Weiter! » (au large).

Nous assistons au spectacle navrant de l'incendie d'Ethe et de Belmont, incendie allumé systématiquement, maison par maison; aucune n'est épargnée. Des cris humains se mélangent aux cris d'animaux qui brûlent vivants dans leurs étables; quelques malheureuses bêtes, dont nous distinguons le dos à moitié brûlé, à la lueur de l'incendie, errent affolées autour de nous.

La nuit s'avance, personne ne vient toujours; nous pensons qu'on va nous laisser là jusqu'au lendemain.

Les : « Wer da? » et les réponses : « Fünf und zwanzig Regiment » retentissent successivement. Nous savons que nous sommes avec le 25e régiment d'infanterie.

Les sentinelles se relèvent toutes les deux heures; leur garde finie, elles vont au village et reviennent deux heures après, ivres, leurs baïonnettes à dos en dents de scie absolument rouges de sang jusqu'à la garde. Elles nous les passent sous les yeux. A un moment donné, nous comprenons que nos deux sentinelles discutent sur les moyens de se débarrasser de nous. Elles n'ont pas mangé, ne dorment pas; l'une d'elles nous fouille, nous prend nos couteaux, regarde nos porte-monnaie et nos montres. Nous nous mettons alors à parler allemand. Soupçonnant sans doute que nous avions compris leur conversation, elles furent moins dures avec nous, donnèrent même un peu d'eau et de sucre pour nos blessés.

La nuit nous parut terriblement longue; toutes les visions de la guerre qui se déroulaient devant nos yeux étaient vraiment effrayantes; et puis, qu'allait-il advenir de nous?

Au petit jour, le 23 au matin, on vient nous chercher pour être conduits auprès du général commandant le secteur. On nous oblige à laisser sur place les quelques malheureux blessés avec qui nous avons passé la plus affreuse des nuits. On nous conduit derrière Ethe, dans la direction de Saint-Léger. Il y a là de nombreuses troupes d'infanterie, d'artillerie, de cavalerie. Il y a là également, solidement encadré, un groupe de cent cinquante prisonniers français environ, capturés la veille.

On nous adjoint tout d'abord à deux médecins allemands appartenant au 46ᵉ régiment d'infanterie; nous devons nous tenir à leur disposition. Nous assistons au rassemblement; les régiments, les uns après les autres, prêtent leur serment avant la bataille et poussent les « hoch » et « hurrah » réglementaires.

Le général arrive à cheval, entouré de son état-major, parmi lequel nous distinguons une femme portant le casque à pointe.

Quelques ordres sont donnés; puis, tout d'un coup, on fait lever les prisonniers français et le général prononce cette parole : « Bis an dem letzten abgeschlagen! » (Abattez-les jusqu'au dernier).

Les malheureux avancent lentement, puis on les groupe; les Allemands forment le cercle autour d'eux. Nous-mêmes, M. Levesque et moi, on nous fait laisser les médecins allemands, à qui on nous avait adjoints tout d'abord, et on nous fait avancer avec le groupe des nôtres qu'on va fusiller.

Nous faisons part à notre compagnon Levesque de l'ordre que nous venons d'entendre; nous nous serrons la main et nous nous recueillons, remuant, dans cet instant suprême, toutes nos pensées les plus chères, évoquant le souvenir de tous ceux que nous laissons, voyant se dérouler, en une vision rapide, toute notre existence... Dans ce moment de tragique angoisse, nous nous préparons à mourir bravement. Quand même, nous voulons tenter encore une suprême démarche. Nous passons à la hauteur d'un des officiers d'ordonnance du général qui, la haine dans les yeux, les bras croisés, bombant le torse, regarde défiler devant lui tous ces prisonniers qu'au mépris des lois de la guerre et du droit des gens, on va fusiller sans pitié. En allemand, nous lui demandons ce que nous pouvons avoir fait pour mériter le châtiment que nous venons d'entendre ordonner. Nous lui disons dans quelles conditions nous avons été faits prisonniers, pour avoir voulu soigner un des leurs. Nous lui rappelons que nous devons être respectés et que nous sommes couverts par la convention de Genève.

Cet officier demande de nouveaux ordres à notre sujet au général et, après quelques instants, il est décidé qu'on va nous envoyer à Virton, distant de cinq kilomètres environ, pour y soigner les nombreux blessés français de la bataille de la veille et qui sont là sans médecins...

Signé : Dʳ Chon.

Le 9 septembre 1915, M. le médecin-major Chon a lu le rapport ci-dessus en présence de MM. le général Leautier, commandant les subdivisions de l'Orne; le lieutenant-colonel Petit, major de la garnison d'Alençon; le capitaine Roguemont, inspecteur du dépôt des convalescents d'Alençon.

Le docteur Chon a déclaré, sous la foi du serment, que ce rapport, dont les trente-neuf feuillets ont été paraphés par le général commandant les subdivisions de l'Orne, est exactement conforme à la vérité dans toutes ses parties.

Alençon, le 9 septembre 1915.

(*Suivent les signatures.*)

N° 243.

EXTRAIT DU RAPPORT adressé au général de division Galliéni, gouverneur militaire de Paris, par le soldat de 1re classe Lorsignol, infirmier au 103e régiment d'infanterie, à son retour de captivité.

Le 22 août 1914, je me trouvais à Ethe (près d'Arlon et Virton) avec l'ambulance, quand, à la fin de la journée, le village fut occupé par l'armée allemande. Je restai pour la nuit dans une des rares maisons épargnées par le feu, où quelques habitants s'étaient réfugiés. Au jour, avec quelques camarades, je suis allé relever les premiers blessés et grouper environ quatre cents blessés à la mairie d'Ethe. C'est l'adjudant-major Du Champ de La Genest (du 103e) et le docteur Joyeux qui s'efforcèrent d'organiser cette ambulance.

Nous étions là à prodiguer nos soins lorsque, vers huit heures du matin, arriva un détachement de vingt-cinq hommes bavarois avec un officier, qui pénétrèrent dans la mairie, forçant les portes des armoires, et fouillèrent partout pour voir si nous ne cachions rien.

L'officier donna l'ordre au personnel sanitaire présent de descendre dans la rue et y ajouta un certain nombre de blessés pouvant marcher, qu'il fit se relever à coups de botte dans les reins. J'eus le bonheur, en dépit de ses menaces, de pouvoir rester auprès du capitaine Tourte, du 104e, qui se trouvait grièvement blessé et que j'étais en train de panser, ce qui m'évita quelques secondes l'attention des Allemands.

De la fenêtre, je vis ceci : de mes camarades ou chefs rassemblés dehors, dix furent tirés à part et une quinzaine, dont un sergent de mitrailleurs nommé Fuster, sans autre forme, furent fusillés cinq mètres plus loin ; tous tombèrent, mais quelques-uns n'étaient que légèrement blessés. Les Allemands les contraignirent à se relever et à se joindre à un nouveau groupe formé de civils prisonniers, hommes, femmes, enfants, ainsi que certains prisonniers militaires de la veille. On les conduisit dans un pré, à l'entrée du village, où une mitrailleuse anéantit là les deux cents à deux cent cinquante malheureux, parmi lesquels le secrétaire de la mairie et le curé.

Les assassins partirent, les laissant tous pour morts.

Pendant la nuit, j'allai relever, parmi les moribonds, trois femmes, deux vieillards et deux enfants, un de quatorze ans et un de dix ans, et quelques soldats français.

Sept jours durant, nous vécûmes dans des décombres brûlants, sans autre nourriture, sauf celle que, la nuit, nous pouvions chercher dans les caves des maisons brûlées; car chaque troupe qui passait en patrouille nous tirait dessus ou rallumait l'incendie qui pouvait s'éteindre.

Nos premiers ennemis étaient partis dans la direction de Gomery.

Le septième jour, une nouvelle fusillade sur notre ambulance ne fit aucune victime; elle venait d'un groupe de soldats qui passaient, et ce fut la dernière. Il y avait là quatre cents ou quatre cent vingt-cinq blessés et environ deux cents femmes du village qui s'étaient abritées autour de nous, tant dans les caves que dans le grenier de la mairie.

Le huitième jour, un groupe de Luxembourgeois apprit notre détresse, et quelques heures après, grâce aux Luxembourgeois, nous fûmes ravitaillés.

Enfin, vivant sous les menaces et les exigences des patrouilles, nous fûmes gardés, nous et notre ambulance (grâce à une sœur qui s'entremit auprès du commandant allemand de Virton), par un poste allemand qui, depuis, fut affecté à notre surveillance.

Nous partîmes d'Ethe le 4 septembre 1914; tous nos malades ont été transportés par les automobiles des Luxembourgeois. Nous fûmes évacués sur Trèves.....................

....

Signé : Lorsignol.

N° 244.

DÉPOSITION reçue, le 27 octobre 1914, à Lyon par M. Laborde, juge de paix.

Bernollin (Claude), 26 ans, brancardier au 133e d'infanterie, actuellement en traitement à l'hôpital Saint-Joseph :

Serment prêté.

Le 3 septembre, à Saulcy, près de Saint-Dié, nous sommes partis huit brancardiers pour chercher deux blessés du 23e d'infanterie, qu'on nous avait indiqués entre Saulcy et Entre-Deux-Eaux. A deux cents mètres de la maison indiquée, nous avons entendu un murmure de voix dans un bois; le premier de nous dit : « Ce sont des Allemands, faisons voir nos brancards. » Nous n'avions que nos capotes, sans armes, sans équipement; mais nous avions le brassard de la Croix-Rouge. Les Allemands nous ont fait signe d'avancer : ils étaient une douzaine environ; nous hésitions à nous approcher, et quand nous avons été à découvert, le long d'un champ d'avoine, ils nous ont tiré dessus. Nous avons été deux blessés, l'un au bras, l'autre à la jambe, et deux disparus; on m'a affirmé plus tard qu'ils avaient été faits prisonniers. J'affirme que les Allemands ne pouvaient pas douter que nous étions des brancardiers.

Lecture faite, persiste et signe avec nous.

Nos 245, 246.

DÉPOSITIONS reçues, le 26 octobre 1914, à Meung-sur-Loire (arrondissement d'Orléans), par M. Guy, juge de paix.

Blétry (Jacques-Gaston), 28 ans, sergent au 267e d'infanterie, actuellement en traitement à l'hôpital temporaire n° 46 :

Serment prêté.

A la bataille devant La Neuville, me trouvant dans les tranchées, nous voyions le terrain séparant les armées en présence jonché de morts et de blessés. Pendant une accalmie du feu, nos brancardiers furent envoyés sur le terrain pour relever les blessés et morts français et allemands. Les ennemis laissèrent les brancardiers faire tout d'abord leur service; lorsqu'ils constataient que cinq à six brancards étaient sortis, ce qui représentait de douze à quinze brancardiers, ils ouvraient aussitôt le feu sur ces hommes qui durent, dans ces circonstances, abandonner leur travail.

Holchout (Albert), sergent au même régiment, qui se trouvait sur les lieux, confirme en tout point le récit du sergent Blétry.

Lecture faite, les sergents Blétry et Holchout persistent et signent avec nous.

FAITS NON CITÉS DANS LE RAPPORT.

N° 247.

DÉPOSITION reçue, le 4 novembre 1914, à Melun, par M. Jozon, juge d'instruction.

Dupré (Léopold), 22 ans, soldat au 4e bataillon de chasseurs à pied, actuellement en traitement à l'hôpital auxiliaire de l'École supérieure des filles :

Serment prêté.

Vers le 20 septembre, étant à Cauroy, près Reims, j'ai vu les Allemands tirer sur des blessés français qui cherchaient à se traîner jusqu'à nos lignes.

Vers le 6 août, du côté de Morhange, en Lorraine annexée, j'ai vu les Allemands tirer sur nos brancardiers, qui allaient relever les blessés. Plusieurs des brancardiers ont été blessés.

Lecture faite, persiste et signe avec nous.

N° 248.

DÉPOSITION reçue, le 4 novembre 1914, à Draguignan, par M. Duchesne, juge d'instruction.

Colombier (Gabriel), 22 ans, soldat au 7e bataillon de chasseurs alpins, actuellement blessé, en garnison au dépôt à Draguignan :

Serment prêté.

Le 13 août 1914, entre le col de Sainte-Marie-aux-Mines et celui du Bonhomme, nos blessés gueulaient (*sic*) ; nous voulions aller les relever ; les brancardiers se sont présentés ; mais, ni les uns ni les autres, nous n'avons pu aller les relever, car les ennemis tiraient sur nous. Nous avions combattu depuis neuf heures du matin, et il était deux heures du soir environ. Le feu avait cessé. Nous étions à la lisière d'un bois, les ennemis se trouvaient dans des tranchées à trois ou quatre cents mètres, et nos blessés se trouvaient dans les prés, à découvert. Lorsqu'un des nôtres ou un brancardier sortait du bois pour s'avancer dans le pré, l'ennemi tirait sur lui. Une dizaine de blessés se trouvaient dans le pré, et ce n'est qu'à la nuit que nous avons pu nous approcher ; on en a relevé peut-être cinq ou six, et les autres étaient morts.

Lecture faite, persiste et signe avec nous.

N° 249.

DÉPOSITION reçue, le 2 décembre 1914, à TOULOUSE, par M. VINCENT, commissaire de police.

BEYER (Paul), 24 ans, soldat au 102e d'infanterie, actuellement en traitement à l'hôpital auxiliaire n° 1 :

Serment prêté.

Le 22 août, vers neuf heures du matin, me trouvant blessé entre Charleroi et Virton, dans une maison, derrière un cimetière, le lieutenant-major chargea deux brancardiers d'aller relever un blessé qui lui était signalé, leur recommandant de hisser un drapeau de la Croix-Rouge à l'extrémité d'un bâton long de deux mètres environ. De la pièce où je me trouvais, je suivis des yeux les deux hommes, qui s'en allaient munis d'un brancard. Ils avaient à peine fait cent cinquante mètres que des Allemands, dissimulés dans un bois voisin, leur tirèrent dessus. Les deux hommes tombèrent. Ayant à ce moment dû évacuer moi-même la maison, j'ignore ce qu'ils devinrent.

A deux kilomètres environ de là, à Ruette, je pénétrai dans une maison où se trouvaient des religieuses, pour me faire panser en même temps qu'une trentaine d'autres blessés. La supérieure, pour nous préserver, fit hisser un drapeau de la Croix-Rouge; mais, par trois fois, le pavillon fut renversé par les obus qui tombaient sur la maison, que nous dûmes évacuer.

Lecture faite, persiste et signe avec nous.

N° 250.

DÉPOSITION reçue, le 19 octobre 1914, à ARGELÈS-SUR-MER (Pyrénées-Orientales), par M. ALABERT, juge de paix.

MALQUIT (Émile), 24 ans, soldat au 46e d'infanterie, hospitalisé à Banyuls-sur-Mer :

Serment prêté.

Le 22 août 1914, vers neuf heures, je transportai sur un brancard, dans une rue de Gorcy (Meurthe-et-Moselle), avec Voiturin (André), le caporal Meitz qui venait d'être blessé ; j'ai vu des soldats allemands, postés sur une crête à environ deux cents mètres du village, tirer sur les brancardiers, par conséquent sur nous comme sur nos camarades. Nous étions cependant munis visiblement, sur le bras gauche, du brassard de la convention de Genève. L'ennemi n'a cessé de tirer sur nous tant qu'il a pu nous apercevoir.

Lecture faite, persiste et signe avec nous.

N° 251.

DÉPOSITION reçue, le 4 novembre 1914, à MELUN, par M. JOZON, juge d'instruction.

DROUVILLE (Charles), 25 ans, soldat au 69e d'infanterie, actuellement en traitement à l'hôpital auxiliaire de l'École supérieure des filles :

Serment prêté.

Le 28 août, aux environs de Frascati, à quatre kilomètres de Lunéville, nous avons entendu des gémissements. Nous nous sommes approchés et nous avons vu un soldat du 79e d'infanterie française, qui avait un bras et une jambe fracturés. Comme il était nécessaire qu'il fût placé sur un brancard, nous lui avons envoyé des brancardiers. Quand ceux-ci arrivèrent, les Allemands qui étaient dans les tranchées tirèrent dessus. Les brancardiers durent se retirer, et nous fûmes obligés de repousser les Allemands pour pouvoir prendre le blessé.

Lecture faite, persiste et signe avec nous.

N° 252.

DÉPOSITION reçue, le 24 octobre 1914, à Béziers, par M. Roux, juge de paix.

Rouaix (Jean), 22 ans, soldat au 122e d'infanterie, actuellement en convalescence à l'hôpital temporaire n° 27 :

Serment prêté.

Vers la fin d'août, sans pouvoir mieux préciser, après le combat de Bisping, en Lorraine annexée, j'ai vu les soldats allemands tirer des coups de feu sur les brancardiers français et notamment sur les soldats musiciens du 96e d'infanterie, lesquels étaient occupés à relever les blessés.

Lecture faite, persiste et signe avec nous.

N° 253.

DÉPOSITION reçue, le 26 octobre 1914, à Albi, par M. Lisbonne, procureur de la République.

Pac (Ferdinand), soldat au 24e colonial, hospitalisé à l'hôpital temporaire n° 8 :

Serment prêté.

Le 15 septembre, près de Blaise, sur la Marne, nous avions combattu toute la journée, nos troupes occupant une crête et les Allemands une autre; entre les deux se trouvait un petit village incendié. Le soir, après la bataille, je fus chargé, avec d'autres brancardiers, d'aller relever les blessés ; un d'eux nous fut signalé près d'une meule de paille ; cette meule était en feu et éclairait la route, à moitié crête, où se trouvait l'ennemi. Celui-ci ne pouvait pas ne pas nous distinguer parfaitement, et il se rendit très bien compte que nous étions des brancardiers relevant des blessés. Malgré cela, au moment où nous eûmes chargé le blessé sur le brancard, ils nous tirèrent plus de cent coups de fusil, et ne cessèrent le feu que lorsque nous eûmes disparu dans le village; à la sortie de ce village, ils ont encore tiré sur nous. Nous portions le brassard de la Croix-Rouge et étions sans armes.

A un moment donné, nous avons fait prisonniers trois infirmiers allemands qui, non seulement étaient en armes, mais encore portaient sur eux des revolvers.

Lecture faite, persiste et signe avec nous.

N° 254.

DÉPOSITION reçue, le 13 octobre 1914, à LECTOURE, par M. ALBERT, juge d'instruction.

DOUX (Barthélemy), 25 ans, soldat au 12e d'infanterie, actuellement en traitement à l'hospice :

Serment prêté.

Le 18 septembre dernier, près de Craonne, entre Craonnelle et Oulches, j'allais, avec deux camarades infirmiers, relever deux blessés français, à cent cinquante mètres de l'ennemi, qui se trouvait à la lisière d'un bois. Nous étions revêtus tous trois de l'insigne de la Croix-Rouge; les Allemands, cependant, tirèrent sur nous. Nous montrâmes alors le brancard de la Croix-Rouge qui était complètement ouvert; ils continuèrent toutefois à tirer sur nous. Pour aller jusqu'aux blessés, nous dûmes ramper. Comme ces blessés avaient tous les deux une jambe cassée, je dus m'accroupir pour les aider à placer leur jambe dans le brancard. Je fus aussitôt blessé de deux balles : l'une à la cuisse et l'autre à la poitrine. Je pus me sauver en rampant sous la mitraille de l'ennemi. Je ne sais pas ce que sont devenus les deux blessés et mes deux camarades infirmiers.

Lecture faite, persiste et signe avec nous.

N° 255.

DÉPOSITION reçue, le 4 novembre 1914, à MELUN, par M. JOZON, juge d'instruction.

CHEVALLIER (Georges), 37 ans, comptable, soldat au 5e d'infanterie, actuellement en traitement à l'hôpital auxiliaire de l'École supérieure des filles :

Serment prêté.

Vers le 18 septembre, j'ai vu à Pouillon (Marne) l'artillerie allemande tirer sur le groupe formé par l'église et l'école. L'église contenait des blessés et portait sur le clocher le drapeau de la Croix-Rouge. Sept des blessés qui se trouvaient dans l'église ont été tués par des obus allemands. D'autres ont été tués par l'éboulement de l'école, détruite par l'artillerie allemande.

Du 24 au 26, j'étais dans des tranchées en avant du pont du Ganda, vers Cauroy. Pendant ces trois jours, j'ai vu les Allemands tirer sur nos brancardiers chaque fois qu'ils allaient ramasser des blessés. Notre colonel a même, par suite, été obligé de faire prendre des fusils aux brancardiers, afin qu'ils pussent se défendre. Plusieurs fois, j'ai vu des brancardiers blessés et obligés de se replier sans avoir pu accomplir leur mission.

Le 27 septembre, jour où j'ai été blessé, j'ai vu les Allemands venir à nous vêtus avec des uniformes français. Il y en avait environ soixante. A la faveur de ce déguisement, ils purent traverser notre première tranchée et nous tirer ensuite dans le dos. Cela a causé un moment de confusion terrible. Ceci se passait à huit heures un quart du soir, à six cents mètres en avant du pont du Ganda, à droite, à cent mètres de la ferme de Luxembourg.

Lecture faite, persiste et signe avec nous.

N° 256.

DÉPOSITION reçue, le 29 octobre 1914, à Toulon, par M. Couve, juge d'instruction.

Merlin (Alphonse), 22 ans, soldat au 13e d'infanterie, actuellement en traitement à l'hôpital civil :

Serment prêté.

Je confirme la déclaration que j'ai faite au commissaire de police, avant-hier 27 octobre, et dont vous venez de me donner lecture.

Le 3 octobre courant, je me trouvais à Saint-Agnant (Meuse) avec mon régiment. Nous avions creusé de petites tranchées en face des troupes allemandes, qui n'étaient pas à plus de cent cinquante mètres de nous. Un certain nombre d'hommes ont été blessés et ont dû rester sur place jusqu'au lendemain matin ; lorsque des infirmiers sont venus les relever, ces derniers, qui portaient les insignes de la Croix-Rouge, ont essuyé le feu des Allemands, qui, à la courte distance où ils se trouvaient, ne pouvaient pas se méprendre sur ces insignes. Aucun d'eux cependant n'a été atteint.

Lecture faite, persiste et signe avec nous.

IV

§ 2. — BOMBARDEMENTS D'AMBULANCES ET TIRS SUR DES CONVOIS SANITAIRES.

N° 257.

DÉPOSITION reçue, le 30 octobre 1914, à VICHY (Allier), par M. CHAYRON, juge d'instruction de l'arrondissement judiciaire de CUSSET.

VAIVRAND (Michel-Henri), 30 ans, médecin aide-major de 2e classe à l'hôpital militaire temporaire n° 46 :

Serment prêté.

Lors de la mobilisation, j'ai été affecté comme médecin aide-major au 17e bataillon de chasseurs à pied, en garnison à Baccarat, et versé dans les services d'avant-poste. Là, j'ai été témoin des faits suivants :

Dans la nuit du 11 au 12 août, je commandais un détachement de brancardiers qui ramassaient les blessés entre Saint-Maurice et le bois des Hayes. Nous étions éclairés par des lanternes et nous étions suivis de voitures de réquisition pour le transport des blessés. A un moment donné, nous avons subi une fusillade intense de l'infanterie ennemie. Un brancardier a même été tué à mes côtés.

Le 13 août, vers cinq heures et demie du soir, entre Pexonne et Badonviller, ramassant également des blessés avec plusieurs infirmiers, la bataille complètement terminée, j'ai été encore, avec mes hommes portant le brassard de la Croix-Rouge, l'objet d'une fusillade nourrie. J'avais à la main un fanion d'ambulance, et l'ennemi n'était certainement pas à une distance de plus de deux cents mètres.

Le 25 août, étant à Baccarat, j'ai assisté au bombardement, certainement volontaire, de l'hôpital de cette ville. Cet hôpital, sur lequel était arboré le drapeau de la Croix-Rouge, fut survolé par un aéroplane qui le désigna aux batteries ennemies par la fusée d'usage. L'hôpital était heureusement en grande partie évacué et il ne restait au total que quarante-deux blessés, dont douze blessés allemands.

A Baccarat, dans un hôpital temporaire de couverture, j'ai constaté plusieurs blessures semblant provenir de balles explosives. Deux de ces blessures présentaient des caractères particulièrement précis et typiques : orifice d'entrée normal, éclatement de la balle à l'intérieur des tissus, chair déchiquetée à la sortie sur une très large surface. Dans ces deux cas, il ne pouvait y avoir de confusion avec des ricochets de balle.

Précédemment à ces constatations, le 22 août, dans l'après-midi, parcourant les champs de bataille aux alentours de Badonviller, j'ai vu des cadavres de soldats français qui avaient dû tomber blessés et être achevés par des coups de baïonnette à scie. Les corps portaient des sections en croix, au niveau de l'abdomen, qui indiquaient nettement qu'elles avaient été faites au moyen d'une baïonnette à scie. J'ai même eu l'occasion de voir certaines de ces armes trouvées sur le champ de bataille.

A Vichy, où j'ai été ensuite affecté, j'ai constaté, à l'hôpital temporaire n° 45, une blessure qui avait dû être produite également par une balle explosive. Les caractéristiques de cette blessure étaient les mêmes que celles indiquées plus haut. Au cours de l'opération pratiquée sur le blessé, j'ai retrouvé l'enveloppe d'une balle qui présentait à sa surface des sillons faits à l'aide d'un instrument contondant. Ce blessé est mort des suites du tétanos.

Lecture faite, persiste et signe avec nous.

N° 258.

DÉPOSITION reçue, le 19 octobre 1914, à TARARE (Rhône), par M. CAILLIER, juge de paix.

CORNU (Théodore), 26 ans, soldat au 6ᵉ régiment d'infanterie coloniale, actuellement en traitement à l'ambulance de la rue Gambetta :

Serment prêté.

Le 24 août dernier, dans l'après-midi, au combat de Baccarat, au moment où, en retraite, nous traversions cette ville, j'ai vu tomber des obus sur l'hôpital: c'est sûrement avec intention de détruire cet établissement hospitalier, qui renfermait de nombreux blessés français, que les Allemands agissaient ainsi.

Le 23 septembre au soir, faisant partie d'un détachement qui avait capturé un convoi allemand, j'ai remarqué que l'un des soldats qui défendaient ce convoi, fait prisonnier, était porteur de balles dum-dum, qui furent saisies par le capitaine commandant le bataillon.

Lecture faite, persiste et signe avec nous.

N° 259.

DÉPOSITION reçue, le 29 octobre 1914, à TOULON, par M. COUVE, juge d'instruction.

DUPLAN (Alexandre), 31 ans, sergent-fourrier au 311ᵉ d'infanterie, section hors rang, actuellement à l'hôpital civil :

Serment prêté.

Je confirme la déclaration que j'ai faite au commissaire de police avant-hier, 27 octobre, et dont vous venez de me donner lecture.

Le 10 septembre dernier, me trouvant à Seraucourt (Meuse), j'ai pu constater qu'un poste de secours d'infirmiers, établi dans une ferme et contenant un grand nombre de blessés, était bombardé par l'artillerie allemande, ce qui a occasionné la mort de nombreux blessés.

Ce bombardement a eu lieu après un repérage effectué par des aéroplanes allemands. Il y avait devant la ferme des voitures d'ambulance, dont chacune portait les fanions de la Croix-Rouge, et c'est certainement à dessein que le tir de l'artillerie a été dirigé sur cette ferme, malgré les fanions indiquant qu'elle contenait des blessés.

Lecture faite, persiste et signe avec nous.

N° 260.

DÉPOSITION reçue, le 29 octobre 1914, à TOULON, par M. COUVE, juge d'instruction.

FOUCOU (Léopold), 24 ans, brancardier au 22e colonial, section hors rang, actuellement à l'hôpital civil :

Serment prêté.

Je confirme les déclarations que j'ai faites au commissaire de police, et dont vous venez de me donner lecture.

J'étais brancardier à Minaucourt (Marne), lorsque j'ai été blessé, le 11 octobre, par des éclats d'obus, en même temps que mon camarade Sobotka, qui est en traitement dans le même hôpital que moi.

Un aéroplane allemand avait repéré l'ambulance signalée par un fanion de la Croix-Rouge, et c'est quelques minutes après, que le tir de l'artillerie allemande a été dirigé, certainement à dessein, sur l'ambulance. L'ambulance était installée dans l'église, qui s'est effondrée à la suite du bombardement, ensevelissant de nombreux blessés.

Lecture faite, persiste et signe avec nous.

N° 261.

DÉPOSITION reçue, le 22 octobre 1914, à NICE, par M. PRÈVE, substitut du procureur de la République.

PELLOT (Jean), 31 ans, aide-major de réserve au 154e d'infanterie, en temps ordinaire chirurgien à Épernay :

Serment prêté.

Le samedi 22 août 1914, dans la soirée, je me trouvais à Xivry-Circourt (Meurthe-et-Moselle). J'ai vu des Allemands tirer sur des voitures de blessés portant le pavillon de la Croix de Genève; ils tiraient à quarante mètres environ et ne pouvaient ignorer qu'il s'agissait de voitures d'ambulance.

Vingt minutes après, le village flambait, en particulier la maison des blessés, à laquelle j'ai vu mettre le feu; et les Allemands chantaient.

Lecture faite, persiste et signe avec nous.

Nos 262, 263.

DÉPOSITIONS reçues, le 27 octobre, à BERGERAC, par M. CROZES, juge de paix.

CANU (Waninge), 23 ans, canonnier au 22e d'artillerie, actuellement en traitement à l'hôpital annexe Davoust n° 17 :

Serment prêté.

Le 16 septembre dernier, je fus blessé à Berry-au-Bac (Aisne) et transporté à la sucrerie de cette ville, qui servait d'ambulance et sur laquelle flottait le drapeau de la Croix-Rouge. Il était vers les trois heures du soir, et vers les cinq ou six heures, trois ou quatre obus tombèrent sur la sucrerie. Le lendemain, le bombardement de la sucrerie recommença dans la matinée et dans la soirée. Un infirmier, qui faisait la cuisine, fut blessé le matin par un de ces obus. Le surlendemain, le bombardement continua et, dans la nuit, je fus évacué sur Jonchery.

Lecture faite, persiste et signe avec nous.

Bournoville (André), 24 ans, soldat au 43e d'infanterie, actuellement en traitement à l'hôpital annexe n° 17 :

Serment prêté.

Ayant été blessé à Berry-au-Bac (Aisne), le 17 septembre, je fus transporté à la sucrerie de cette ville, sucrerie qui servait d'ambulance et sur laquelle flottait le drapeau de la Croix-Rouge. Il était environ une heure du matin lorsque j'y arrivai. Le lendemain, des obus tombèrent sur la sucrerie, et le soir même, je fus évacué à Jonchery.

Lecture faite, persiste et signe avec nous.

N° 264.

DÉPOSITION reçue, le 3 novembre 1914, à Bergerac, par M. Crozes, juge de paix.

Beullard (Georges-Hyacinthe), adjudant au 48e bataillon de chasseurs à pied, actuellement en traitement à Bergerac (Croix-Rouge):

Serment prêté.

Ayant été blessé, le 14 septembre dernier, à Berry-au-Bac (Aisne), dans la matinée (huit heures), je me suis transporté comme j'ai pu à l'ambulance qui avait été établie dans la sucrerie de ce village. Le lendemain, ainsi que les 16, 17 et 18, des obus shrapnells tombèrent sur le toit, blessant un cuisinier et un artilleur qui traversait la cour.

Le drapeau de la Croix-Rouge flottait sur la cheminée de l'usine, et le 16 dudit mois, on ajouta deux autres drapeaux aux extrémités des bâtiments, dans la crainte que l'ennemi n'ait pas fait attention à celui déjà placé sur la cheminée de l'usine.

Un major allemand prisonnier faisait des pansements dans l'ambulance; il constata lui-même l'incorrection de ce procédé, à tel point qu'il voulut aller parlementer; mais le major qui dirigeait l'ambulance n'a pas voulu le laisser partir.

Lecture faite, persiste et signe avec nous.

Nos 265, 266, 267.

DÉPOSITIONS reçues, le 5 novembre, à Prez-en-Pail (Mayenne), par M. Peigné, procureur de la République à Mayenne.

Crétel (Aymard), 29 ans, soldat au 254e d'infanterie, actuellement en traitement à l'annexe de l'hôpital temporaire n° 24 de Mayenne :

Serment prêté.

J'ai été blessé, le 14 septembre 1914, à Berry-au-Bac, et j'ai été porté dans une ambulance; le 16, vers cinq heures du soir, des obus sont tombés sur l'ambulance et ont blessé des hommes qui s'y trouvaient. Le feu de l'ennemi était si violent que l'on ne pouvait pas évacuer l'ambulance. Le samedi 19, un médecin principal est venu nous voir et il a donné l'ordre de nous évacuer à tout prix, après nous avoir dit qu'on ne nous avait pas oubliés, mais qu'il n'avait pas été possible de venir nous chercher. Lui-même était passé sous le feu pour venir nous voir.

J'affirme qu'il y avait sur l'ambulance un drapeau de la Croix-Rouge.

Nous sommes partis pendant la nuit, alors que la canonnade était moins violente et le tir un peu moins précis.

Lecture faite, persiste et signe avec nous.

Fouquet (Pierre), 27 ans, soldat au 225e d'infanterie, actuellement en traitement à l'annexe de l'hôpital temporaire n° 24, de Mayenne :

Serment prêté.

C'est le 16 septembre 1914 que j'ai été blessé et conduit à l'ambulance de Berry-au-Bac. Il n'y avait pas une heure que j'y étais, lorsque les obus ont commencé à tomber sur la toiture. La maison ayant un étage au-dessus du rez-de-chaussée, on a fait descendre tous les blessés du premier étage pour qu'ils soient un peu moins exposés. Néanmoins, il y en a qui ont été blessés de nouveau, et deux infirmiers ont été blessés aussi. Un drapeau de la Croix-Rouge était arboré sur l'ambulance.

Lecture faite, persiste et signe avec nous.

Lemière (Jules), 29 ans, soldat au 205e d'infanterie, actuellement en traitement à l'annexe de l'hôpital temporaire n° 24, de Mayenne:

Serment prêté.

J'ai été blessé, le 17 septembre 1914, à Berry-au-Bac, et transporté dans une ambulance qui, à partir du 16, était déjà bombardée par les Allemands. Tout le temps que j'y suis resté, c'est-à-dire jusqu'au 19 au soir, le bombardement a continué; et cependant, il y avait sur le bâtiment un drapeau de la Croix-Rouge, qui était bien visible.

Lecture faite, persiste et signe avec nous.

N° 268.

DÉPOSITION reçue, le 14 novembre 1914, à Mayenne, par M. Peigné, procureur de la République.

Peter (Joseph), 21 ans, soldat au 148e d'infanterie, actuellement en traitement à l'hôpital temporaire n° 34 :

Serment prêté.

J'ai été blessé, le 17 septembre 1914, aux environs de Berry-au-Bac, et j'ai été transporté à l'ambulance de cette localité, où j'ai passé la soirée du 17, la nuit du 17 au 18, la journée du 18, la nuit du 18 au 19 et la journée du 19. Pendant tout ce temps, l'ambulance a été bombardée par les Allemands, bien qu'elle fût surmontée d'un drapeau de la Croix-Rouge de grandes dimensions et bien visible. A la suite d'une visite que nous a faite, le 19, un médecin principal, on nous a évacués dans la soirée, une fois la nuit close.

J'ai entendu dire que des blessés avaient été atteints de nouveau et qu'un infirmier avait été blessé, mais je ne l'ai pas vu.

Lecture faite, persiste et signe avec nous.

N° 269.

DÉPOSITION reçue, le 2 décembre 1914, à Toulouse, par M. Champol, commissaire de police.

Paramé (Léon), 25 ans, soldat au 205e d'infanterie, actuellement en traitement à l'hôpital temporaire n° 17 :

Serment prêté.

Le 30 septembre, ayant été blessé à Berry-au-Bac, je m'étais rendu à une sucrerie où avait été installée une ambulance et sur les bâtiments de laquelle flottait, en conséquence, le drapeau de la Croix-Rouge; on avait à peine commencé de me faire un pansement, que les Allemands ont tiré sur la sucrerie, que nous avons dû précipitamment évacuer. Le drapeau de la Croix-Rouge a été déchiqueté par les projectiles.

Lecture faite, persiste et signe avec nous.

N° 270.

DÉPOSITION reçue, le 30 octobre 1914, à Bergerac, par M. Crozes, juge de paix.

Samuel (Charles), 37 ans, sergent au 1er tirailleurs sénégalais, actuellement en traitement à l'hôpital temporaire n° 18 :

Serment prêté.

Ayant été blessé le 15 octobre, présent mois, à Berry-au-Bac (Aisne), je me transportai comme je le pus à l'ambulance de cette localité, qui était installée dans une raffinerie, le drapeau de la Croix-Rouge flottant très visiblement au faîte de l'usine. Ce jour-là, entre trois et quatre heures de l'après-midi, trois obus de 21 centimètres tombèrent sur l'ambulance; en outre, de quatre à cinq heures, une quantité très grande d'obus tombèrent aussi sur l'ambulance.

Lecture faite, persiste et signe avec nous.

N° 271.

DÉPOSITION reçue, le 23 octobre 1914, à Champdeniers (Deux-Sèvres), par M. Démoutier, juge de paix.

Ouvrard (Arsène), soldat de la classe 1909, incorporé au 125e d'infanterie, actuellement en traitement à Champdeniers :

Serment prêté.

Dans les premiers jours de septembre, très peu de temps avant ma blessure, j'étais engagé dans les environs de Réméréville; je me trouvais à très peu de distance des ambulances françaises et j'ai pu constater que l'ennemi tirait constamment dessus, à tel point que le personnel médical s'est vu obligé d'abandonner le convoi de blessés. Ma blessure provient d'un éclat d'obus.

Lecture faite, persiste et signe avec nous.

N° 272.

DÉPOSITION reçue, le 5 novembre 1914, à Montpezat (Lot-et-Garonne), par M. Dhuguet, juge de paix de Prayssas.

Saint-Martin (Auguste), 22 ans, soldat affecté au 114e d'infanterie, actuellement en traitement à l'hospice de Montpezat :

Serment prêté.

Le 25 août, me trouvant à Réméréville (Meurthe-et-Moselle), j'ai vu des Allemands poursuivre nos brancardiers et tirer sur eux et la Croix-Rouge, distants à peine de deux cents mètres.

Il m'a été aisé de faire cette constatation, car nous nous repliions sur la lisière d'un bois éloigné d'eux d'environ trois cents mètres.

Lecture faite, persiste et signe avec nous.

FAITS NON CITÉS DANS LE RAPPORT.

N° 273.

DÉPOSITION reçue, le 31 octobre 1914, à Felletin (Creuse), par M. Coullaud, juge de paix.

Parsy (Joseph), 25 ans, soldat au 33e d'infanterie, actuellement en traitement à l'hôpital temporaire :

Serment prêté.

Le 15 août 1914, mon régiment se trouvait à Dinant (Belgique). Je puis vous assurer que, depuis cinq heures du matin jusqu'à six heures du soir, l'artillerie allemande n'a pas cessé de tirer sur l'hôpital de la ville, qui était surmonté de la Croix-Rouge et dans lequel se trouvaient des malades civils et des soldats blessés; en même temps que l'hôpital, elle bombardait la gare : ce sont les deux monuments qui n'ont pas cessé d'être canonnés pendant toute la journée.

Je ne puis vous dire s'il y a eu des victimes à l'hôpital; il n'y avait pas d'artillerie française avec nous, et mon régiment a dû se replier aussitôt.

Lecture faite, persiste et signe avec nous.

N° 274.

DÉPOSITION reçue, le 10 novembre 1914, à MONTPELLIER, par M. AUGÉ, juge de paix.

GRANAL (Émile), 23 ans, soldat au 81ᵉ d'infanterie, actuellement en traitement à l'hôpital suburbain :

Serment prêté.

Le 20 août, j'ai été évacué de Rohrbach (Lorraine annexée) par un convoi attelé de chevaux. Nous avons été attaqués par les Allemands, malgré les fanions de la Croix-Rouge dont étaient pourvues nos voitures. Nous avons dû défiler sous une grêle de balles. Nous avons dû abandonner deux voitures sur six, parce que les chevaux avaient été tués. Dans la voiture où je me trouvais, deux camarades blessés ont été tués.

Lecture faite, persiste et signe avec nous.

N° 275.

DÉPOSITION reçue, le 29 octobre 1914, à BOURGES, par M. SIBOULET, juge d'instruction.

MARTINEZ (Alfred), 24 ans, caporal au 143ᵉ d'infanterie, actuellement au dépôt de convalescents Lariboisière :

Serment prêté.

J'ai vu les Allemands tirer sur les ambulances françaises surmontées du drapeau de la Croix-Rouge, le 20 août, près de Sarrebourg.

Quand nous avons battu en retraite et que l'ambulance a été faite prisonnière, nous n'avons pas pu nous rendre compte de l'effet du tir dont je viens de parler.

Lecture faite, persiste et signe avec nous.

N° 276.

DÉPOSITION reçue, le 1ᵉʳ décembre 1914, à TOULOUSE, par M. VINCENT, commissaire de police.

SIRANTOINE (Benjamin), 28 ans, soldat au 8ᵉ bataillon de chasseurs, actuellement en traitement à l'hôpital auxiliaire n° 1 :

Serment prêté.

Le 22 août, vers six heures du soir, huit ou dix kilomètres avant d'arriver à Arrancy, je me trouvais couché dans une voiture d'ambulance sur laquelle les Allemands tirèrent, bien que le drapeau de la Croix-Rouge flottât sur l'avant. Nous étions cinq à six blessés dans cette voiture; aucun de nous ne fut atteint par les balles, bien que la voiture eût été traversée par plusieurs.

Lecture faite, persiste et signe avec nous.

N° 277.

DÉPOSITION reçue, le 19 octobre 1914, à Fontenay-le-Comte, par M. Pougnet, juge faisant fonctions de juge d'instruction.

Denis (Aimé), 23 ans, sergent au 8e bataillon de chasseurs à pied :

Serment prêté.

Les 23 et 24 août a eu lieu le bombardement de l'hôpital d'Arrancy (Meuse) par les Allemands. Le drapeau de la Croix-Rouge flottait sur cet hôpital et était visible de partout. Cela n'a pas empêché l'armée allemande de concentrer le feu de son artillerie tout d'abord sur cet hôpital. Ils ont continué ainsi jusqu'à ce qu'il ait été incendié, et ensuite ils l'ont encore bombardé, tout en dirigeant également leur tir sur les autres édifices.

Entre le 15 et le 22 août, à un endroit situé soit dans la Meuse, soit dans la Meurthe-et-Moselle, vers neuf heures et demie du soir, nous voyions les brancardiers français rechercher les blessés sur le champ de bataille en s'éclairant avec des lanternes. Je me rappelle que c'était à la suite d'un engagement du 19e bataillon de chasseurs et du 94e d'infanterie. Les brancardiers ont alors été visés par les troupes allemandes, et le feu dirigé sur eux les a contraints d'abandonner leur service. Eux-mêmes et les blessés qui ont pu être recueillis me l'ont raconté, ainsi qu'à mes camarades.

Vers le 14 ou le 15 août, à la suite d'une rencontre entre une patrouille de cavalerie allemande et un détachement du 10e chasseurs à cheval français, deux cavaliers allemands furent blessés à Affléville (Meurthe-et-Moselle). Le lendemain, des troupes allemandes vinrent réclamer ces deux blessés et, ne les trouvant pas, incendièrent vingt-quatre ou vingt-sept maisons de ladite localité, après avoir laissé aux habitants cinq minutes pour s'enfuir : ils avaient empêché d'enlever le mobilier des immeubles incendiés. Ils avaient empêché également de faire sortir le bétail. Quand nous sommes arrivés, l'incendie brûlait encore.

Lecture faite, persiste et signe avec nous.

N° 278.

DÉPOSITION reçue, le 27 octobre 1914, à Toulon, par M. Baudot, commissaire de police.

Mermant (Lucien), soldat réserviste au 269e d'infanterie, actuellement en traitement à l'hôpital du Lycée :

Le 23 août dernier, vers cinq heures du soir, tandis que le service des ambulances fonctionnait sur le lieu du combat, à Moivrons (Meurthe-et-Moselle), et relevait des blessés de ma compagnie, nous avons constaté très nettement que l'artillerie ennemie dirigeait son feu sur une prolonge de paysan chargée de blessés et munie de drapeaux de la Croix-Rouge. C'est miracle que la voiture n'ait pas été mitraillée. Elle dut se retirer au galop des chevaux.

Lecture faite, persiste et signe avec nous.

N° 279.

DÉPOSITION reçue, le 30 octobre 1914, à TOULON, par M. COUVE, juge d'instruction.

MERMANT (Lucien), 30 ans, soldat au 269ᵉ d'infanterie, actuellement en traitement à l'hôpital du Lycée :

Serment prêté.

Je confirme ma déclaration du 27 octobre courant au commissaire de police, dont vous venez de me donner lecture et à laquelle je n'ai rien à modifier.

Je me trouvais avec mon régiment dans des tranchées et l'artillerie ennemie ne pouvait pas nous apercevoir, tandis qu'au contraire la charrette sur laquelle les ambulanciers plaçaient les blessés qu'ils avaient ramassés sur le champ de bataille de Moivrons, était très visible et parfaitement reconnaissable, étant munie de fanions de la Croix-Rouge. C'est cependant sur cette charrette que le feu de l'artillerie ennemie était dirigé, ainsi que j'ai pu le constater très nettement.

Par miracle, cette voiture n'a pas été atteinte et elle a dû se retirer au galop des chevaux, ce qui n'a pas dû faire de bien aux blessés qu'elle contenait.

Lecture faite, persiste et signe avec nous.

N° 280.

DÉPOSITION reçue, le 30 octobre 1914, à BERGERAC, par M. CROZES, juge de paix.

COUSIN (Charles-Antoine), 22 ans, soldat au 150ᵉ d'infanterie, actuellement en traitement à l'hôpital temporaire n° 18 :

Serment prêté.

Ayant été blessé près de Billy-sous-Mangiennes, j'avais été transporté à l'ambulance de cette localité, sur la toiture de laquelle flottait le drapeau de la Croix-Rouge. C'était le 25 août. Presque dès mon arrivée, l'ennemi lança des bombes sur l'ambulance et on nous évacua de suite sur Verdun.

Lecture faite, persiste et signe avec nous.

N° 281.

DÉPOSITION reçue, le 16 octobre 1914, à BOURG, par M. VAGNAIR, procureur de la République.

GAUTHEROT (Hermin), 21 ans, soldat au 20ᵉ bataillon de chasseurs à pied, actuellement en traitement à l'hôpital n° 203 :

Serment prêté.

Le 11 août 1914, j'ai été fait prisonnier à Badonviller par les Allemands; j'étais blessé et avais été transporté dans une ambulance française.

Ils m'ont transporté à Cirey, où je suis resté jusqu'au 25 août. A cette date, ils ont été repoussés, et en abandonnant l'ambulance, ils ont tiré une fusillade à travers les fenêtres; il n'y a pas eu de tués, parce que les fenêtres étaient plus haut que les lits et que nous nous sommes tous mis sous les lits.

Lecture faite, persiste et signe avec nous.

N° 282.

DÉPOSITION reçue, le 5 novembre 1914, à VIERZON (Cher), par M. MAILLARY, juge de paix.

COCU (Casimir), 21 ans, soldat au 51e d'infanterie, actuellement en traitement à l'hôpital temporaire n° 45 :

Serment prêté.

Le 28 août dernier, au petit jour, ma compagnie venait de charger à la baïonnette des Prussiens qui se trouvaient dans le village de Cesse (Meuse); nous avons reçu l'ordre de nous retirer. Les brancardiers préparaient les petites voitures pour ramasser les morts et les blessés; à ce moment, les Allemands ont tiré sur les brancardiers et sur les blessés, et peu de temps après, l'artillerie tira sur les voitures et sur les ambulances, causant de graves blessures et achevant des blessés.

J'ai remarqué qu'un officier français, qui se trouvait parmi les ambulances, a été à ce moment très grièvement blessé.

A la suite de cette attaque, les ambulanciers ont dû se replier, ainsi que nous. Ma compagnie a gagné un bois.

Lecture faite, persiste et signe avec nous.

N° 283.

DÉPOSITION reçue, le 26 octobre 1914, à MONTARGIS, par M. FOLIN, procureur de la République.

BORDE (Pierre-Charles), 47 ans, soldat au 319e d'infanterie, actuellement en traitement à l'hôpital n° 22 :

Serment prêté.

Le 1er septembre 1914, faisant partie d'un convoi de blessés, je me trouvais à Anizy-Pinon (Aisne), route de Soissons, à environ douze kilomètres de Soissons. Le convoi se composait de cinq voitures portant toutes le drapeau de la Croix-Rouge. Nous n'avions aucune escorte militaire. Le chef du convoi était un officier d'administration de 3e classe, il était assisté d'une dame ambulancière. Une batterie d'artillerie allemande, en position sur notre droite, à environ deux kilomètres, sur une colline d'où elle distinguait parfaitement et de la façon la plus nette notre convoi, a brusquement ouvert le feu sur les voitures d'ambulance. Environ dix coups de canon ont été tirés, et les éclats d'obus ont atteint trois blessés ou éclopés du convoi. J'ai été atteint légèrement à la main droite; mon camarade, le nommé

Bancheraud, zouave, originaire de Saint-Preuil (canton de Châteauneuf-sur-Charente), a été blessé aux deux jambes. Le convoi a fait demi-tour et a pu se soustraire par la fuite aux coups des Allemands.

Lecture faite, persiste et signe avec nous.

N° 284.

DÉPOSITION reçue, le 27 octobre 1914, à Agen, par M. Langlade, procureur de la République.

Bolot (Henri), 22 ans, soldat au 1er régiment colonial, engagé volontaire depuis le 4 avril 1911 :

Serment prêté.

J'ai été blessé, le 14 septembre dernier, à Prunay (près Reims), par une balle qui m'a traversé la main gauche, et je suis en traitement ici depuis le 16 du même mois.

A Fère-Champenoise, avant la bataille de la Marne, vers le début du mois de septembre, ma compagnie battait en retraite dans un chemin creux, à la vue des troupes allemandes qui tiraient sur nous, entre 1.500 et 2.000 mètres. Devant nous marchait une voiture d'ambulance, avec son conducteur et trois blessés, portant ostensiblement le drapeau de la Croix-Rouge. L'artillerie allemande ayant repéré cette voiture, tout a été anéanti; les corps de ces quatre malheureux étaient effroyables à voir.

Ma compagnie a pu, tout comme moi, constater ce spectacle et se rendre compte que les Allemands avaient volontairement détruit cette voiture d'ambulance.

En outre, le 29 août, trois de mes camarades de l'infanterie coloniale, ayant été faits prisonniers non loin de moi par des uhlans, ont été retrouvés, deux heures après, tués à coups de sabre; je les ai moi-même parfaitement reconnus. Ceci se passait près de Signy-l'Abbaye.

Comme la plupart des militaires qui se sont battus dans les régions envahies, j'ai pu constater que presque toutes les maisons ou fermes avaient été pillées ou incendiées; des villages entiers étaient détruits; l'église elle-même n'avait pas été respectée.

Lecture faite, persiste et signe avec nous.

N° 285.

DÉPOSITION reçue, le 20 octobre 1914, à La Seyne-sur-Mer (Var), par M. Roumat, juge de paix.

Parmentier (Henri), soldat au 67e d'infanterie, actuellement en traitement à l'hôpital complémentaire n° 4 :

Serment prêté.

Sans que je puisse préciser la date, mais c'était dans les premiers jours de septembre, je me trouvais dans les tranchées en avant de Montfaucon. L'église de ce pays avait été transformée en ambulance et contenait de nombreux blessés. Les couleurs de la Croix-Rouge avaient été hissées sur le clocher et elles étaient très apparentes; malgré cela, les Allemands ont bombardé l'église, d'où les blessés, sortant de leur lit, cherchaient à se sauver.

J'ajoute que ces renseignements peuvent être corroborés et complétés par des renseignements que fournira le corps médical de la 12e division.

Lecture faite, persiste et signe avec nous.

N° 286.

DÉPOSITION reçue, à MONTPELLIER, par M. RIMBAUD, substitut du procureur de la République.

BISSON (Jules), 30 ans, soldat au 304e d'infanterie, actuellement en traitement à l'hôpital complémentaire n° 43 :

Serment prêté.

Le 7 septembre 1914, à Thiaucourt (Meurthe-et-Moselle), étant blessé, sur une hauteur, j'ai vu les Allemands mettre le feu avec des torches au village. Avec des mitrailleuses, ils ont tiré sur un poste de secours, où se trouvaient six ou sept médecins et trois ou quatre cents blessés. Tous furent achevés. Le lendemain, nous reprîmes Thiaucourt; on trouva les cadavres du poste de secours amoncelés. A quatre mètres de moi, j'ai vu les Allemands frapper à coups de crosse un blessé, en dépouiller d'autres, ainsi que des morts.

Lecture faite, persiste.

(Suit la signature du substitut, le déclarant, blessé au bras droit, ne pouvant signer.)

N° 287.

DÉPOSITION reçue, le 5 novembre 1914, à GRAULHET (Tarn), par M. SATGÉ, commissaire de police.

EZAOUI (Jules), dit EZAVIN, 30 ans, sergent réserviste au 341e d'infanterie, actuellement en traitement à l'hôpital auxiliaire Morel :

Serment prêté.

Le 7 septembre dernier, quand je fus blessé dans un bois auprès de Revigny (Meuse), je fus évacué dans ce village avec d'autres blessés. Une ambulance était placée dans un château, à Revigny; le drapeau de la convention de Genève flottait sur cette ambulance : malgré cela, ou certainement à cause de cela, les Allemands bombardèrent ce village et l'ambulance. Force fut de nous évacuer immédiatement sur un autre village, dont j'ignore le nom, mais situé entre Revigny et Pierrefitte. Ce village, sur lequel flottait également le drapeau de Genève, fut aussi bombardé : on nous évacua encore à Pierrefitte. Nous partîmes de ce dernier lieu le matin, vers sept heures.

Lecture faite, persiste et signe avec nous.

N° 288.

DÉPOSITION reçue, le 21 octobre 1914, à Saverdun (Ariège), par M. Fournié, juge de paix.

Vangeluwe (Félicien), 23 ans, 2e zouaves, actuellement en traitement à l'hôpital de Saverdun :

Serment prêté.

Le 8 septembre dernier, je fus blessé, au nord de Sézanne, par un éclat d'obus à la cuisse gauche.

Alors que je me trouvais à l'ambulance, située à neuf cents mètres environ des lignes allemandes, nous reçûmes des coups de feu tirés par l'infanterie ennemie.

Je précise que notre ambulance portait la Croix de Genève, qui pouvait être très bien aperçue par les Allemands.

J'en conclus que les ennemis savaient parfaitement qu'ils tiraient sur des blessés.

Lecture faite, persiste et signe avec nous.

N° 289.

DÉPOSITION reçue, le 27 novembre 1914, à Rennes, par M. Biarnais, commissaire de police.

Garcia (Joseph), 30 ans, soldat au 2e zouaves, actuellement en traitement à l'hôpital complémentaire n° 59 :

J'ai été blessé près de Barcy (Seine-et-Marne), le 8 septembre, d'un éclat d'obus à l'œil gauche, qui est complètement perdu, et le même jour, j'ai été évacué dans une maison de Barcy où était installée une ambulance, sur la toiture de laquelle était arboré le drapeau de la Croix-Rouge. J'y suis resté jusqu'au lendemain, 9, dans l'après-midi, c'est-à-dire jusqu'au moment où l'on dut évacuer tous les blessés qui pouvaient être encore transportés; car, sans discontinuer, l'ennemi faisait pleuvoir sur l'ambulance des rafales d'obus. C'est ainsi que la toiture de cette maison s'effondra et qu'un obus, tombé dans la cour à l'entrée d'une porte d'écurie, tua sept des blessés.

Je ne connais aucun des blessés qui se trouvaient avec moi dans cette ambulance.

(*Suit la signature du commissaire de police, le déclarant ne sachant signer.*)

N° 290.

DÉPOSITION reçue, le 17 octobre 1914, à Fumel (Lot-et-Garonne), par M. Auzelly, juge de paix.

Broussin (Alfred), 32 ans, soldat au 107e d'infanterie, actuellement en traitement à l'hôpital auxiliaire n° 7 :

Serment prêté.

J'ai été blessé, le 10 septembre dernier, à Châtel-Raould; j'ai été transporté du champ de bataille au poste de secours établi au château dudit lieu. Ce poste de secours, bien que visible des positions allemandes, a été bombardé par l'ennemi pendant toute la durée de mon séjour. J'affirme que le bombardement a été volontaire, attendu que l'ennemi voyait très facilement les brancardiers circulant entre les lignes françaises et le poste de secours. Aux environs de l'établissement, les obus tombaient par milliers et ils ont occasionné non seulement des dégâts matériels, mais encore la mort d'un soldat du génie, tué devant la porte ; ils ont fait également des blessés nombreux.

Lecture faite, persiste et signe avec nous.

N° 291.

DÉPOSITION reçue, le 3 novembre 1914, à Agen, par M. Bouyssy, juge suppléant faisant fonctions de procureur de la République.

Lajoinie (Marc), 20 ans, soldat au 126e d'infanterie, actuellement en traitement à l'hôpital temporaire n° 9 :

Serment prêté.

Le 9 septembre, à Châtel-Raould, dans la Marne, nous avions établi des postes de secours dans l'église et dans la mairie, qui se trouvent presque contiguës. Le soir, vers trois ou quatre heures, les Allemands ont bombardé ces postes de secours, bien que l'on y eût arboré le drapeau de la Croix-Rouge. Ils ont criblé l'église de leurs obus, si bien que le clocher s'est abattu sur la mairie et a enseveli tous les blessés qui se trouvaient là. Ce même jour, la voiture d'ambulance du 108e a été démolie sur la route par un obus. Je l'ai vu, ayant passé près de cette voiture en allant établir les postes de secours.

Lecture faite, persiste et signe avec nous.

N° 292.

DÉPOSITION reçue, le 13 octobre 1914, à Valognes, par M. Leloutre, juge faisant fonctions de juge d'instruction.

Blard (Eugène-Germain), 26 ans, sergent au 276e d'infanterie, actuellement en traitement à l'hôpital complémentaire n° 24 :

Serment prêté.

J'ai été blessé par un shrapnell, le 11 septembre 1914, dans les combats autour de Soissons ; relevé sur le champ de bataille par les sœurs de Notre-Dame de Bon-Secours, j'ai été transporté à l'ambulance organisée par les soins de Mme Macherez, veuve de l'ancien sénateur de l'Aisne. Il y avait sur cette ambulance des drapeaux de la Croix-Rouge. J'ai passé une nuit dans cet établissement, où il y avait une dizaine de blessés français et une vingtaine de blessés allemands, dont deux officiers. Vers six heures et demie du matin, le 12, les Allemands ont commencé à bombarder la ville, et l'ambulance a été particulièrement éprouvée. On nous a fait descendre dans les caves, où les Allemands avaient pris soin de se réfugier les premiers. Vers huit heures, le soir, le bombardement ayant cessé, on nous a immédiatement évacués sur un autre bâtiment qui n'avait pas été atteint par les obus, et sur lequel on avait pris soin de ne pas mettre le drapeau de la Croix-Rouge. Ce qui me permet d'affirmer que l'ambulance dans laquelle j'ai été premièrement soigné avait été spécialement visée par l'artillerie allemande, c'est qu'un grand nombre de maisons autour de l'ambulance étaient restées intactes ; et d'autre part, les Allemands connaissaient parfaitement cette ambulance, car, la veille, l'état-major général allemand était venu féliciter les sœurs de Notre-Dame de Bon-Secours des soins donnés par elles aux blessés allemands. Comme je faisais remarquer à un lieutenant d'état-major allemand blessé, qui était soigné avec moi à l'ambulance, la lâcheté et la cruauté des troupes allemandes, il me dit : « Que voulez-vous, c'est la guerre ! » Je ne pourrais dire le nom de cet officier ; il m'avait offert sa carte, que j'ai naturellement refusée.

Au moment du bombardement de l'ambulance, nous avons dû nous enfuir en chemise dans les caves. Quand nous avons pu en ressortir, il ne restait plus rien de la superstructure du bâtiment qu'un amas de décombres, au milieu desquels il m'a été impossible de retrouver mon uniforme et mon porte-monnaie. C'est dans ces conditions que je suis arrivé à Valognes, avec un pantalon de civil et un tricot de femme, qui m'ont été donnés par les sœurs.

Lecture faite, persiste et signe avec nous.

N°s 293, 294, 295, 296, 297.

DÉPOSITIONS reçues, le 10 novembre 1914, à MONTPELLIER, par M. AUGÉ, juge de paix.

POURTRON (Jean-Marie), 32 ans, voyageur de commerce, soldat au 44e régiment colonial, actuellement en traitement à l'hôpital suburbain :

Serment prêté.

Le 12 septembre, entre Saint-Mihiel et Verdun, le train de blessés dans lequel je me trouvais a été bombardé par les Allemands, en plein jour, vers trois heures et demie du soir. Ce train était pourtant abondamment pavoisé de fanions de la Croix-Rouge. Cinq obus ont éclaté à côté des wagons à l'arrière du train.

Lecture faite, persiste.

(Suit la signature du juge de paix, le déclarant ne pouvant signer.)

MARTY (Pierre), 28 ans, soldat au 159e d'infanterie, actuellement en traitement à l'hôpital suburbain :

Serment prêté.

Le 12 septembre, le train de blessés où je me trouvais et qui était pavoisé abondamment de fanions de la Croix-Rouge, a été bombardé par les Allemands, entre Verdun et Saint-Mihiel. Cinq obus sont tombés à l'arrière du train et près du dernier wagon. Il était environ trois heures et demie du soir.

Lecture faite, persiste.

(Suit la signature du juge de paix, le déclarant ne pouvant signer.)

Castamin (Marius), 30 ans, employé de commerce, caporal réserviste au 240e d'infanterie, actuellement en traitement à l'hôpital suburbain :

Serment prêté.

J'ai été évacué de Verdun, le 12 septembre, par un train de blessés. A Villers-sur-Meuse, notre train était arrêté. Une batterie allemande nous a envoyé cinq obus qui ont éclaté à côté du train, qui était pourtant pavoisé avec de nombreux fanions de la Croix-Rouge très apparents.

Lecture faite, persiste et signe avec nous.

Chautard (Auguste), 34 ans, employé au gaz, soldat au 312e d'infanterie, actuellement en traitement à l'hôpital suburbain :

Serment prêté.

J'ai été blessé, le 1er septembre, dans la Meuse. J'ai été tout d'abord à l'hôpital de Verdun ; puis j'ai été évacué, le 12 septembre, par un train de blessés. Vers trois heures et demie, nous étions à environ quinze kilomètres de Verdun ; notre train était abondamment pavoisé de fanions de la Croix-Rouge, et malgré cela, l'artillerie allemande nous a envoyé six obus qui ont éclaté à une quinzaine de mètres de la voie.

Lecture faite, persiste et signe avec nous.

Étienne (Élie), 31 ans, soldat au 40e d'infanterie, actuellement en traitement à l'hôpital suburbain :

Serment prêté.

J'ai été évacué de Verdun, le 18 septembre, par un train de blessés. A Vigneulles, deux obus allemands ont éclaté à côté de la machine, qui portait des fanions de la Croix-Rouge.

Lecture faite, persiste.

(Suit la signature du juge de paix, le déclarant ne pouvant signer.)

N° 298.

DÉPOSITION reçue, le 27 novembre 1914, à Montreuil-sous-Bois (Seine), par M. Voltz, commissaire de police.

Charpentier (Désiré), 29 ans, canonnier au 45e d'artillerie :

Serment prêté.

Vers le 20 septembre dernier, me trouvant dans les parages de Soissons, à Vauxbuin, où ma batterie était cantonnée, j'ai dû être admis à l'ambulance installée dans le château qui se trouve dans la localité. Je souffrais d'une affection cardiaque qui a motivé mon exemption complète du service militaire ; j'ai été, en effet, réformé n° 2.

Pendant huit jours, et à des intervalles irréguliers, l'artillerie allemande a bombardé le château dans lequel je me trouvais. Plusieurs obus sont tombés dans le parc de ce château ; le pilier de la grille d'entrée a été complètement abattu par un obus.

Je n'ai pas vu tomber les obus, mais j'entendais leur éclatement, ainsi que pourront également le certifier les malades ou blessés en traitement à l'ambulance à cette époque, et les médecins-majors traitants. Enfin, la directrice, Mme Bacara, peut également certifier ce que j'avance.

J'ajouterai que le drapeau de la Croix-Rouge flottait au faîte du château. Les Allemands n'ignoraient pas, d'ailleurs, qu'ils ouvraient le feu sur une ambulance, puisqu'ils en avaient fait usage eux-mêmes pour leurs blessés.

Lecture faite, persiste et signe avec nous.

N° 299.

DÉPOSITION reçue, le 10 décembre 1914, à Soissons, par M. Constant, juge de paix.

Canton-Bacara (Marie), étudiante en médecine, actuellement en résidence à Vauxbuin pour la durée de la guerre :

Serment prêté.

A partir de la nuit du 12 septembre dernier, l'hôpital de Vauxbuin fut bombardé par l'artillerie allemande tirant des montagnes de Pasly ; nous avions, à ce moment-là, soixante-dix blessés allemands. Pendant deux jours, nous avons reçu environ trois cents obus, dont la moitié a éclaté dans les dépendances du château. J'ai reçu moi-même un éclat d'obus, qui m'a fait une meurtrissure.

Le bombardement a continué pendant une quinzaine de jours. Le 16 septembre, dans la matinée, une tourelle du château a été anéantie. Les deux pignons du château portaient des drapeaux des ambulances ; quatre autres drapeaux étaient également installés sur les bâtiments ; sur la pelouse même, deux grands draps blancs recouverts d'une très grande croix rouge, pour indiquer aux aéroplanes que c'était une ambulance.

Lecture faite, persiste et signe avec nous.

N° 300.

DÉPOSITION reçue, le 27 novembre 1914, à Riom, par M. Boulay, commissaire de police.

Picard (Félix-Simon), 27 ans, soldat au 305e d'infanterie, actuellement en traitement à l'infirmerie-hôpital :

Serment prêté.

Le 14 septembre dernier, je me trouvais dans l'église de Fontenoy ; ayant été blessé la veille, j'avais été dirigé sur cette église, laquelle servait d'ambulance de campagne. Nous pouvions nous trouver environ deux cents blessés dans l'église. Il y avait même trois soldats allemands, qui étaient blessés aussi.

Ce jour, 14 septembre, vers sept heures du matin, les Allemands commencèrent le bombardement du bourg de Fontenoy, et vers neuf heures, celui de l'église où nous nous trouvions. Le drapeau de la Croix de Genève flottait sur le clocher. Le commandant-major ou le médecin-chef, voyant les obus pleuvoir sur l'église, fit évacuer d'urgence celle-ci par les blessés qui pouvaient marcher. Avant de partir, j'ai parfaitement constaté qu'il y avait eu quelques blessés de tués par les éclats d'obus ou les pierres qui s'étaient détachées de leurs assises par l'effet de la chute des obus.

Lecture faite, persiste et signe avec nous.

N° 301.

DÉPOSITION reçue, le 13 octobre 1914, à Villeneuve-sur-Lot, par M. de Gombault, juge d'instruction.

Thiron (Étienne), 34 ans, soldat au 22ᵉ colonial, actuellement en traitement à l'hôpital n° 14 :

Serment prêté.

Le 15 septembre dernier, ayant été blessé, j'ai été conduit dans une maison du village de Virginy où une ambulance était installée. Bien que le drapeau de la Croix-Rouge fût sur le toit et bien apparent, les Allemands n'ont cessé de tirer sur cet immeuble pendant une heure; ce que voyant, le major l'a fait évacuer et nous a fait abriter dans des écuries où il n'y avait pas de drapeau. Alors, on nous a laissés tranquilles.

Presque tous les villages que j'ai eu l'occasion de traverser avaient été pillés et incendiés par les Allemands.

Lecture faite, persiste et signe avec nous.

N° 302.

DÉPOSITION reçue, le 13 octobre 1914, à Villeneuve-sur-Lot, par M. de Gombault, juge d'instruction.

Dréan (François), 27 ans, soldat au 2ᵉ colonial, actuellement en traitement à l'hôpital n° 14 :

Serment prêté.

Durant les journées des 15 et 16 septembre dernier, les Allemands ont tiré sur un bâtiment du village de Ville-sur-Tourbe (Marne), où était installée une ambulance. Cependant, le drapeau de la Croix-Rouge flottait sur le toit. La position devenant intenable, nous fûmes évacués; mais les Allemands continuèrent à tirer sur le convoi.

Lecture faite, persiste et signe avec nous.

N° 303.

DÉPOSITION reçue, le 26 octobre 1914, à Bergerac, par M. Crozes, juge de paix.

Herlaut (Gaston), 32 ans, soldat au 251ᵉ d'infanterie, actuellement en traitement à la caserne Chanzy (annexe de l'hôpital n° 17) :

Serment prêté.

Le 18 septembre dernier, à Cormicy (Marne), j'avais été transporté, après avoir été blessé, dans l'église de ce village, où se trouvaient déjà d'autres blessés. Les obus allemands, malgré que le drapeau de la Croix-Rouge flottât sur le clocher, tombèrent sur l'église et firent des victimes parmi nous. On nous évacua, le 19 au matin, sur la gare de Jonchery; et durant le trajet, les Allemands nous tirèrent dessus avec des obus.

Lecture faite, persiste et signe avec nous.

Nos 304, 305.

DÉPOSITIONS reçues, le 27 octobre 1914, à Bergerac, par M. Crozes, juge de paix.

Bénard (Émile), 30 ans, soldat au 319e d'infanterie, actuellement en traitement à l'hôpital annexe Davoust n° 17 :

Serment prêté.

A La Neuville, j'avais été blessé, le 15 septembre, et transporté dans l'église de Cormicy, qui servait d'ambulance, et sur laquelle flottait le drapeau de la Croix-Rouge. Vers le troisième jour, des obus de l'ennemi tombèrent sur l'église et aussi sur les écoles situées en face de l'église, et dans lesquelles se trouvaient aussi des blessés. Le lendemain, j'étais évacué sur Jonchery.

Lecture faite, persiste et signe avec nous.

Delique (Eugène), 29 ans, soldat au 251e d'infanterie, actuellement en traitement à l'hôpital annexe Davoust n° 17 :

Serment prêté.

J'ai été blessé à Cormicy (Marne), et transporté le soir même de la bataille, le 23 septembre dernier, à l'ambulance de la Maison-Bleue, tout près du village. Je dus être évacué, presque aussitôt mon arrivée, sur Jonchery, parce que les obus de l'ennemi tombaient en abondance sur la Maison-Bleue.

Lecture faite, persiste et signe avec nous.

N° 306.

DÉPOSITION reçue, le 30 octobre 1914, à Bergerac, par M. Crozes, juge de paix.

Cabotse (Ernest), 25 ans, sous-lieutenant au 1er régiment d'artillerie lourde (1er groupe, 21e batterie), actuellement en traitement à l'hôpital temporaire n° 17 :

Serment prêté.

Le 15 septembre dernier, au matin, ayant été blessé à Cormicy (Marne), j'avais été transporté dans une sucrerie servant d'ambulance, à Hermonville, sur la cheminée de laquelle usine flottait le drapeau de la Croix-Rouge. Dès l'aube, l'ambulance fut bombardée et on dut évacuer en toute hâte les blessés qui s'y trouvaient.

Lecture faite, persiste et signe avec nous.

N° 307.

DÉPOSITION reçue, le 25 octobre 1914, à BERGERAC, par M. CROZES, juge de paix.

BAYLE (Roger), 20 ans, soldat au 57ᵉ d'infanterie, actuellement en traitement à l'hôpital annexe Davoust n° 17;

Serment prêté.

Le 18 septembre dernier, ayant été blessé à La Ville-aux-Bois (Aisne), je fus transporté dans la cave d'un château, à Pontavert, où il y avait beaucoup d'autres blessés. Le drapeau de la Croix-Rouge flottait au-dessus du château, pour indiquer qu'il y avait là une ambulance. Néanmoins, les Allemands ne cessèrent de bombarder ce château. Vers les sept heures du soir, une maison adossée au château brûla et on nous évacua sur Roucy, à trois kilomètres au-delà. Je n'étais pas plus tôt dans la voiture d'ambulance, que des éclats d'obus vinrent tomber près d'elle, sans causer heureusement de mal.

Lecture faite, persiste et signe avec nous.

N° 308.

DÉPOSITION reçue, le 28 octobre 1914, à LIGNIÈRES (Cher), par M. CHAGNON, juge de paix.

CAVALLIER (Adolphe-Marius), 32 ans, soldat au 258ᵉ d'infanterie, actuellement en traitement à l'hôpital civil de la Santé :

Serment prêté.

Le 20 septembre 1914, à Hattonville (Meuse), j'ai été blessé vers les sept heures du soir. Je me suis rendu à l'ambulance, qui était installée dans une maison à environ deux cents mètres de l'endroit où j'ai été blessé. A ce moment, la maison était respectée; mais une demi-heure après, les Allemands ont bombardé l'ambulance, où flottait le drapeau de la convention de Genève. Deux voitures, attelées chacune d'un cheval, où flottaient le drapeau tricolore et le drapeau de la convention de Genève, ont eu également à souffrir de ce bombardement : les deux chevaux ont été tués. Le major dirigeant l'ambulance, ne se voyant plus en sécurité avec ses malades, a dit à tous ceux qui pouvaient marcher de le suivre, toujours au milieu de la mitraille, pour nous ramener en arrière, laissant dans l'ambulance quatre blessés non transportables, sous la surveillance de trois infirmiers volontaires munis du brassard de la Croix de Genève. J'ignore ce que sont devenus les blessés et les infirmiers.

Lecture faite, persiste et signe avec nous.

N° 309.

DÉPOSITION reçue, le 22 octobre 1914, au MANS, par M. LEGAL, commissaire de police.

Abbé DEHARBE (Jules), 54 ans, curé-doyen de Vailly-sur-Aisne (Aisne) :

Serment prêté.

Le 20 septembre, puis le 22, les Allemands, qui occupaient les hauteurs de Celles et

Condé, à l'est de mon église, ont envoyé six obus explosibles sur mon église, qui abritait deux cents blessés anglais, et cela malgré le drapeau de Genève qui flottait au clocher. Le drapeau lui-même a été déchiré par les balles, et un blessé anglais, qui se trouvait près de la chapelle du Sacré-Cœur, a été tué par l'explosion d'un de ces obus.

Vers le 2 octobre, vers onze heures du matin, les Allemands ont de nouveau bombardé l'ambulance et l'annexe du docteur Lancry. Mme Georges, qui était ambulancière, a été projetée contre le mur par suite de l'explosion d'un obus : elle a été blessée (contusions), et à l'annexe, la cuisinière, Mme Tellier, a eu le pied emporté par un autre obus. Enfin, une demoiselle Anna X..., de Charleville, ambulancière, a eu l'œil crevé.

Sur l'ambulance flottaient le drapeau de Genève et le drapeau anglais, qui protégeaient également l'annexe située à un mètre cinquante de là.

Lecture faite, persiste et signe avec nous.

N° 310.

DÉPOSITION reçue, le 24 octobre 1914, à Béziers, par M. Roux, juge de paix.

Soubestre (Roger), 23 ans, soldat au 20ᵉ d'infanterie, actuellement en traitement à l'hôpital temporaire n° 29 :

Serment prêté.

Le 21 septembre 1914, dans l'après-midi, je me trouvais à Mesnil-les-Hurlus, lorsque j'ai vu le bombardement d'une ambulance française qui avait le drapeau de la Croix-Rouge, et qui a été incendiée par suite du bombardement.

J'ai entendu ensuite, de l'intérieur de cette ambulance, des gémissements et des plaintes.

Lecture faite, persiste et signe avec nous.

N° 311.

DÉPOSITION reçue, le 17 novembre 1914, à Mirande, par M. Laboulbène, procureur de la République.

Sanglebœuf (Maximilien), 28 ans, soldat au 28ᵉ d'infanterie, actuellement en traitement à l'hôpital temporaire n° 45 :

Serment prêté.

Vers le 25 ou le 30 septembre, à la bataille de Loivre, dans la région de Berry-au-Bac, j'ai vu les artilleurs allemands lancer des obus sur les convois de blessés, qui étaient très éloignés des lignes de combat et qui pouvaient facilement être reconnus, car ils portaient ostensiblement l'emblème de la Croix-Rouge. A ce moment-là, ma compagnie — la 25ᵉ — était en réserve et j'ai pu, par conséquent, me rendre exactement compte de ce qui se passait.

Quelques jours après, j'ai vu l'ennemi bombarder la ferme de Chauffour, sur la route de Reims à Laon, dans laquelle étaient hospitalisés des blessés. Ces blessés furent obligés de s'enfuir, et pendant qu'ils fuyaient, l'ennemi les bombardait.

Lecture faite, persiste et signe avec nous.

N° 312.

DÉPOSITION reçue, le 7 décembre 1914, à Falaise, par M. Hay, procureur de la République.

Picard (Jean-Baptiste), 27 ans, employé de commerce, soldat au 205e d'infanterie :

Serment prêté.

La 22e compagnie du 205e régiment d'infanterie, avec laquelle je suis parti faire campagne vers le 15 août, est tombée, le 1er septembre 1914, aux mains de l'ennemi, après le combat de Coucy-le-Château. Au cours de l'engagement qui nous amena à nous rendre, je fus blessé à la hanche par une balle et dirigé par les Allemands sur Longueval, d'abord dans l'église, puis dans une maison voisine du presbytère. Pendant les premiers jours de ma captivité, on ne m'a donné ni soins, ni nourriture, pas plus qu'à mes camarades français, au nombre de trente-cinq ou quarante. Ce fut un habitant de Longueval qui, le 25 septembre, dut aller dans un champ arracher des pommes de terre pour nous procurer à manger. A partir du 27, le curé de Longueval s'occupa de nous et nous soigna pendant quatre jours. Cependant, à chaque instant, les Allemands traversaient le village; mais ils ne se souciaient pas de nos souffrances, quoique nous leur ayons maintes fois demandé du secours.

Grâce aux démarches du curé de Longueval auprès des officiers allemands, on se décida à m'évacuer sur Fismes, dans une école transformée en ambulance allemande. Là encore, on ne se serait pas occupé de moi, si un médecin de la localité et les dames de la Croix-Rouge ne m'avaient pansé et ne m'avaient procuré à manger.

Le 12 octobre, les Français ayant de nouveau occupé Fismes, je fus recueilli par eux. Voyant qu'ils perdaient cette position, les Allemands ont bombardé l'ambulance, dans laquelle j'étais resté et où ils avaient été obligés, dans leur départ précipité, d'abandonner les blessés dans mon cas, c'est-à-dire qui ne pouvaient marcher. Cependant, le drapeau de la Croix-Rouge flottait sur le bâtiment. Un blessé allemand a été ainsi atteint de nouveau par un projectile tiré par ses compatriotes.

Étant à l'hôpital de Fismes, j'ai vu plusieurs fois des soldats allemands emmener des voitures chargées de mobilier volé.

Lecture faite, persiste et signe avec nous.

N° 313.

DÉPOSITION reçue, le 21 octobre 1914, à Grasse, par M. Delerba, substitut du procureur de la République.

Sennequier (Victor), 31 ans, soldat à la compagnie de mitrailleuses du 311e d'infanterie, actuellement en traitement à l'hôpital auxiliaire n° 213 :

Serment prêté.

J'ai été blessé, le 12 octobre, aux Paroches. Le 13, dans l'après-midi, on m'a placé dans un train de blessés. En gare de Lérouville, notre train a été pris comme cible par l'artillerie ennemie. Pendant une demi-heure environ, soixante obus au moins sont tombés et ont éclaté autour du convoi. Un wagon a été atteint, et je crois qu'un infirmier a été blessé.

Il n'est pas douteux que l'ennemi cherchait uniquement à nous atteindre. Cependant, chaque wagon de notre train portait, très apparente, une grande croix rouge qui avait été peinte sur ses panneaux.

Lecture faite, persiste et signe avec nous.

N° 314.

DÉPOSITION reçue, le 2 décembre 1914, à Toulouse, par M. Vincent, commissaire de police.

Portejoie (Alfred), 34 ans, soldat au 123e d'infanterie, actuellement en traitement à l'hôpital auxiliaire n° 1 (École vétérinaire) :

Serment prêté.

Blessé le 16 octobre, dans les environs de Verneuil (Aisne), je fus transporté, avec une douzaine d'autres blessés, dans une maison désignée par le maire de Verneuil, tout près de l'église. Le médecin-major fit aussitôt hisser le drapeau de la Croix-Rouge sur le clocher de l'église. Mal lui en prit, car aussitôt l'église fut bombardée. Comme nous n'étions plus en sécurité dans cette maison, le maire nous offrit l'hospitalité de son château. Pendant qu'accompagné de son garde-champêtre, le maire se préoccupait de trouver des locaux abrités pour les blessés, il fut tué par un Allemand; le garde-champêtre fut blessé à l'épaule en même temps.

Dès que nous fûmes dans le château du maire, sur lequel flottait également le drapeau de la Croix-Rouge, les Allemands tirèrent dessus, et pour nous préserver, on dut nous descendre dans les caves.

Au moment de notre évacuation, dans la soirée du même jour, le château avait déjà souffert du bombardement; quant à la maison près de l'église, elle était à peu près détruite.

Lecture faite, persiste et signe avec nous.

N° 315.

DÉPOSITION reçue, le 3 novembre 1914, à Agen, par M. Langlade, procureur de la République.

Mignon (Maurice), 23 ans, sergent au 1er régiment d'infanterie, actuellement en traitement à l'hôpital temporaire n° 12 :

Serment prêté.

J'ai été blessé, le 20 octobre dernier, à Pontavert, et évacué directement à Agen.

Du 15 au 20 octobre, j'ai pu constater que les Allemands bombardaient, sans nécessité stratégique, une ferme qui se trouvait à cent cinquante mètres environ de notre tranchée et qui était transformée en ambulance, avec le drapeau de la Croix-Rouge. Plusieurs soldats ont été tués autour de cette ferme, qui s'appelle « la Pêcherie ».

Les Allemands savaient cependant qu'ils tiraient sur une ambulance.

J'ai vu plusieurs villages incendiés et pillés, notamment ceux de Pontavert et de Champguyon, où deux vieillards de soixante-cinq ans ont été tués par les Allemands.

Lecture faite, persiste et signe avec nous.

N° 316.

LETTRE du général commandant la 2e division d'infanterie au général commandant le 1er corps d'armée.

Quartier-Général : Roucy, le 10 décembre 1914.

Ci-joint un rapport du médecin-chef du 201-284 au sujet du bombardement systématique de la ferme de la Pêcherie, poste de secours.

Jusqu'au 26 novembre, cette ferme, qui portait un drapeau de la Croix-Rouge, n'avait pas été intentionnellement bombardée. Depuis ce jour, et bien que les insignes de la Croix de Genève aient été rendus très apparents, l'artillerie ennemie l'a prise pour cible.

J'ai fait établir le rapport ci-joint en vue de bien préciser que le bâtiment, nettement visible, à quinze cents mètres de la ligne d'infanterie ennemie, et ne renfermant que des malades et du personnel sanitaire, a été bombardé intentionnellement.

Signé : Brulard.

Transmis. — La Pêcherie avait le pavillon de Genève très nettement visible et jamais aucune batterie n'a pris position dans les environs de cette ferme.

Branscourt, le 11 décembre 1914.

Le Général commandant le Ier Corps d'armée,

Signé : Deligny.

N° 317.

RAPPORT fait, le 9 décembre 1914, par le médecin-major de 2e classe Rigaux, chef de service du régiment de marche (Ve armée, 1er Corps d'armée).

La ferme de la Pêcherie est située dans le département de l'Aisne, canton de Neufchâtel, et dépend de la commune de Pontavert, dont elle est éloignée de deux kilomètres environ. Isolée dans la plaine entre la route de Pontavert-Choléra et l'Aisne, elle forme un quadrilatère à peu près orienté du nord au sud. De la Pêcherie à l'Aisne, la plaine s'estompe en pente douce ; à l'est, coule le ruisseau de la Miette ; à l'ouest, à un kilomètre, la boucle de l'Aisne.

Vers le 15 septembre, le 8e et le 110e régiment d'infanterie y établirent un poste de secours. Le 18 octobre, le personnel médical du 201e d'infanterie venait également s'y installer, après la relève du 110e. En septembre, dans les premiers jours de l'occupation, la ferme avait été légèrement bombardée ; plusieurs obus étaient tombés dans la cour, faisant même des victimes (une ordonnance, deux brancardiers, trois hommes de garde tués).

Depuis le 18 octobre, la Pêcherie fonctionnait plutôt comme une ambulance que comme un véritable poste de secours. Elle abritait, en plus de trois femmes de la famille Thominot qui en était locataire, neuf médecins, une centaine de brancardiers et d'infirmiers, trois téléphonistes indispensables au fonctionnement du poste qui, de cette manière, était relié avec les tranchées avancées.

Les fanions de la Croix-Rouge indiquaient le poste ; on y passait la visite le matin ; on y recueillait les malades dans les granges. Chaque soir, les brancardiers divisionnaires venaient y assurer l'évacuation des malades et des blessés.

Les consignes étaient formelles autour de la ferme ; aucun homme en armes ne devait y entrer. Il y avait même à la porte un poste à cet effet.

Depuis la mi-octobre, quelques obus avaient arrosé les abords de la ferme ; un ou deux obus isolés avaient atteint la cour ou les dépendances.

Détail des bombardements. — *26 octobre.* — Un obus, venant de la direction du mont Doyen (Butte-aux-Vents), vint tomber dans l'aile ouest des bâtiments de la ferme, perçant la toiture, mais ne faisant pas de victime.

4 novembre. — Trois obus de la même direction vinrent éclater au pied du bâtiment précédemment frappé. Aucun dégât matériel, aucune victime.

15 novembre. — Un obus dans les bâtiments est. Un mètre carré enlevé, aucune victime.

28 novembre. — Un obus sur la cheminée de la maison (près du drapeau) ; la trace des éclats de l'obus indique que celui-ci devait venir de la direction de la Butte-aux-Vents.

A la suite du bombardement et sur la remarque de M. le général commandant la 2e division, le 27 novembre, les fanions de la Croix-Rouge qui flottaient à la façade et sur les toits et qui, paraît-il, étaient à peine visibles, ces fanions, dis-je, furent remplacés par des drapeaux de deux mètres sur trois mètres et fixés à des hampes de huit mètres, l'un au-dessus de la maison d'habitation, angle sud-est ; un autre sur la grange, à l'angle nord-est du quadrilatère de la ferme.

Depuis cette date, les obus n'ont plus cessé ; après des tirs qui partaient de la Miette, allongeant les coups jusque dans la cour de la ferme, vraisemblablement tirs de repérage, nous avons subi systématiquement tous les matins (de 9 heures à 12 heures) des tirs d'efficacité débutant par l'extérieur de la ferme et se terminant sur les bâtiments.

Nous avons eu dix-sept blessés.

30 novembre. — Un shrapnell, frappant en oblique le versant intérieur du toit de l'étable à vaches, projeta des éclats dans la salle des évacués où il fit quatre victimes, dont une grièvement blessée.

3 décembre. — Un obus contenant du soufre tomba dans l'étable contiguë à la chambre des malades et séparée de celle-ci par un demi-mur, faisant six victimes.

4 décembre. — Un obus tombe dans la cour, à l'angle intérieur sud-est des bâtiments de la cour ; les éclats donnent la direction de la Butte-aux-Vents. Sept victimes, dont une, légèrement blessée, n'a pas été évacuée ; les six autres (quatre brancardiers et deux malades) ont été sérieusement touchées.

5 décembre. — Rien à signaler (sauf quelques obus autour de la ferme).

6 décembre. — Un obus sur le coin de la grange, angle sud-est du quadrilatère ; un obus dans le fumier ; un obus dans l'écurie. Dégâts matériels importants. La direction semble être celle du Choléra. Trois shrapnells au-dessus de la ferme.

7 décembre. — Bombardement en règle et systématique. Une cinquantaine d'obus tombèrent sur les bâtiments et alentours de la ferme, tous obus à soufre. L'écurie précédemment frappée (6 décembre) fut incendiée ; la maison d'habitation fut traversée de part en part. Quatre obus dans le fumier, dont deux ou trois non éclatés ; deux au pied des marches du perron, et le reste sur les étables ou aux alentours.

Au début de ces bombardements, seul le dernier obus nous atteignait, puis tout cessait; ensuite, ce fut l'avant-dernier, le dernier allant au delà de la ferme; mais, d'une façon générale, tous les obus atteignaient leur but, tantôt rasant les toits et marquant leur sillon dans les faîtages avant de tomber à proximité de la ferme, tantôt éclatant dans le voisinage de la ferme comme s'ils voulaient empêcher de fuir.

Tous les obus étaient de gros calibre (150).

La ferme a été évacuée dans la nuit du 4 au 5 décembre.

Poste de secours, le 9 décembre 1914.

Le Médecin-major,
Chef de service du régiment de marche,
Signé : Dr Rigaux.

IV

§ 3. — ATTENTATS COMMIS PAR DES BLESSÉS ALLEMANDS SUR DES FRANÇAIS OCCUPÉS À LES SECOURIR.

N° 318.(1)

DÉPOSITION reçue à Montpellier, par M. Rimbaud, substitut du procureur de la République.

Chevalier (Louis), 24 ans, soldat au 108e d'infanterie, actuellement en traitement à l'hôpital complémentaire n° 43 :

Serment prêté.

Le 22 août 1914, à proximité de Saint-Médard (Belgique), mon capitaine, M. Claustre(2), donnait à boire à un officier allemand blessé, qui tira son revolver et le tua.

Lecture faite, persiste et signe avec nous.

N° 319.

NOTE du capitaine-trésorier Rivière, du 108e régiment d'infanterie, transmise le 7 décembre 1915.

Il ne s'est présenté que deux militaires, Virideau et Lacroix, pour témoigner sur les circonstances du décès du capitaine Coustre.

Le soldat Louis Chevalier, étant passé au 75e, n'a pu être entendu. Il est probable que les autres soldats susceptibles de fournir des renseignements ne sont plus au dépôt ou n'ont pas eu le temps de se présenter depuis que l'enquête a été ordonnée.

Mais, antérieurement à cette enquête, le secrétaire chargé des auditions des militaires évacués (ce secrétaire est actuellement libéré) a entendu plusieurs fois et m'a rapporté le récit des circonstances dans lesquelles le capitaine Coustre a trouvé la mort.

Ces déclarations, conformes à celles du soldat Chevalier et à celles contenues dans les dépositions ci-jointes, n'ont pas été consignées, parce qu'elles étaient faites incidemment et étaient étrangères aux faits sur lesquels les témoins étaient entendus.

(1) Cette déposition est complétée par les documents nos 319 à 321, qui n'ont été recueillis que postérieurement au dépôt du Rapport.

(2) Lire : Coustre.

En résumé, la déposition faite par le soldat Louis Chevalier paraît certaine, et nous en concluons que le capitaine Coustre a bien été tué par un blessé allemand à qui il offrait à boire, quelques instants après être monté victorieusement à l'assaut.

Signé : Rivière.

N° 320.

DÉPOSITION reçue, le 24 novembre 1915, par le capitaine-trésorier Rivière, du 108ᵉ régiment d'infanterie.

Lacroix (Amédée), soldat à la 1ʳᵉ compagnie du 108ᵉ aux armées, actuellement à la 27ᵉ compagnie du dépôt :

Le 22 août 1914, vers trois ou quatre heures de l'après-midi, en haut de la côte de Saint-Médard (Belgique), à côté d'un bois de sapins, sur une route, un quart d'heure après être monté à l'assaut, le capitaine Coustre, commandant la 2ᵉ compagnie, passait sur la route, quand un blessé allemand lui a demandé à boire. Le capitaine Coustre s'est arrêté, et, au moment où il se penchait vers le blessé allemand et préparait son bidon pour lui donner à boire, ce dernier lui a tiré un coup de revolver à la tête. Le capitaine a fait encore quelques mètres et est tombé dans le fossé sur le bord de la route, la face en avant...

Je ne me suis pas rendu compte si l'Allemand était un officier ou un soldat; mais j'ai entendu dire le soir, et souvent depuis, que c'était un officier.

Après que nous eûmes fait remarquer au comparant l'importance et la gravité de sa déclaration, il a affirmé de nouveau ses dires et a signé avec nous après lecture faite.

(*Suivent les signatures.*)

N° 321.

DÉPOSITION reçue, le 2 décembre 1915, par le capitaine-trésorier Rivière, du 108ᵉ régiment d'infanterie.

Virideau (Henri), soldat à la 4ᵉ compagnie du 108ᵉ en campagne, actuellement à la 30ᵉ compagnie du dépôt :

Le 22 août, à Saint-Médard, à quinze cents mètres environ après le village, dans la côte, nous étions montés à l'assaut, quand j'ai vu un blessé allemand, à qui le capitaine Coustre allait donner à boire, tirer un coup de revolver à la tête du capitaine.

J'ai vu chanceler le capitaine Coustre, et j'ai continué à marcher en avant; puis, en redescendant, j'ai vu le corps du capitaine étendu dans le fossé qui bordait la route....

[Répondant à notre demande, le comparant n'a pu indiquer si le blessé allemand était un soldat ou un gradé.]

Après lecture, le soldat Virideau a de nouveau affirmé ses dires et n'a pas signé avec nous, ayant déclaré ne savoir ni lire ni écrire.

N° 322.

DÉPOSITION reçue, le 5 novembre 1914, à Vierzon (Cher), par M. Maillary, juge de paix.

Guillaud (Pierre), 26 ans, soldat au 108e d'infanterie, actuellement en traitement à l'hôpital temporaire n° 45 :

Serment prêté.

Le 22 août, vers deux heures du soir, au cours d'une charge à la baïonnette, j'ai vu un soldat allemand demander à boire. Le capitaine du 1er bataillon s'est avancé pour lui donner à boire, et à ce moment, le soldat allemand blessé, saisissant son revolver, tua le capitaine en lui tirant une balle dans la poitrine...

Lecture faite, persiste et signe avec nous.

N° 323.

DÉPOSITION reçue, le 22 octobre 1914, à Roanne, par M. Gonnard, commissaire central de police.

Bregeras (Henri), 25 ans, soldat au 50e d'infanterie, actuellement en traitement à l'hôpital de Roanne :

Serment prêté.

Le 22 août, vers trois heures, mon régiment a pris d'assaut à la baïonnette le village de Saint-Médard occupé par les Allemands.

Nous marchions par sections. La première a succombé sous le feu de l'ennemi. Pendant que nous nous précipitions à son secours, les Allemands sortirent des maisons et achevèrent les blessés à la baïonnette et à coups de feu. J'en vis moi-même tuer cinq ou six.

Je fus témoin, à ce même moment, d'un autre fait odieux : un blessé allemand demandant à boire, un officier français lui tendit son bidon et le blessé, profitant de son manque de défiance, lui tira à bout portant un coup de revolver qui le tua net.

Lecture faite, persiste et signe avec nous.

N° 324.

DÉPOSITION reçue, le 23 octobre 1914, à Roanne, par M. Gonnard, commissaire central de police.

Seguin (Jean), 24 ans, soldat au 50e d'infanterie, actuellement en traitement à l'hôpital de Roanne :

Serment prêté.

Vers le milieu d'août, pendant un engagement en Belgique, comme nous avancions dans les lignes ennemies, un blessé allemand demanda à boire à un capitaine du 108e de ligne.

Cet officier s'empressa de lui donner à boire, et comme il repartait ensuite, le blessé allemand reprit son fusil et fit feu sur le capitaine. Celui-ci fut blessé au bras.

Lecture faite, persiste et signe avec nous.

N° 325.

COMPTE-RENDU fait par le chef de bataillon Oger, commandant les dépôts du 50e d'infanterie.

Le chef de bataillon Oger a l'honneur de rendre compte à M. le général commandant les dépôts de la 47e brigade à Bergerac, qu'en exécution de la décision ministérielle du 15 novembre 1915, il a fait interroger le soldat Seguin (Jean), actuellement au dépôt du 50e régiment d'infanterie, au sujet des circonstances de la mort du capitaine du 108e, circonstances dont il a été le témoin oculaire, le 22 août 1914, à Saint-Médard (Belgique). Le soldat Seguin affirme avoir vu, le jour et au lieu précités, au cours de l'action, un blessé allemand tirer sur le capitaine du 108e qui lui donnait à boire. Cet officier s'est affaissé aussitôt. Mais le soldat Seguin ignore si le capitaine dont il s'agit était le capitaine Coustre, et il n'a pas conservé de l'aspect physique de cet officier un souvenir assez précis pour permettre une identification.

Signé : E. Oger.

Nos 326, 327.

DÉPOSITIONS reçues, le 25 octobre 1914, à Albi, par M. Lisbonne, procureur de la République.

François (Pierre), caporal au 50e d'infanterie, actuellement en traitement à l'hôpital temporaire n° 9 :

Serment prêté.

Le 22 août, au plateau de Rossard, près Neufchâteau (Belgique), après une charge à la baïonnette, nous poursuivions l'ennemi, et comme nous passions près d'un officier allemand blessé, celui-ci demanda à boire; le capitaine de la 4e compagnie, M. Lesourt, s'approcha de lui, et au moment même où il se penchait pour lui tendre son quart, l'officier allemand lui brûla la cervelle (1).

Lecture faite, persiste et signe avec nous.

Sudey (Henri), soldat au 50e d'infanterie :

Serment prêté.

J'ai vu, comme d'ailleurs tous les camarades de ma compagnie, le fait que le caporal François vient de vous rapporter ci-dessus.

Lecture faite, persiste et signe avec nous.

(1) D'après les renseignements recueillis au Ministère de la Guerre, le capitaine Coustre, du 108e, et le capitaine Lesourt, du 50e, ont été tués l'un et l'autre, le 22 août 1914, à Névraumont, près de Saint-Médard, à l'ouest de Neufchâteau (Belgique).

N° 328.

DÉPOSITION reçue, le 25 novembre 1914, à Toulouse, par M. Lambert, commissaire de police.

Mazet (Victor-Pierre), capitaine commandant au 326e régiment d'infanterie, actuellement en traitement à l'hôpital auxiliaire n° 15 :

Serment prêté.

Le 31 août, à dix-sept heures et demie, j'ai été témoin du fait suivant :

Le 326e était chargé de défendre le village de Voncq et ses abords; j'étais avec ma compagnie en première ligne, lorsque, dans un moment d'accalmie, je me portai seul à environ cent mètres de la ligne de feu, au devant de quelques prisonniers ramenés par des hommes de la 20e et de la 19e.

Mon attention fut attirée par un groupe de trois hommes se dirigeant vers un petit tas de gerbes d'avoine; arrivé au tas de gerbes, l'un d'eux se pencha vers un blessé allemand que je pris de loin pour un cadavre, et lui donna à boire. Le soldat se retira et je me reportai sur la ligne de feu, lorsque soudain le blessé allemand tira sur le soldat français qui venait de le secourir deux coups de revolver, heureusement sans résultat. L'adjudant de bataillon Valette, qui s'était également avancé vers le convoi de prisonniers, me rejoignit alors et fut comme moi témoin du même fait.

Lecture faite, persiste et signe avec nous et, par délégation du médecin-chef, l'administrateur de l'hôpital.

N° 329.

DÉPOSITION reçue, le 19 octobre 1914, à Rodez, par M. Boissier, procureur de la République.

Dejean (Pierre), 30 ans, aide-pharmacien, soldat au 341e d'infanterie :

Serment prêté.

Dans le courant de septembre, me trouvant aux environs de Pierrefitte (Meuse), j'ai vu sur le champ de bataille un officier allemand blessé. Je me suis approché de lui, et au moment où je me penchais sur lui pour le panser, j'ai entendu une détonation : je me suis baissé instinctivement; mais j'ai reçu une balle dans le bras droit. Je me suis alors aperçu que cet officier allemand avait son revolver à la main et j'ai compris qu'il venait de me tirer dessus.

Lecture faite, persiste et signe avec nous.

PROCÈS-VERBAUX D'ENQUÊTE

ET DOCUMENTS DIVERS

À L'APPUI DU RAPPORT DU 6 MAI 1915.

PREMIER EMPLOI PAR LES ALLEMANDS DE GAZ ASPHYXIANTS

COMME MOYEN DE COMBAT.

N° 330.

DÉPOSITION faite, le 3 mai 1915, au Quartier-Général du détachement d'armée de Belgique, à Rousbrugge, devant la Commission d'enquête instituée par décret du 23 septembre 1914.

Général Putz, commandant le détachement d'armée de Belgique :

Je jure de dire la vérité.

Il y a environ trois semaines, nous avons appris, par l'interrogatoire d'un prisonnier allemand, que l'ennemi se préparait à employer contre nous des gaz asphyxiants, quand le vent serait favorable.

Cette information a été confirmée par les événements.

Le 22 avril, en effet, un rapport d'aviateur a fait connaître que de petites flammes jaunes avaient été aperçues de place en place, entre Bixschoote et Langemarck, dans les tranchées allemandes. Le même jour, un épais nuage de vapeurs lourdes et jaunâtres est sorti des mêmes tranchées et, poussé par le vent, est arrivé en vague sur les lignes alliées, où il a produit des effets meurtriers. Un assez grand nombre de nos soldats sont morts sur le champ; d'autres, qui avaient pu se replier, sont décédés peu après, malgré les soins qui leur ont été prodigués; d'autres enfin ont été plus ou moins gravement malades.

Ce ne sont pas des projectiles qui ont produit de tels résultats. C'est un système d'engins non explosibles, composé de récipients munis de tubes commandés par des robinets. Les documents que je vous communique et toutes les dépositions que vous pourrez recueillir vous édifieront à cet égard.

Depuis le 22 avril, les Allemands, à deux reprises, notamment hier soir, se sont encore servis des mêmes moyens.

Après lecture, le général a signé avec nous.

N° 331.

EXTRAIT du télégramme officiel relatant les résultats des reconnaissances aériennes faites au D. A. B., le 22 avril 1915 :

Q.-G., 22 avril 1915.

Escadrille M. S. 26. — Reconnaissance effectuée par le pilote adjudant Faure, observateur capitaine Brunet.

La reconnaissance a parcouru, de 16 heures à 17 h. 30, l'itinéraire : Dixmude-Langemarck-Forêt d'Houthulst-Staden, et retour par Dixmude.

Rien à signaler sur la forêt d'Houthulst.

Nombreux foyers dégageant une épaisse fumée jaune dans les tranchées ennemies, entre Bixschoote et Langemarck.

Copie certifiée conforme :
P. O. P. Le Chef du Service aéronautique au D. A. B.,
Le Capitaine adjoint,
Signé : H. Varaigne.

N° 332.

RAPPORT du pharmacien-major de 2me classe Didier, de la réserve sanitaire de médicaments, à Monsieur le général commandant le détachement d'armée de Belgique.

S/C de M. le médecin-inspecteur, chef supérieur du Service de Santé.

Poperinghe, le 23 avril 1915.

J'ai l'honneur de vous rendre compte du résultat de la mission dont j'étais chargé par ordre du 22 avril, consistant à aller me livrer sur le front à une enquête permettant de déterminer la nature des gaz ayant provoqué des intoxications sur nos troupes.

Les renseignements suivants avaient été au préalable recueillis de la bouche de nombreux blessés, parvenus la veille au soir et dans la nuit dans les hôpitaux militaires de Poperinghe.

Les gaz se présentaient en colonnes de couleur jaune verdâtre à fleur de sol, et leur densité supérieure à celle de l'air leur permettait d'envahir les tranchées ; ils présentaient une odeur vive spéciale, attaquant les voies respiratoires, produisant une oppression très grande et provoquant la toux ; chez certains militaires, ils ont même déterminé des vomissements abondants et des crachements de sang.

Tous ces renseignements m'ont été confirmés par le médecin-chef de l'ambulance de Woesten, où je me suis rendu immédiatement.

Accompagné de M. le médecin-major Chastenet, du groupe de brancardiers divisionnaires, je me dirigeai sur Bœsinghe, où j'avais à constater une odeur nettement perceptible, spéciale au chlore, soit dans les environs immédiats de ce village, soit plus particulièrement dans un local où avait éclaté une bombe.

La détermination des gaz soumis à l'expertise a été faite en exposant dans cette atmosphère plusieurs agitateurs imbibés de solution étendue de soude ; les réactions spécifiques des hypochlorites ont été positives.

La production de quantités massives de gaz a pu être obtenue, soit par des tubes de gaz liquéfié, soit par réaction d'un acide sur le chlorure de chaux du commerce, soit enfin par décomposition de l'acide chlorhydrique du commerce par le permanganate ou un oxydant quelconque.

Les moyens les plus pratiques pour lutter avantageusement contre les effets du chlore sont basés sur les propriétés de ce gaz, et principalement sur sa dissolution dans l'eau.

Conclusions. — De l'enquête à laquelle nous nous sommes livrés, il résulte :

1° Que le gaz ayant provoqué les phénomènes d'intoxication constatés était constitué par du chlore avec diverses impuretés telles que gaz sulfureux ;

2° Que les moyens efficaces de lutter contre ses effets semblent consister, en dehors d'une ventilation énergique, en un tampon de gaze imbibée d'eau appliqué sur la bouche, et de coton également humide dans les narines.

Signé : DIDIER.

N° 333.

RAPPORT fait par le médecin aide-major CORDIER, du 4e bataillon de chasseurs à pied.

OBSERVATIONS SUR LES GAZ ASPHYXIANTS.

1° *Façon de les provoquer.* — Des officiers du bataillon ont vu nettement les Allemands évacuer leurs tranchées avant le jet de gaz. Des isolés sont montés debout sur le parapet, avec des torches allumées qu'ils ont agitées. Plusieurs, abattus, ont été immédiatement remplacés par d'autres. Ils ont paru mettre le feu à des récipients ayant la forme de grandes boîtes cylindriques.

Il se dégage de ces boîtes d'épaisses volutes d'une couleur jaune verdâtre, qui semblent projetées en avant avec une certaine vitesse initiale; mais le vent s'en empare facilement et leur donne sa direction.

2° *Effet produit sur l'organisme.* — L'odeur dominante est nettement celle du chlore. Il s'y mêle une odeur de soufre.

La première impression ressentie est la suffocation, avec brûlure des muqueuses du nez, de la gorge et des bronches. Une toux douloureuse s'ensuit, avec affaiblissement général des forces.

Les effets varient d'ailleurs un peu suivant les tempéraments. Les individus atteints d'asthme souffrent cruellement et longtemps. En général, les vapeurs ne provoquent pas les larmes. Beaucoup subissent les effets d'un empoisonnement violent : maux de tête, vomissements qui vont jusqu'au sang, diarrhée. Il s'ensuit, pendant plusieurs jours, une courbature générale et une grande dépression, avec bronchite plus ou moins violente, mais très nettement caractérisée médicalement.

Les registres du poste de secours du bataillon portent environ cent trente chasseurs soignés pour suites d'asphyxie occasionnée par les gaz (en dehors de ceux soignés par d'autres postes de secours).

Les lésions se traduisent par des signes de bronchite dans la totalité des cas; très rarement, quelques râles de congestion à la base des poumons.

Trente cas de bronchite aiguë, ayant nécessité l'évacuation.

Cinquante cas de bronchite moyenne, guérissable en huit jours environ.

Quarante cas de bronchite légère, guérissable de jour en jour, selon la plus ou moins grande résistance individuelle.

Trois cas de bronchite grave, avec phénomènes d'asphyxie due à la pénétration des gaz jusque dans les bronchioles (bronchite capillaire) et les acini pulmonaires (pneumonie).

Pas de décès avant l'évacuation.

3° *Moyens de préservation.* — L'emploi du linge humide diminue l'effet des gaz, mais ne suffit pas pour permettre à la généralité des tempéraments de résister à leurs effets, surtout de près.

Des chasseurs ont pu cependant rester dans les tranchées abandonnées par leurs camarades sans succomber. Un sergent particulièrement vigoureux a pu résister à côté de son capitaine blessé, le nez et la bouche plongés dans du coton imbibé de jus de citron, seul liquide qu'ils avaient à leur disposition.

Tous ont été très malades.

Signé : I. Cordier.

Vu et transmis
à M. le Général, commandant le D. A. B.,
au Q. G., le 1er mai 1915.
Le Général commandant la 152e D. I.,
P. O. : *Le Chef d'état-major,*
Signé : H. Payerne.

N° 334.

DÉPOSITION faite, le 3 mai 1915, au Quartier-Général du détachement d'armée de Belgique, à Rousbrugge, devant la Commission d'enquête instituée par décret du 23 septembre 1914.

De Fabry (Pierre), 39 ans, chef de bataillon au 1er régiment de marche de tirailleurs indigènes :

Je jure de dire la vérité.

Le 22 avril, vers cinq heures du soir, je me trouvais à mon poste de commandement situé au sud-est de Langemarck. Les tranchées de mon bataillon étaient à des distances de cinquante à deux cents mètres des tranchées ennemies, lorsque j'ai été averti, par un de mes agents de liaison, que les Allemands venaient de projeter sur nos lignes une fumée lourde et verdâtre, qui empêchait les hommes de respirer et qui les piquait fortement aux yeux. Quelques instants après, un deuxième agent de liaison est venu me rendre compte que les officiers et les hommes de troupe s'étaient effondrés dans les tranchées, et que celles-ci étaient envahies par l'infanterie ennemie. J'ai ressenti moi-même l'effet des gaz employés contre nous. J'ai éprouvé de forts picotements aux yeux; d'autres officiers, autour de moi, ont été plus gravement incommodés.

J'ai aperçu des Allemands débordant les lisières de Langemarck, à environ deux cents mètres de moi. Leur tête était recouverte d'une espèce de masque qui les faisait ressembler à des scaphandriers. Ceux-là étaient peu nombreux. La plupart de ceux que j'ai vus portaient, sur le nez et la bouche, un appareil en caoutchouc noirâtre en forme de groin. Quelques autres avaient le même appareil suspendu au cou et pendant sous le menton. Le nuage des gaz roulait devant eux. Il s'est d'ailleurs rapidement confondu avec les fumées d'un tir d'artillerie d'une extrême violence.

Je vous remets un appareil en caoutchouc blanc, qui a été ramassé ce matin devant les tranchées occupées par mon bataillon. Cet appareil ne diffère que par la couleur de ceux que j'ai vus le 22 avril sur le visage des Allemands.

Après lecture, le témoin a signé avec nous.

N° 335.

DÉPOSITION faite, le 3 mai 1915, au Quartier-Général du détachement d'armée de Belgique, à Rousbrugge, devant la Commission d'enquête instituée par décret du 23 septembre 1914.

Guntzberger (Jules-Henri), 41 ans, lieutenant commandant la 2e compagnie du 73e régiment territorial d'infanterie :

Je jure de dire la vérité.

Le 22 avril, vers cinq heures du soir, je me trouvais à mon poste de commandement, à la corne du Bois triangulaire, à soixante-dix ou quatre-vingts mètres des tranchées avancées allemandes, quand mon attention fut attirée, par un de mes soldats, sur des vapeurs qui s'élevaient en avant de ces tranchées. J'ai vu alors un nuage opaque de couleur verte, haut d'environ dix mètres et particulièrement épais à la base, qui touchait au sol. Ce nuage s'avançait vers nous, poussé par le vent. Presque aussitôt, nous avons été littéralement suffoqués, comme par des allumettes soufrées qu'on nous aurait brûlées sous le nez, et nous avons ressenti les malaises suivants : picotements très violents à la gorge et aux yeux, battements aux tempes, gêne respiratoire et toux irrésistible. Nous avons dû alors nous replier, poursuivis par le nuage. J'ai vu, à ce moment, plusieurs de nos hommes tomber, quelques-uns se relever, reprendre la marche, retomber, et, de chute en chute, arriver enfin à la seconde ligne, en arrière du canal, où nous nous sommes arrêtés. Là, les soldats se sont affalés, et jusqu'à trois heures du matin, n'ont cessé de tousser et de vomir. Pour ma part, je souffrais atrocement : il me semblait avoir toute la gorge et les bronches à vif. Je suis encore actuellement atteint de bronchite, et beaucoup de nos hommes sont évacués chaque jour pour bronchite et congestion pulmonaire.

Après lecture, le témoin a signé avec nous.

N° 336.

DÉPOSITION faite, le 3 mai 1915, au Quartier-Général du détachement d'armée de Belgique, à Rousbrugge, devant la Commission d'enquête instituée par décret du 23 septembre 1914.

Poinçon (Victor), 37 ans, sous-lieutenant commandant la 12e compagnie du 74e régiment territorial d'infanterie :

Je jure de dire la vérité.

Le 22 avril, vers cinq heures du soir, j'étais avec ma compagnie dans les tranchées avancées, au lieu dénommé : « la Maison du Forgeron », quand m'a été signalé un nuage verdâtre qui s'élevait des lignes allemandes. J'ai vu alors, très distinctement, plusieurs jets de gaz courant le long de ces lignes avec un bruit ressemblant à celui que fait une locomobile. Déjà, je ressentais la gêne produite par une odeur suffocante. Bientôt, cette gêne étant devenue intolérable, j'ai dû me replier avec ceux de mes hommes qui n'étaient pas tombés asphyxiés. Nous nous sommes arrêtés derrière le canal, tous très malades, en proie à des vomissements sanguinolents. Je suis encore très éprouvé actuellement par une toux très pénible, des maux de tête et une gêne respiratoire qui me fait souffrir particulièrement pendant la nuit. Mes soldats ne sont pas mieux rétablis que moi-même.

Après lecture, le témoin a signé avec nous.

N° 337.

DÉPOSITION faite, le 3 mai 1915, au Quartier-Général du détachement d'armée de Belgique, à Rousbrugge, devant la Commission d'enquête instituée par décret du 23 septembre 1914.

Letorey (Pierre), 27 ans, sous-lieutenant au groupe du 52e régiment d'artillerie :

Je jure de dire la vérité.

Le 22 avril, vers cinq heures du soir, j'étais en observation à cinq cents mètres des lignes allemandes, quand j'ai vu de place en place, sur le front, des panaches de fumée s'élever des tranchées et retomber en formant un nuage opaque de couleur jaunâtre. Moins de cinq minutes après, le poste d'observation, étant devenu intenable, a dû être évacué. A ce moment, je ressentis une gêne respiratoire très accentuée et des picotements violents aux yeux, en même temps que j'étais pris d'une toux sèche et fréquente. J'ai rencontré des hommes qui suivaient la voie du chemin de fer ; venant des tranchées de première ligne, ils étaient plus éprouvés que moi et j'ai remarqué qu'ils crachaient le sang.

Après lecture, le témoin a signé avec nous.

N° 338.

DÉPOSITION faite, le 3 mai 1915, au Quartier-Général du détachement d'armée de Belgique, à Rousbrugge, devant la Commission d'enquête instituée par décret du 23 septembre 1914.

Mazeaud (Évariste), 25 ans, sous-lieutenant au 49e régiment d'artillerie :

Je jure de dire la vérité.

Le 22 avril, vers cinq heures du soir, me trouvant au passage à niveau 145, j'ai vu, au-dessus de la crête de Pilkem, s'élever des tranchées allemandes des vapeurs épaisses. Je me trouvais à 2.200 mètres de ces vapeurs, et malgré la distance, j'en ai ressenti les effets, qui se sont manifestés chez moi par une toux incoercible, des hoquets et des nausées. Un peu plus tard, j'ai rencontré un sous-lieutenant de tirailleurs qui se repliait avec ses hommes. Il était tellement suffoqué, qu'interpellé par moi, il a été dans l'impossibilité de me répondre.

Après lecture, le témoin a signé avec nous.

N° 339.

DÉPOSITION faite, le 3 mai 1915, au Quartier-Général du détachement d'armée de Belgique, à Rousbrugge, devant la Commission d'enquête instituée par décret du 23 septembre 1914.

Chadebec de Lavalade, capitaine à l'état-major de l'artillerie de la 45e division :

Je jure de dire la vérité.

Le 22 avril, je me trouvais au poste de commandement de l'artillerie de la 45e division, à Bœsinghe, à deux kilomètres environ des lignes allemandes, quand, vers quatre heures trois quarts du soir, j'ai été averti par un coup de téléphone qu'on voyait un épais nuage verdâtre dans la direction du Bois triangulaire. Aussitôt, me doutant de ce qui se passait, je donnai ordre à toutes nos batteries d'ouvrir un feu de barrage. Au bout d'un quart d'heure, une odeur assez forte, qui me parut être celle du chlore, se répandit autour de nous.

Vers cinq heures et demie, mon poste fut violemment bombardé avec des obus d'une nature spéciale, répandant une odeur extrêmement violente qui rappelait celle du formol. Je me trouvai fortement incommodé, et un homme, s'effondrant auprès de moi, fut pris de vomissements pénibles.

Vers six heures et demie, comme le poste était devenu intenable, nous l'évacuâmes et nous allâmes nous installer à un kilomètre de là. A partir de ce moment, je ne cessai de tousser; enfin, à une heure du matin, n'en pouvant plus, je me fis conduire à l'ambulance divisionnaire, suffoquant complètement. Le médecin, après m'avoir fait des applications de linges trempés dans de l'eau bouillante, m'envoya à l'hôpital, où je restai pendant trois jours, souffrant énormément de la tête et des yeux.

Après lecture, le témoin a signé avec nous.

N° 340.

DÉPOSITION faite, le 3 mai 1915, au Quartier-Général du détachement d'armée de Belgique, à Rousbrugge, devant la Commission d'enquête instituée par décret du 23 septembre 1914.

Laraison (Auguste), 34 ans, sergent au 6e régiment du génie, 7e section auto-projecteurs):

Je jure de dire la vérité.

Le 22 avril, à quatre heures cinquante du soir, je me trouvais au poste d'observation de la batterie contre avions, sur les bords du canal de l'Yser, à Bœsinghe, quand j'ai vu, à 2.500 mètres environ de moi, un véritable rideau de vapeurs opaques, de couleur jaune à la base et verte au-dessus, qui, partant du sol, avait une dizaine de mètres de hauteur. Un quart d'heure ou vingt minutes après, j'ai ressenti un malaise se manifestant par de violents picotements aux yeux, des larmes, de la suffocation, et une forte brûlure dans la poitrine. Quand les Allemands sont arrivés au pont de Bœsinghe, j'ai reçu l'ordre de me replier. J'ai, en me retirant, rencontré un soldat des bataillons d'Afrique qui m'a paru en proie à des nausées épouvantables, et qui était dans l'impossibilité de parler. J'ai vu ensuite un nombre considérable de malades.

Après lecture, le témoin a signé avec nous.

N° 341.

DÉPOSITION faite, le 3 mai 1915, au Quartier-Général du détachement d'armée de Belgique, à Rousbrugge, devant la Commission d'enquête instituée par décret du 23 septembre 1914.

Bailly (Antoine), 33 ans, médecin aide-major de 1re classe, chargé du service médical du Quartier-général :

Je jure de dire la vérité.

J'ai examiné, le 22 avril, deux soldats automobilistes et le capitaine Cassaigne, du service de vérification du tir, qui s'étaient trouvés, une heure auparavant, dans la zone des gaz asphyxiants employés par les Allemands. Bien qu'ils y fussent restés fort peu de temps, ils présentaient très nettement les symptômes suivants : nausées et vomissements persistants, phénomènes légers de congestion pulmonaire, irritation des premières voies respiratoires, conjonctivite et larmoiement. Ces phénomènes s'observaient encore le lendemain matin, quoique très atténués.

Après lecture, le témoin a signé avec nous.

N° 342.

DÉPOSITION faite, le 3 mai 1915, au Quartier-Général du détachement d'armée de Belgique, à ROUSBRUGGE, devant la Commission d'enquête instituée par décret du 23 septembre 1914.

DIDIER (Alphonse-Marie-Raymond), 40 ans, pharmacien-major de deuxième classe, chef de la réserve sanitaire de Poperinghe :

Je jure de dire la vérité.

J'ai été chargé par le général en chef du D. A. B. de procéder sur le front à une enquête, à l'effet de déterminer la nature des gaz qui ont provoqué, parmi nos troupes, des phénomènes d'asphyxie et d'intoxication. Dans mon rapport du 23 avril, dont vous avez une copie (1), j'ai relaté le résultat de mes recherches. Je n'ai rien à ajouter aux énonciations de ce document, dont j'affirme sous serment l'absolue sincérité, sinon que deux blessés allemands, de passage hier à la gare de Poperinghe, m'ont déclaré avoir reçu de leurs chefs des bouteilles en métal, d'une contenance de deux litres environ, remplies d'un liquide et obturées à l'aide d'un bouchon à vis qu'on remplaçait, au moment de l'emploi, par un dispositif permettant l'évacuation de ce liquide et sa transformation en gaz au contact de l'air.

Toutes les indications de mon rapport se sont trouvées confirmées par les nombreuses observations que j'ai eu l'occasion de faire à l'hôpital depuis le 23 avril.

J'ajoute que, le 24, M. le médecin principal Biscons m'a fait parvenir deux sachets trouvés sur des prisonniers allemands, et contenant chacun un paquet de charpie imbibée d'une solution dont j'ai eu à déterminer la nature. Ces sachets, garnis à l'intérieur d'une enveloppe caoutchoutée, étaient, d'après les renseignements recueillis, remis à chaque soldat, dans le but de le protéger contre les effets des engins manipulés par lui.

Des expériences auxquelles je me suis livré, il résulte que le produit dont la charpie était imprégnée se composait d'une solution d'hyposulfite de soude. Cette solution est efficace pour lutter contre les accidents causés par l'action nocive du chlore.

Après lecture, le témoin a signé avec nous.

N° 343.

DÉPOSITION faite, le 3 mai 1915, au Quartier-Général du détachement d'armée de Belgique, à ROUSBRUGGE, devant la Commission d'enquête instituée par décret du 23 septembre 1914.

HAZARD (Paul), 37 ans, lieutenant-interprète à l'état-major du D. A. B. :

Je jure de dire la vérité.

Je suis chargé, au Quartier-général, de l'interrogatoire des prisonniers et du dépouillement

---

(1) Voir pièce n° 332.

des papiers trouvés sur eux. Le 27 avril, j'ai eu l'occasion d'interroger un sous-lieutenant du 213ᵉ régiment d'infanterie de réserve allemand, nommé Grandzow. Il m'a déclaré qu'il considérait les gaz asphyxiants comme une nouvelle arme au service de l'Allemagne.

Je vous communique une lettre qui a été trouvée sur le prisonnier Ad. Schütt, du XXIIIᵉ Corps de réserve, 46ᵉ division, 215ᵉ régiment d'infanterie, et qui porte la suscription suivante : « Frau Schütt, Bremen, Schweizerstrasse, 16 ».

Cette lettre, datée du 26 avril 1915 et écrite dans les tranchées de Lizerne, contient un passage dont voici la traduction littérale : « Comme tu as déjà dû le voir dans les journaux, nous avons enfin réussi à aller de l'avant dans cette région. Nous avons remporté un grand succès dans de durs combats. Nous avons des jours pénibles derrière nous, et d'autres devant nous. Nous ne sommes pas encore à la fin ; mais vraisemblablement ceci va donner maintenant à ces maudits Anglais leur compte. Nous avons employé un nouveau moyen de combat, contre lequel ils sont tout simplement sans défense (machtlos). »

Antérieurement aux faits qui sont l'objet de votre enquête, j'avais déjà recueilli des indications de nature à les faire prévoir. Ils m'avaient même été formellement annoncés par un prisonnier, dès le 14 avril. Celui-ci, un soldat nommé. . . , appartenant au 234ᵉ régiment d'infanterie, 51ᵉ division, XXVIᵉ Corps de réserve, m'a fait à cet égard des déclarations qui ne laissent aucun doute et dont je vous remets une copie.

Après lecture, le témoin a signé avec nous.

Nº 344.

EXTRAIT du procès-verbal d'un interrogatoire subi, le 14 avril 1915, au Quartier-Général du détachement d'armée de Belgique, à ROUSBRUGGE, par le prisonnier X. . . , du 234ᵉ régiment d'infanterie, 51ᵉ division, XXVIᵉ Corps de réserve :

État-major du D. A. B. — 2ᵉ bureau — nº 1073.

« . . . . . . Le prisonnier a été envoyé à l'instruction à Roulers pour apprendre le maniement de tubes à gaz asphyxiant. De là, est venu dans les tranchées. . . . .

Les bouteilles à gaz asphyxiant se trouveraient sur tout le front du XXVIᵉ C. A., à raison d'une batterie de vingt bouteilles tous les quarante mètres.

Une attaque prochaine serait projetée, en attendant un vent favorable. Le gaz, assez dense et lourd, est chassé près du sol et agit pendant deux kilomètres.

Depuis le 13, à midi, toutes les troupes de deuxième ligne auraient été alertées et poussées en avant en prévision de cette attaque. . . . . . . »

Ces mêmes déclarations ont été répétées le 15 avril.

Certifié conforme :

L'Officier-interprète,

Signé : P. HAZARD.

N° 345.

PROCÈS-VERBAL d'interrogatoire d'un prisonnier allemand du XXIIIe C. A. R., 46e Div., fait le 24 avril 1915, près de BIXSCHOOTE. (D. A. B. — État-major, 2e bureau, n° 1492.)

A vu des engins asphyxiants dans les tranchées à l'ouest de Bixschoote. Ces engins se composent d'un récipient tubulaire en acier de 1^{m} à $1^{m}20$ de longueur et de $0^{m}25$ de diamètre environ. La partie supérieure a sensiblement une forme semblable à la partie supérieure d'une bouteille ; la fermeture est obtenue par un robinet R, placé sur le goulot. A l'extrémité du goulot est soudé un tube, de la grosseur d'un doigt, de $0^{m}60$ à $0^{m}80$ de longueur, très probablement en zinc ou en tôle galvanisée ; la partie supérieure de ce tube est légèrement recourbée. Le poids de l'engin est de 60 à 65 kilos. [Fig. 1.]

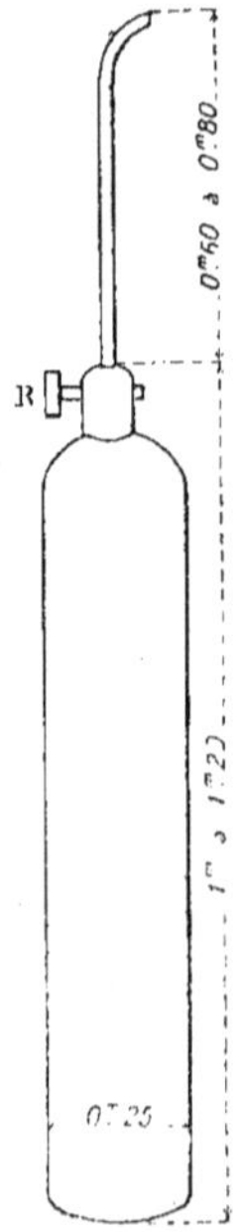

Fig. 1.

Les engins asphyxiants étaient disposés dans la tranchée par groupes de trois, quatre et plus. Les groupes étaient séparés par des distances variables : vingt mètres, trente mètres. Les engins sont placés dans la tranchée comme l'indique la figure ci-contre. [Fig. 2.]

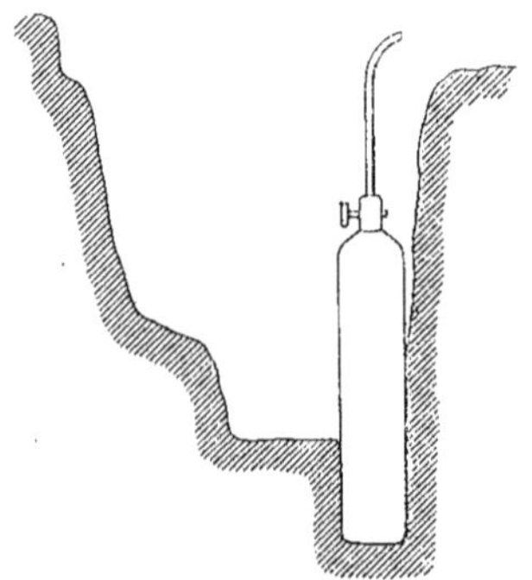

Fig. 2.

Il n'y a pas de mise de feu. Pour faire fonctionner l'appareil, il suffit d'ouvrir le robinet R. Le gaz qui s'échappe est de couleur jaunâtre (grüngelb). (1)

Le sachet préservateur se compose d'une enveloppe en toile imperméable, ayant $0^{m}15$ sur $0^{m}25$ environ, se fermant par deux boutons à pression ; il contient des déchets de coton.

Les sachets sont distribués avant l'action ; les déchets de coton ont dû être préalablement imprégnés d'un liquide sans odeur, car ils étaient encore légèrement humides quand le prisonnier s'en est servi.

Le prisonnier a porté secours, en le soutenant et en lui faisant boire du café, à un soldat français du 73e territorial qui ne pouvait plus marcher et qui se plaignait, à la suite de l'absorption du gaz asphyxiant, de violentes douleurs à la poitrine. Il prétend qu'une heure après qu'il l'eut secouru, le soldat français a pu continuer sa route à pied, tandis que ce soldat ne pouvait faire plus de quatre à cinq pas sans tomber à terre au moment où il lui avait porté secours.

Le prisonnier prétend aussi qu'il a vu des soldats allemands, en petit nombre, qui étaient tombés inanimés dans les tranchées, malgré l'usage des déchets de coton contenus dans le sachet préservateur.

P. O. : Le Chef d'état-major,

Signé : DE BOURNAZEL.

---

(1) Exactement : jaune-vert.

N° 346.

EXTRAIT D'UN DOCUMENT trouvé sur un soldat allemand fait prisonnier par le détachement d'armée de Belgique, le 26 avril 1915.

Ordre au 2e bataillon du 213e régiment d'infanterie de réserve, daté de Saint-Jean, le 14 avril 1915.

. . . .

9° Jeder Mann der Komp. ist mit einem Schutzpäckchen auszurüsten, welche dauernd (ausser auf Patrouille) in Händen der Mannschaften bleiben.

Bestandmeldung tägl. mittags.

5. 6 u. 8. Komp. erhalten Schutzpäckchen aus den Vorräten aus St-Jean; 7 Komp. aus der Bereitschaft. 6 Komp. stellt sofort 2 Mann zur Empfangnahme der Pakete in St-Jean (1)

. . . .

TRADUCTION.

. . . .

9° Chaque homme devra être muni d'un sachet protecteur, qu'il aura en permanence en mains (sauf en patrouille). Chaque jour à midi on fera un rapport sur l'approvisionnement en sachets.

Les 5e, 6e et 8e compagnies recevront leurs sachets du dépôt de Saint-Jean; la 7e compagnie, des postes de première ligne. La 6e compagnie fournira immédiatement deux hommes pour recevoir les paquets à Saint-Jean.

. . . .

N° 347.

DÉPOSITION faite, le 4 mai 1915, à Leffrinckouke (Nord), devant la Commission d'enquête instituée par décret du 23 septembre 1914.

Pausset (Émile), sous-lieutenant au 1er tirailleurs algériens :

Je jure de dire la vérité.

Le 22 avril, vers cinq heures du soir, j'étais, avec le lieutenant Weber, dans une tranchée de première ligne, à environ cent mètres des Allemands, devant Langemarck, quand j'ai vu une sorte de fumée jaune et verte, qui sortait des tranchées ennemies et s'avançait lentement vers nous, poussée par la brise. Nous avons ressenti immédiatement des picotements aux yeux, de l'irritation dans la gorge et dans la poitrine, ainsi qu'une suffocation violente. Nous avons voulu alors nous replier; mais nous étions dans un état de faiblesse extrême, et nos jambes se dérobaient sous nous. Nous n'avions pour ainsi dire plus conscience de ce qui se passait. C'est en nous traînant que nous sommes arrivés devant Ypres, le long du canal;

---

(1) Le texte de ce paragraphe est barré de plusieurs petits traits sur l'original. Voir la reproduction photographique à la fin du volume.

plusieurs de nos hommes n'ont pas pu nous suivre et sont restés en route. A un certain moment, nous nous sommes arrêtés; tous les soldats qui m'accompagnaient se sont immédiatement endormis.

Après lecture, le témoin a signé avec nous et avec le sous-lieutenant Weber (Georges) et l'adjudant-chef Jenouvrier (Marie), du même régiment, qui, après avoir prêté serment de dire la vérité, ont confirmé la déposition de M. Pausset.

N° 348.

DÉPOSITION faite, le 4 mai 1915, à Leffrinckouke (Nord), devant la Commission d'enquête instituée par décret du 23 septembre 1914.

Weber (Joseph), 46 ans, capitaine au 1er bataillon d'Afrique de marche :

Je jure de dire la vérité.

Le 22 avril, vers cinq heures trente du soir, j'étais à mon poste de commandement dans une maison de Langemarck, à deux cents mètres environ de nos tranchées, quand j'ai entendu des coups de fusil. Je suis sorti et j'ai constaté, à droite et à gauche, que les premières lignes se vidaient. J'ai alors demandé par téléphone ce qui se passait et j'ai appris, par un téléphoniste des tirailleurs, qu'on avait été obligé d'évacuer à cause des gaz asphyxiants lancés par les Allemands. A ce moment, j'ai aperçu, au-dessus des tranchées françaises, un épais nuage, vert et jaune, qui s'avançait lentement, et j'ai ressenti un commencement de suffocation et une forte brûlure dans la gorge et dans la poitrine. Ayant essayé de me replier vers l'endroit où devait se trouver le commandant, je me suis bientôt senti dans l'impossibilité de marcher, ayant les jambes « fauchées », toussant continuellement et souffrant beaucoup des voies respiratoires. On m'a transporté en voiture à Poperinghe, et là, je me suis endormi. Je souffre actuellement dans les reins et je tousse encore beaucoup.

Après lecture, le témoin a signé avec nous.

N° 349.

DÉPOSITION faite, le 4 mai 1915, à Leffrinckouke (Nord), devant la Commission d'enquête instituée par décret du 23 septembre 1914.

Plat (Dominique), 38 ans, capitaine au 79e régiment territorial d'infanterie :

Je jure de dire la vérité.

Le 22 avril, vers cinq heures vingt du soir, je me trouvais à trois kilomètres environ des lignes, près du pont de Boesinghe, quand des obus allemands tombèrent en quantité dans la région. Ces projectiles étaient remplis de gaz asphyxiants ; l'un d'eux éclata sur le pont, et je vis s'en dégager des vapeurs épaisses et verdâtres. Bientôt un nuage se forma, et à ce moment, je fus fortement incommodé par une violente irritation de la gorge qui devait persister pendant quarante-huit heures.

Le lendemain, j'ai rencontré un soldat du 73e qui marchait avec tant de difficulté que je l'ai cru blessé aux reins ; d'après ce qu'il m'a dit, son malaise avait été causé par un commencement d'asphyxie. J'ai vu aussi, au bout de vingt-quatre heures, un autre homme du même régiment étendu sur le dos. Il suffoquait, et son visage était noir.

J'ajoute que la plupart de mes hommes ont éprouvé des troubles semblables aux miens et que plusieurs ont été pris de vomissements.

Après lecture, le témoin a signé avec nous.

N° 350.

DÉPOSITION faite, le 4 mai 1915, à Leffrinckouke (Nord), devant la Commission d'enquête instituée par décret du 23 septembre 1914.

Lacroix (Maurice), 25 ans, sous-lieutenant au 66e d'infanterie :

Je jure de dire la vérité.

Le 27 avril, je faisais partie d'une colonne d'attaque chargée de reprendre les tranchées perdues le 22. Nous nous battions depuis midi, quand, à deux heures, au moment où nous chargions à la baïonnette, un nuage épais et verdâtre s'est élevé des lignes allemandes, nous obligeant à cesser notre offensive et à nous coucher. Vers quatre heures, nous avons chargé de nouveau ; à ce moment, de nouvelles vapeurs sont encore sorties des tranchées ennemies, en même temps qu'une grêle d'obus asphyxiants s'abattait sur nous. Je suis tombé, étouffant et pris de vomissements avec filets de sang. Des infirmiers m'ont ramassé et m'ont ramené auprès des nôtres. Je suis encore sous l'influence de l'intoxication et je me sens très abattu.

Après lecture, le témoin a signé avec nous.

N° 351.

DÉPOSITION faite, le 4 mai 1915, à Leffrinckouke (Nord), devant la Commission d'enquête instituée par décret du 23 septembre 1914.

Senlecq (Félix), 45 ans, médecin-chef de l'hôpital temporaire de Leffrinckouke :

Je jure de dire la vérité.

J'ai soigné ici sept officiers qui ont subi des troubles d'asphyxie à la suite de l'emploi, fait par les Allemands, de gaz suffocants. Je vous remets copie des observations que j'ai transmises à M. le directeur du Service de Santé, et je vous enverrai ce soir une observation complémentaire concernant le lieutenant Lacroix.

Je certifie sous la foi du serment l'exactitude de ces documents.

Après lecture, le témoin a signé avec nous.

N° 352.

RAPPORT communiqué à la Commission d'enquête par le major Senlecq, médecin-chef de l'hôpital temporaire de Leffrinckouke (Nord).

Observations concernant cinq officiers ayant subi l'asphyxie.

Le 23 avril, à six heures du matin, arrivée de cinq officiers présentant un état d'hébétude marquée et se plaignant d'une sensation de constriction à la poitrine, avec brûlure au niveau de la trachée et du naso-pharynx.

Immédiatement, je leur fis une piqûre d'huile camphrée ; ils burent du café fort, du sirop de morphine avec de la liqueur d'Hoffmann ; puis j'ordonnai le régime lacté.

Vu leur état de prostration, je ne pus les ausculter; sitôt couchés, du reste, ils s'endormirent, le visage congestionné, avec une respiration accélérée de 40 à 50 à la minute. Tous se plaignirent de leurs yeux ; mais je ne remarquai aucune trace de conjonctivite.

Visite de onze heures, 23 avril. — L'oppression reste la même. Respiration : 42 à 52. Pouls : 92 à 120. Le rhino-pharynx et la trachée sont toujours le siège de brûlures. L'un d'eux a eu des crachats sanguinolents pendant la nuit; tous disent que leur respiration a le goût et l'odeur du gaz; aucun ne crache.

Nouvelle piqûre d'huile camphrée.

Contre-visite de dix-sept heures. — L'hébétude a diminué. Deux malades accusent une respiration plus facile. Pouls : 80 à 120. Deux d'entre eux commencent à expectorer des crachats ayant toujours le goût et l'odeur du gaz. Auscultation : très variable suivant les malades. Je trouve chez l'un deux un gros râle sibilant dans toute la poitrine; chez un autre, des frottements pleuraux seulement, et chez un troisième, des râles sous-crépitants. Manifestations pulmonaires caractérisées, surtout à la base des poumons. L'examen de la gorge ne décèle rien. Sur les cinq malades, un seul a encore les urines très diminuées; mais trois ont des traces très faibles d'albumine. Aucun n'a d'appétence, ni soif. Le malade qui, seul, a peu uriné, se plaint de céphalée et de douleurs costales violentes dans la région des attaches du diaphragme.

Nouvelle piqûre d'huile camphrée. Sirop de morphine pour la nuit.

Visite du matin, 24 avril. — Les malades ont dormi, mais ont beaucoup toussé : tous expectorent des crachats muco-purulents ayant franchement le goût du gaz. Pouls variant de 80 à 108. Respiration, de 20 à 32. La dyspnée a diminué chez tous. A l'auscultation, il apparaît les mêmes symptômes avec tendance à sibilances généralisées et continuation de frottements pleuraux. Les sensations du côté du pharynx et de la trachée ont diminué.

Ventouses, cataplasmes sinapisés, teinture d'iode, sirop de morphine et liqueur d'Hoffmann; piqûres d'huile camphrée; café; régime lacté à la demande de tous.

Contre-visite de dix-sept heures. — Deux malades continuent à se plaindre de la trachée et du naso-pharynx. Respiration : 20 à 32. Toux abondante. Expectoration toujours la même, mais ayant moins le goût du gaz. L'un d'eux ayant des phénomènes plus accusés de congestion pulmonaire, je lui ordonne de l'adrénaline.

Huile camphrée, sirop de morphine et liqueur d'Hoffmann. Les urines étant abondantes, j'ordonne de l'antipyrine contre les maux de tête et les douleurs intercostales. A la demande des malades, je prescris, pour le repas du soir, du bouillon avec des jaunes d'œufs et des fruits.

Visite du matin, 25 avril. — Amélioration générale. Pouls : 80 à 92. Respiration : 20 à 24, sauf pour le lieutenant de K..., qui présente de gros râles sibilants et généralisés, avec 32 de respiration, sans fièvre. L'un d'eux a beaucoup toussé la nuit, disant avoir eu la veille quelques filets de sang dans ses crachats, avec diminution toutefois du goût du gaz. Trois ont été mis au grand régime et deux sont sortis se promener un peu.

Résumé. — Les manifestations d'asphyxie n'ont touché que l'arbre aérien, sans occasionner de troubles d'intoxication. Il y eut des crachats avec filets de sang, provenant probablement du naso-pharynx ou de la trachée ; une dyspnée, intense au début, s'atténuant au fur et à mesure que l'état pulmonaire présentait des signes de bronchite.

Sensation persistante de brûlure, puis d'âcreté à la gorge et à la trachée. Diminution de la quantité d'urine. Faibles traces d'albumine. Températures insignifiantes; maximum : 37°7.

Je crois que l'on a eu affaire à un gaz, non pas asphyxiant, mais anhélant, — du chlore, probablement, — les malades ne reconnaissant pas l'odeur semblable à celle de l'allumette soufrée.

A Leffrinckouke, le 28 avril 1915.

Le Médecin-chef,

Signé : Dr Senlecq,

Médecin-major.

N° 353.

PROCÈS-VERBAL D'AUTOPSIE dressé, le 25 avril 1915, à l'hôpital temporaire de Zuydcoote. (Autopsie du caporal Cornuau, du 1er bataillon d'infanterie légère d'Afrique.)

Le blessé est mort d'asphyxie, à neuf heures du soir, le 23 avril 1915; il s'agit d'un homme de vingt-cinq à trente ans, paraissant très robuste. La rigidité cadavérique est complète ; le tronc, les cuisses et les membres supérieurs sont encore chauds. Ecchymoses étendues par hypostase, très nettes dans la région antérieure de la cuisse gauche. Aucune trace extérieure de violence. La face antérieure du scrotum présente, de chaque côté de la ligne médiane, une excoriation parcheminée de la longueur du doigt.

Autopsie. — Incision médiane de la fourchette sternale au pubis, enlèvement du volet antérieur.

On constate de nombreuses adhérences pleurales (pleurésie sèche). Il y a une symphyse complète des poumons, de la cage thoracique et du diaphragme. Les poumons sont de coloration lie-de-vin. Ils présentent de rares ecchymoses sous-pleurales, plus nettes au poumon droit ; aux deux sommets, tubercules guéris. Les poumons crépitent bien et flottent ; pas de foyer d'hépatisation. Par pression sort un peu d'écume blanchâtre et de liquide spumeux (œdème pulmonaire). Au niveau du larynx, muqueuse normale et blanche. La muqueuse de la trachée est assez normale au début, mais sa coloration se fonce progressivement, pour devenir lie-de-vin au niveau de la bifurcation ; elle est de plus en plus foncée à l'intérieur des grandes et petites bronches.

Cœur. — Normal, plein de caillots noirâtres; quelques caillots blancs dans les ventricules; pas de lésions valvulaires ni orificielles.

Sang. — Examiné du vivant du blessé, se coagule plus rapidement que d'ordinaire; la rétraction du caillot est normale et le sérum n'est pas laqué.

Foie. — Un peu gros.

Rate. — Cyanotique, sans lésions.

Cerveau. — Normal; léger œdème cérébral, sans hémorragie.

Cervelet. — Normal.

Rien d'autre à signaler.

Du sang recueilli du vivant du malade a été envoyé au docteur Javillier, aux fins d'examen.

Signé : Peugniez.

N° 354.

PROCÈS-VERBAL D'AUTOPSIE dressé, le 25 avril 1915, au laboratoire de bactério logie de Dunkerque. (Autopsie du territorial Bazin, décédé après inhalation de vapeurs asphyxiantes pendant l'attaque du 22 avril 1915.)

Autopsie pratiquée le 24 avril, à 14 heures.

Le cadavre présente des plaques cyanotiques très accentuées sur l'abdomen et sur les flancs.

Les bourses sont le siège d'une volumineuse suffusion hémorragique.

A l'ouverture du corps, on trouve un tympanisme considérable de tout le tractus gastro-intestinal; aucun épanchement péritonéal; vessie vide.

Pas d'épanchement pleural; mais symphyse pleurale ancienne étendue du côté droit, reliquat probable d'une pleurésie ancienne.

L'examen des poumons y décèle des lésions qui, sans doute, ont entraîné la mort. Les deux poumons, mais surtout le poumon droit, sont rétractés, lourds et fortement congestionnés. A la coupe, les poumons, dans leur totalité, sont gorgés de sang. Aux bases, et malgré la précocité de la mort, les lésions ont déjà dépassé le stade de congestion simple et présentent les caractères de la splénisation. La coupe du parenchyme fait sourdre en abondance un liquide hématique qui semble remplir tous les alvéoles pulmonaires; le poumon crépite encore à la pression, mais tout le lobe inférieur de chaque côté semble devenu absolument inapte à toute respiration. Jetés dans l'eau, les fragments pulmonaires les plus congestionnés flottent encore. Les grosses bronches, ouvertes à partir du hile, présentent une muqueuse fortement congestionnée, mais sans ulcération et sans pus; on ne peut dire qu'il y ait de la bronchite.

Le cœur présente une surcharge graisseuse notable, en rapport avec l'adiposité accentuée de tout le cadavre. Volumineux caillots agoniques dans les oreillettes. Rien d'anormal du côté des orifices, ni du myocarde. Les ventricules, non dilatés, sont en systole.

Foie. — Surcharge graisseuse. Parenchyme assez fortement congestionné, présentant déjà par places l'aspect du *foie muscade.*

Ces lésions semblent en rapport avec des phénomènes d'asystolie d'origine pulmonaire.

Aucun des autres organes ne présente rien d'anormal à signaler.

En résumé : lésions pulmonaires prédominantes et ayant dû entraîner la mort. Congestion intense et étendue des deux poumons, mais surtout accentuée aux lobes inférieurs.

Rien d'anormal à l'examen du cœur; mais la congestion hépatique semble prouver l'existence d'une période de dilatation cardiaque secondaire à la stase pulmonaire.

Signé : Roussel.

N° 355.

DÉPOSITION faite, le 6 mai 1915, à PARIS, devant la Commission d'enquête instituée par décret du 23 septembre 1914.

KLING (André), 41 ans, directeur du Laboratoire municipal de Paris, docteur ès-sciences :

Je jure de dire la vérité.

J'ai remis à l'autorité militaire un rapport, qui m'avait été demandé par M. le Ministre de la Guerre, sur l'emploi, par les troupes allemandes, de divers engins asphyxiants, et sur les mesures de protection susceptibles d'en atténuer les effets.

Mes conclusions sont les suivantes :

1° Le produit asphyxiant employé par l'ennemi, le 22 avril 1915, dans ses attaques contre nos troupes, est le chlore gazeux.

2° Ce gaz doit être considéré comme un agent suffocant meurtrier, capable de provoquer la mort par asphyxie secondaire.

3° Des attaques du genre de celles qui se sont succédé, à l'aide de ce gaz, du 22 au 26 avril, nécessitent un concours de circonstances favorables très spéciales, en particulier une direction convenable du vent.

4° La protection des troupes contre de semblables attaques peut être réalisée à l'aide des moyens suivants :

a) Éclatement de poudre noire en avant des tranchées (effet mécanique).

b) Pulvérisation par explosion de solution d'hyposulfite de soude.

c) Usage d'une muselière recouverte de flanelle imbibée d'une solution aqueuse glycérinée d'hyposulfite de soude, et de lunettes imperméables protégeant les yeux.

d) Emploi, par les hommes affectés aux postes les plus exposés, d'appareils respiratoires munis de barboteurs à l'hyposulfite de soude, ainsi que de lunettes imperméables.

e) Arrosage, avec de l'hyposulfite, des tranchées envahies par le chlore.

5° L'emploi de bombes chargées au chlore liquide et lancées par des « Minenwerfer » a été envisagé par les Allemands, mais il n'est pas certain qu'il ait été déjà mis à exécution.

6° Les moyens de protection contre ces bombes seraient les mêmes que ceux exposés ci-dessus.

7° Aucun renseignement précis n'a pu être recueilli relativement aux obus asphyxiants. En tout cas, leur emploi n'a été pratiqué jusqu'ici que d'une façon restreinte.

Enfin, les procédés généraux indiqués pour la défense des hommes contre le chlore, et plus particulièrement l'usage de lunettes imperméables, pourront être utilement employés contre les produits asphyxiants lancés dans des obus, en attendant que la connaissance des substances que renfermeraient ces derniers permette de déterminer les spécifiques particuliers à leur opposer.

Je vous enverrai un rapport relatif à l'examen et à l'analyse auxquels je vais procéder sur la muselière protectrice que vous venez de me confier.

Après lecture, le témoin a signé avec nous.

N° 356.

RAPPORT adressé au Président de la Commission d'enquête par le Directeur du Laboratoire municipal de Paris.

Paris, le 15 mai 1915.

Conformément au désir que vous m'avez exprimé lorsque j'ai comparu devant la Commission, le 5 mai dernier, j'ai l'honneur de vous retourner le masque saisi sur un prisonnier allemand, que vous m'avez confié, des photographies en double épreuve de ce masque, prises en hauteur, en profondeur, latéralement et sur un sujet d'expérience; j'y joins les observations que j'ai pu faire.

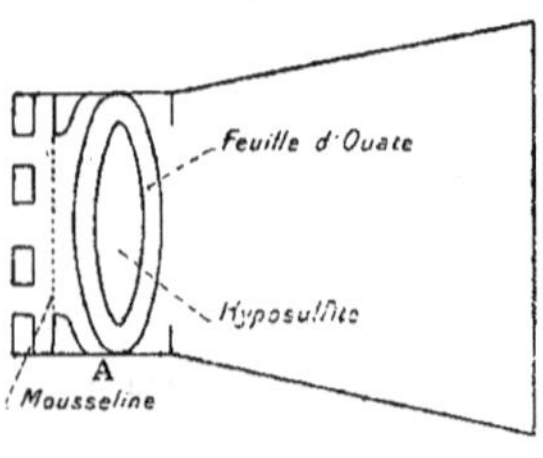

Fig. 3.

Ce masque, en caoutchouc blanc, assez mou, a approximativement la forme d'un cône tronqué qui s'applique sur le visage; la petite base est percée de sept trous circulaires; l'autre base s'applique contre la figure (une encoche est ménagée pour le nez). [Fig. 3.]

La partie *A* comprend d'abord, immédiatement derrière les trous, une feuille de mousseline fixée sur un cadre en caoutchouc de forme circulaire. Derrière la mousseline était placée une double feuille de coton hydrophile, d'un poids de deux grammes, qui renfermait sept grammes environ d'hyposulfite de soude en petits cristaux. Ce coton n'était pas imprégné d'hyposulfite, ni de glycérine. La présence de la couche de cristaux d'hyposulfite de soude indique que le masque était destiné à protéger le soldat qui s'en servait contre des gaz tels que le chlore, les vapeurs de brome ou les vapeurs nitreuses. Cependant, la sécheresse de l'appareil et le peu d'épaisseur de la masse filtrante réduisent considérablement son efficacité et le rendent, à mon avis, inférieur aux bâillons qui ont été trouvés, dans des sachets imperméables, sur des prisonniers allemands ayant participé aux attaques du 22 au 25 avril sur les bords de l'Yser.

Le Directeur du Laboratoire,

Signé : A. Kling.

DOCUMENTS PHOTOGRAPHIQUES

Chargeur allemand à balles retournées.
(V. pièce n° 18.)

Cartouche allemande
avec balle à noyau découvert.
(V. pièce n° 20.)

Cartouches allemandes avec balles à noyau découvert.

Chargeur allemand à balles retournées.
(V. pièce n° 21.)

Chargeur allemand à balles tronquées.
(V. pièce n° 21.)

Cartouche de revolver allemand
à balle fendue.
(V. pièce n° 22.)

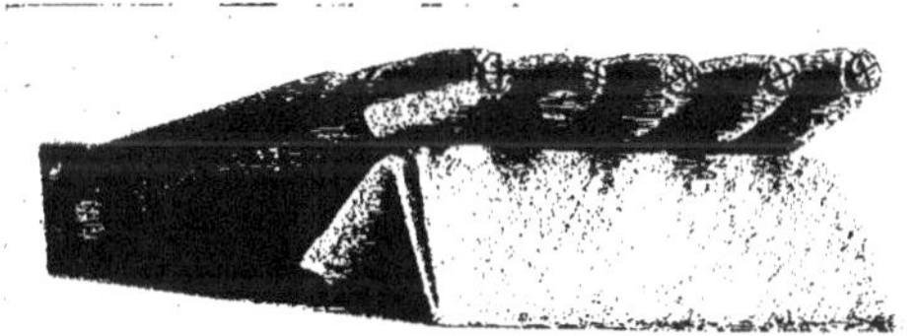

Chargeur allemand à balles sectionnées et fendues.
(V. pièce n° 23.)

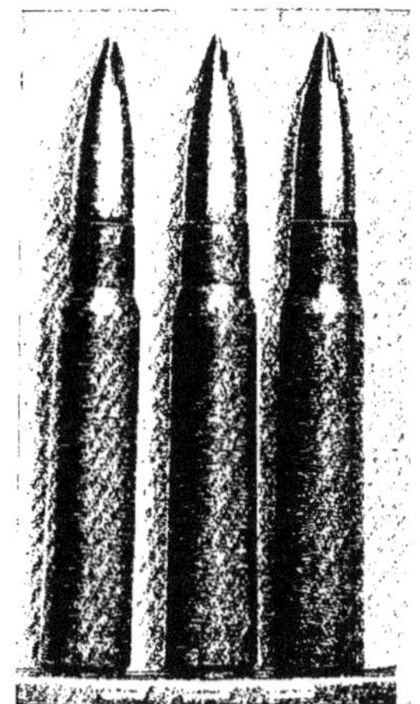

Cartouches allemandes
à balle fendue en croix.

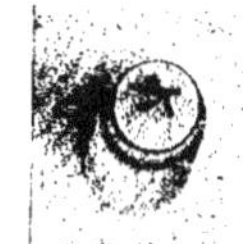

Cartouche allemande
à balle fendue en croix

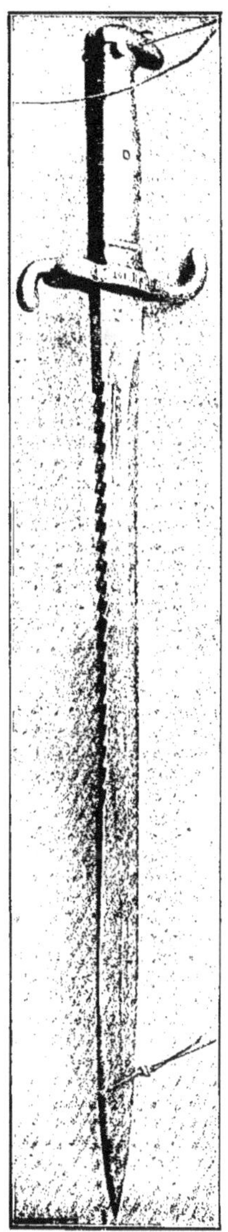

Baïonnette-scie allemande.
(V. pièces n°s 47 à 52.)

Cartouche allemande
à balle fendue en croix.
(V. pièce n° 21.)

Cartouches allemandes
à balle fendue en croix.

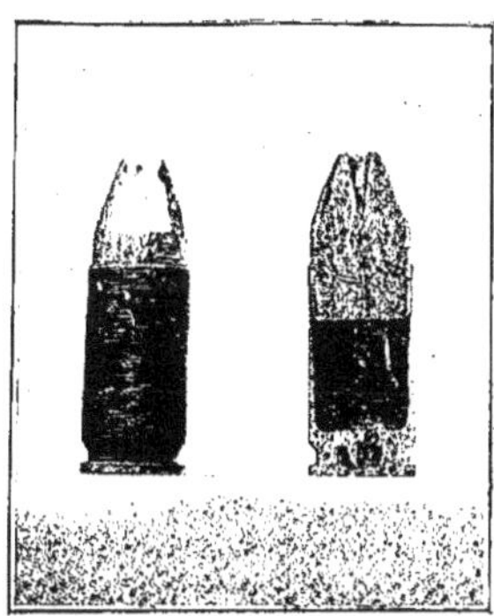

Cartouche de revolver allemand,
à balle «tête résistante à nez creux»
(V. pièce n° 25.)

Cartouche allemande
avec balle à entailles
longitudinales.
(V. pièce n° 26.)

Balle allemande
à entailles longitudinales,
après emploi.
(V. pièce n° 27.)

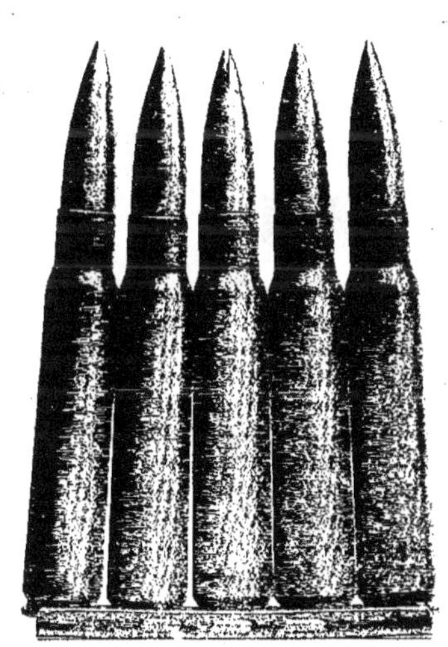

Chargeur allemand avec balle médiane
fendue en croix.
(V. pièce n° 28.)

Cartouche allemande
avec balle à noyau découvert.
(V. pièce n° 29.)

Cartouches de revolver allemand, à balle évidée.
(V. pièces nos 25 et 32.)

Extrait d'un carnet trouvé sur un prisonnier allemand.
(V. pièce n° 32.)

Suite du précédent.

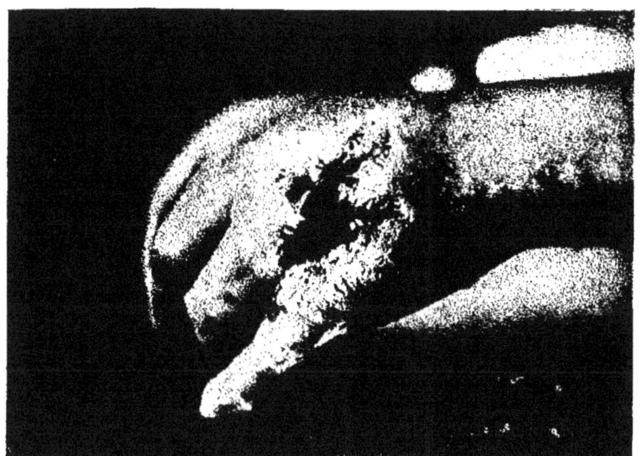

Blessure produite par une balle allemande.
(V. pièces n°s 33 et 34.)

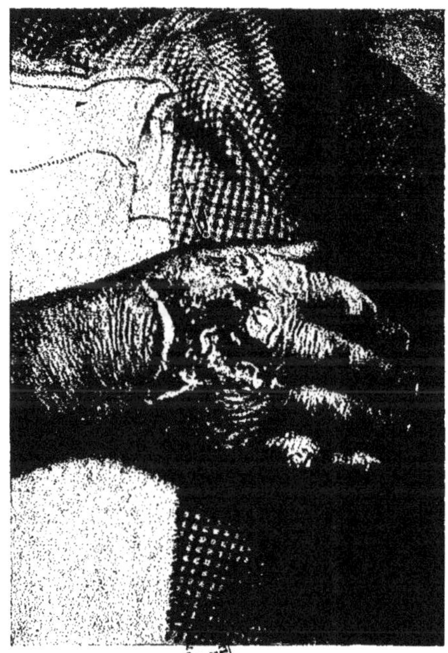

Blessure produite par une balle allemande.
(V. pièces n° 35 et 37.)

Blessure produite par une balle allemande
(V. pièces n°s 36 et 37.)

Blessure du soldat Hinterlang. — Orifice d'entrée.
(V. pièces n°s 41 et 46.)

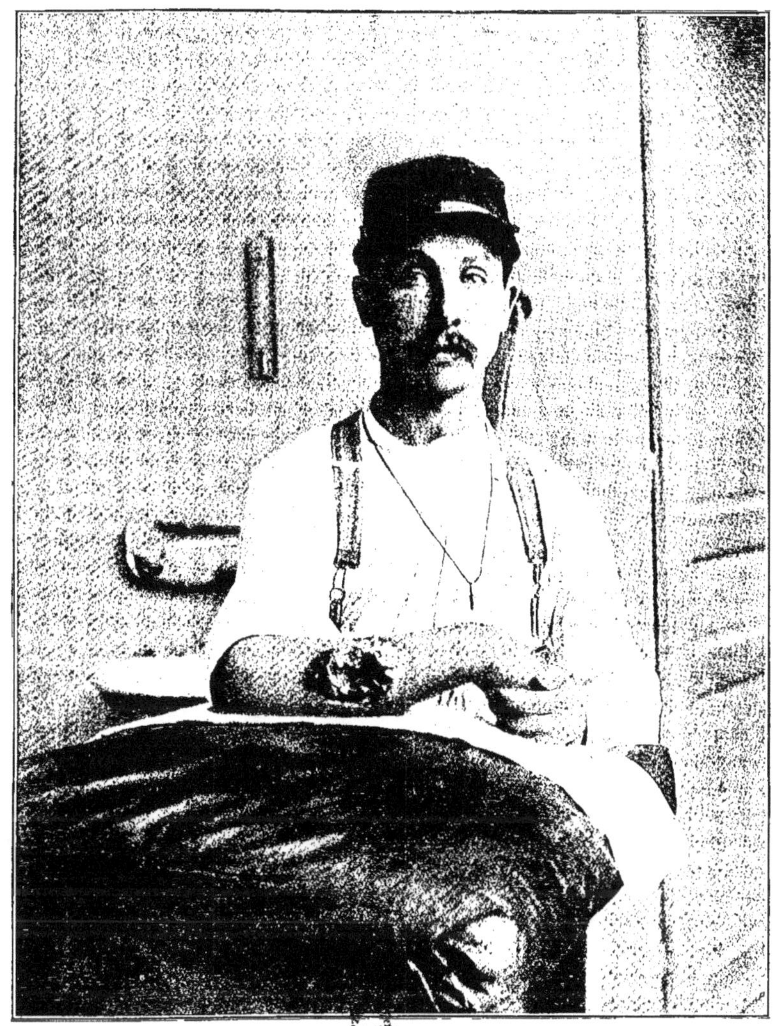

Blessure du soldat Heuerlang. — Orifice de sortie.
(V. pièces nos 41 et 16.)

18

aber wiederholt zurückge-
schlagen bekommen von
3 Seiten Feuer haben viele
Verluste unser Hauptman
u. Fähnerich Drewse tot,
haufen von verwundeten u.
Toten Deutsche u. Franzosen
liegen im Walde. Es war
ein fürchtbares ringen u.
kämpfen, kan mein dasein
nur unserem Hergott ver-
danken. Mit aller Mühe
u. anstrengung konte unsere
Fahne noch gerettet werden.
Wir sameln uns auf den
Rückzuge im Walde von
unser Kpnie 256 Man stark
sind nur noch 71 zurstelle.
Nachdem sich das Rgm ge-
samelt hat ziehen wir uns

19

zurück in das nächste Dorf
um dort zu übernachten,
denn es regnet stark.

Donerstag 27. Ag 1914
das Rgm wird eingeteilt. Aus dem
ersten u zweiten Batalion
wird eins formiert ich werde
der 5. Kpnie zugeteilt. Es komen
heute noch verschiedene Leute
zurück welche sich in der Nacht
im Walde verirrt haben. Unser
Major Mosebach ist ver-
wundet weist aber keiner wo
er hingekommen ist. Die
gefangenen u. verwundete
Franzosen werden alle er-
schossen weil sie unsere Verwundeten verstümpeln u.
mißhandeln Brigadebefehl.

Extrait du carnet du soldat allemand Anton Rothacher.
(V. pièce n° 70.)

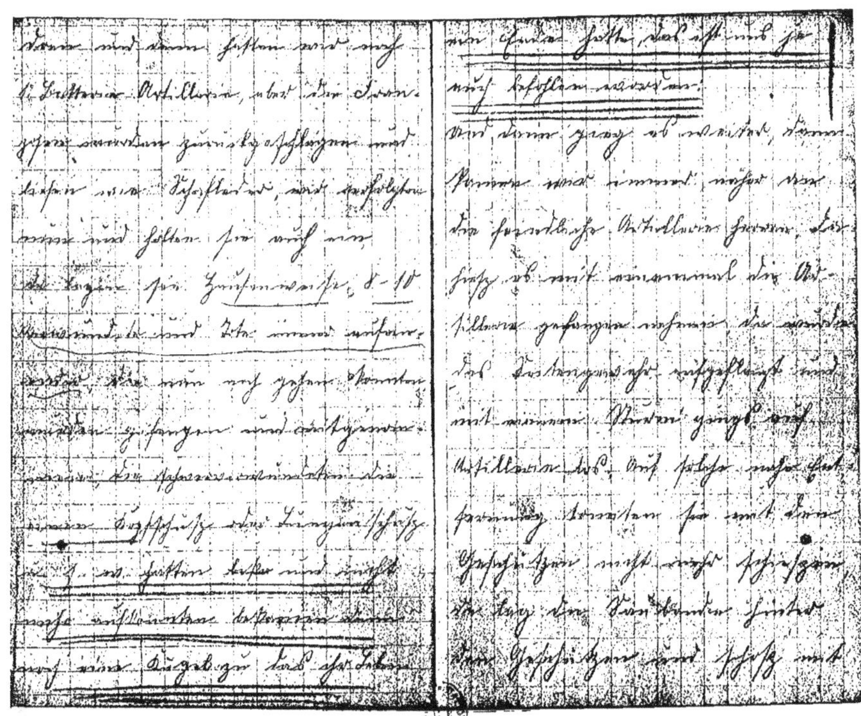

Extrait du carnet du soldat allemand Fahlenstein.
(V. pièce n° 109.)

Soldat Berjat.
(V. pièces nos 78 et 79.)

215 Feldpost.

Frau
A. Schütt,
Bremen
Schweizerstr. 16

Trouvé sur un prisonnier capturé par le D. A. B. le 29 avril.

Ad. Schütt XXIII Res. A. K. 215. Res. Inf. Regt. 4. Komp.

Schützengraben Lizerne, 24. IV. 1915.

[…]be Mutter!

Wie Du wohl schon aus der Zei[tun]g ersehen hast, ist es in dieser Gegend [tüch]tig vorgegangen. Wir haben einen [sch]önen Erfolg in schweren Gefechten errun[ge]n. Wir haben schwere Tage hinter & [n]och vor uns, wir sind noch nicht [a]m Ende, aber hoffentlich gibt dies [je]tzt den verd. Engländern den [Re]st. Wir haben ein neues Kampf[m]ittel angewendet gegen das [sie] einfach machtlos sind. [Wi]r liegen noch immer im Gefecht [Ta]g & Nacht Kanonendonner & Kra[ch]en von Granaten. Seit einer [W]oche habe ich keinen Hans mehr [ge]sehen im Sturm & Regen wollt [m]an hier kommen. Eine Lehm-

schicht von cm Dicke überzieht meinen ganzen Anzug. —

Ich fühle ich habe noch kei[n]e Sammlung, Dir zu berichten. Es geht mir noch immer gut. Vielleicht hat die Gefechtsbagage Gelegenheit, dies Kärtchen zu befördern. Wenn die Geschichte zu Ende ist, schreibe ich ausführlich. Die Nerven sind noch sehr überspannt. 8 Tage kein Schlafen mehr.

Mit den herzlichsten Grüssen
Dein
Adolf.

Lettre trouvée sur le prisonnier allemand Ad. Schutt.
(V. pièce n° 343.)

II/213 St. Jean 14/4. 15.

Bataillons-Befehl

1.) Die Komp. melden sofort ob Übungen im Herrichten u. Tragen von Sturmgepäck vorgenommen sind, und wie sich die Anbringung der grossen Spaten bewährt hat.

2.) Den Komp. gehen je eine Karte mit Abschnittseinteilg. zu. Die Neueinteilg. tritt mit dem 15. 4. in Kraft.

3.) Die in vorderer Linie liegenden Komp. haben dafür Sorge zu tragen, dass jeder Mann über Richtungspunkte u. Gefechtsstreifen im Gelände genau unterrichtet ist.

4.) Hinter den Rückenwehren sind Gräben auszuheben die es ermöglichen, dass die Mannschaften hinter den Rückenwehren genügend Deckung finden. 7. Komp. beginnt mit dem Bau v. Deckungsgr. nordwestl. d. Strasse Bixschoote–Lizerne. Nähere Anordn. an Ort + Stelle.

5.) Es ist fortdauernd mit den Nachbartruppen Fühlung zu halten und Meldungen u. Nachrichten mit ihnen auszutauschen.

6.) Das Gepäck ist folgendes: Sturmanzug; grosses und kleines Schanzzeug, Drahtscheeren, Handgranaten (einzelne Leute) Laufplanken, (jeder Halbzug 2) 250 Patr. pro Mann, 2 eis. Port. 4 leere Sandsäcke.

7.) Zum Empfang von 50 Drahtscheeren, 1750 Sandsäcken, 198 Spaten u. 16 Laufplanken stellt 7. Komp. am 14. 4. abends 8 30 ein Kommando an die Kirche Bixschoote.

8.) 5. Komp. empfängt heute mittag 540 Traggurte Patronen aus den Patron.-Wagen der 5. u. 8. Komp. 5. Komp. gibt je 138 Gurte an 6., 7. u. 8. Komp. ab.

Ordre de bataillon trouvé sur un prisonnier allemand.
(V. pièce n° 316.)

8.) Die Komp. melden tägl. mittags, daß Drahtscheeren, Sandsäcke (Laufplanken, Stielhandgranaten später) vollzählig vorhanden sind, daß jeder Mann im Besitz der 2 eis. Portionen u. 250 Patr. ist.

9.) Jeder Mann der Komp. ist mit einem Schutzpäckchen ausgerüstet, welche dauernd (außer auf Patrouille) in Händen der Mannschaften bleiben. Bestandmeldung tägl. mittags.

5., 6. u. 8. Komp. erhalten Schutzpäckchen aus den Vorräten aus St. Jean, 7. Komp. aus der Bereitschaft. 6. Komp. stellt sofort 2 Mann zur Empfangnahme der Pakete in St. Jean.

10.) 5. u. 8. Komp. stehen nach ihrer Ablösung gegen 9 Uhr zum Abmarsch nach Brieschoote bereit.

8. Komp. rechter Flügel der vorderen Linie bis einschl. Unterst. N: 14

5. Komp. linker Flügel.

6. " in Bultehoek nach Ablösung (Unterkunft aufs. 2 Mann vorausschicken) Verpflegung nach Ankunft an der Wegegabel Draaibank - Melane Cabt u. Bultehoek - Klosterschule.

11.) Die Komp. geben die Zahl der fehlenden bezüglichsw. zu erneuernden Verbandspäckchen an.

18 Hiesl.

Ordre trouvé sur un prisonnier allemand fait par le Détachement d'Armée de Belgique le 26 Avril 1915, appartenant au 2e Bataillon du 213e R.I.R. daté du 14 Avril 1915.

Au Q.G., le 3 Mai 1915.
Le Commandant Maderni,
Chef du 2e Bureau du D.A.B.

[signature]

Suite du précédent.

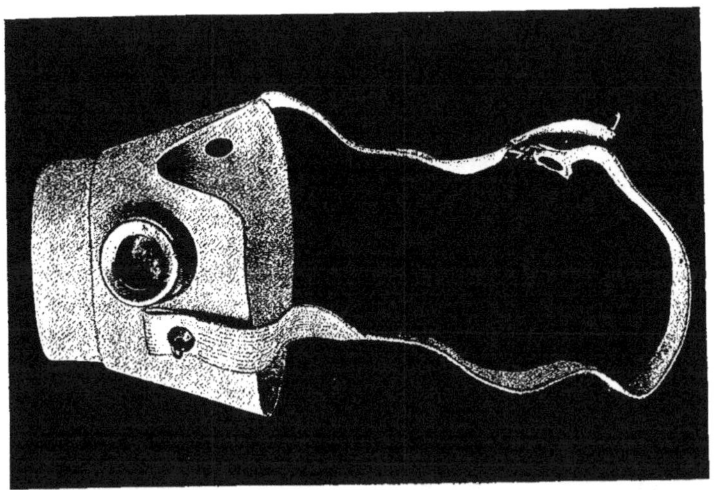

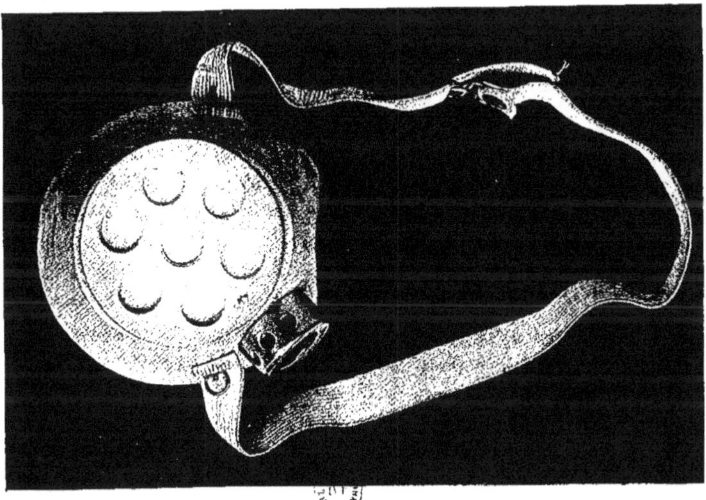

Masque respiratoire des soldats allemands employés à la manœuvre des appareils chargés de gaz asphyxiants.
(V. pièces nos 334 et 356.)

(Clichés de la Préfecture de Police.)

TABLE ALPHABÉTIQUE
DES COMMUNES ET LOCALITÉS CITÉES
DANS LES RAPPORTS DES 1ER ET 6 MAI 1915
ET
DANS LES PROCÈS-VERBAUX D'ENQUÊTE
ET DOCUMENTS DIVERS.

TABLE DES MATIÈRES.

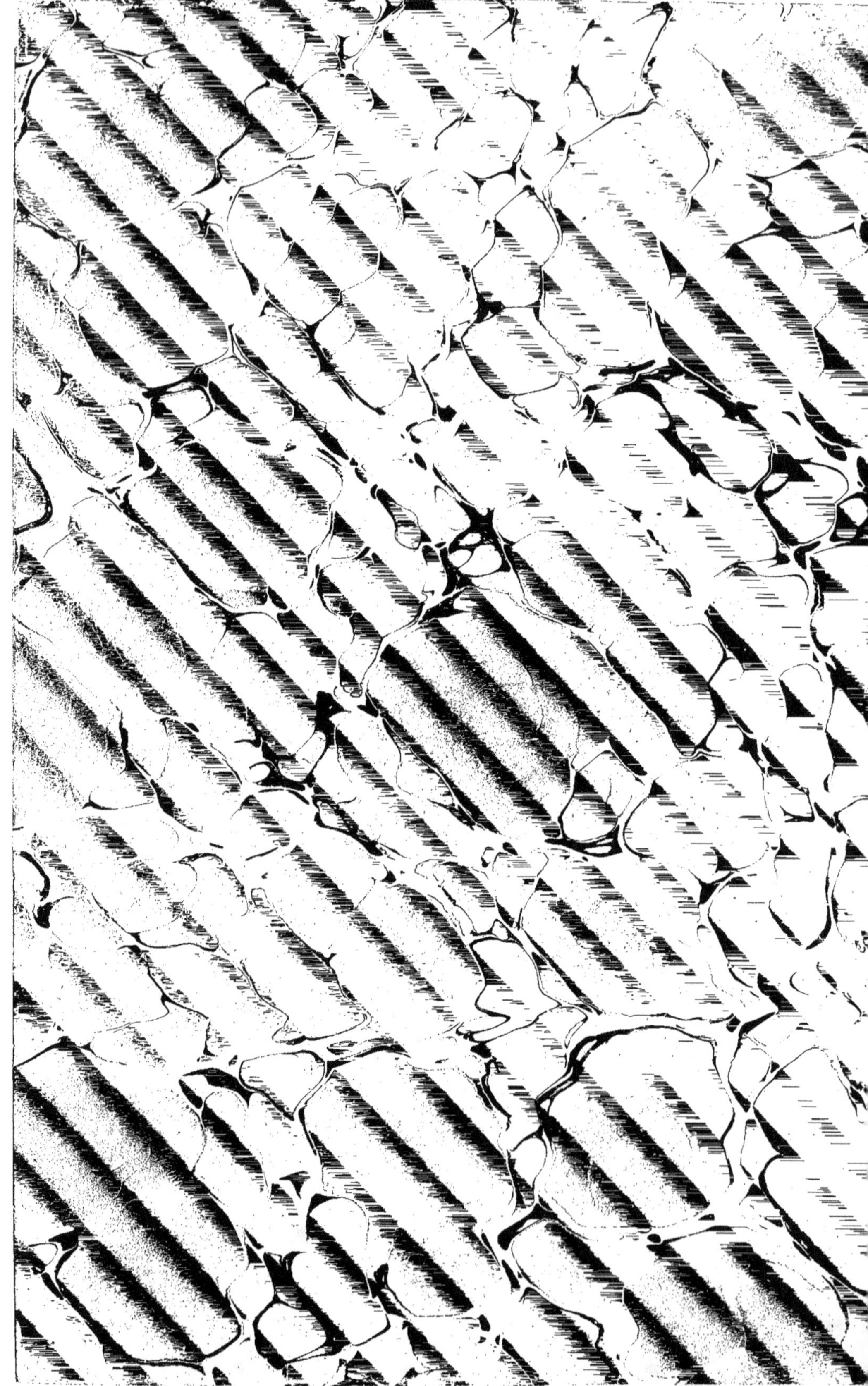

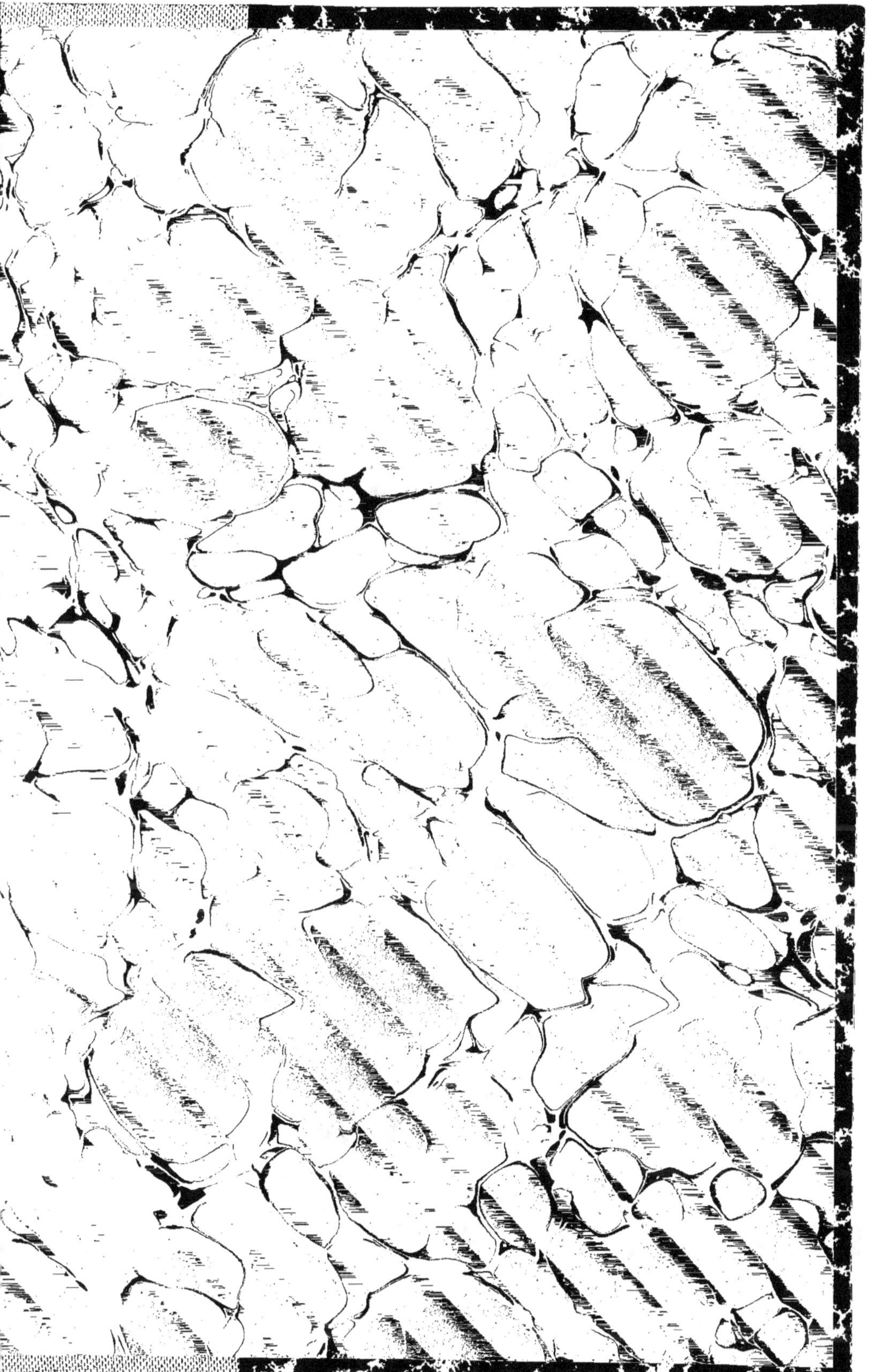

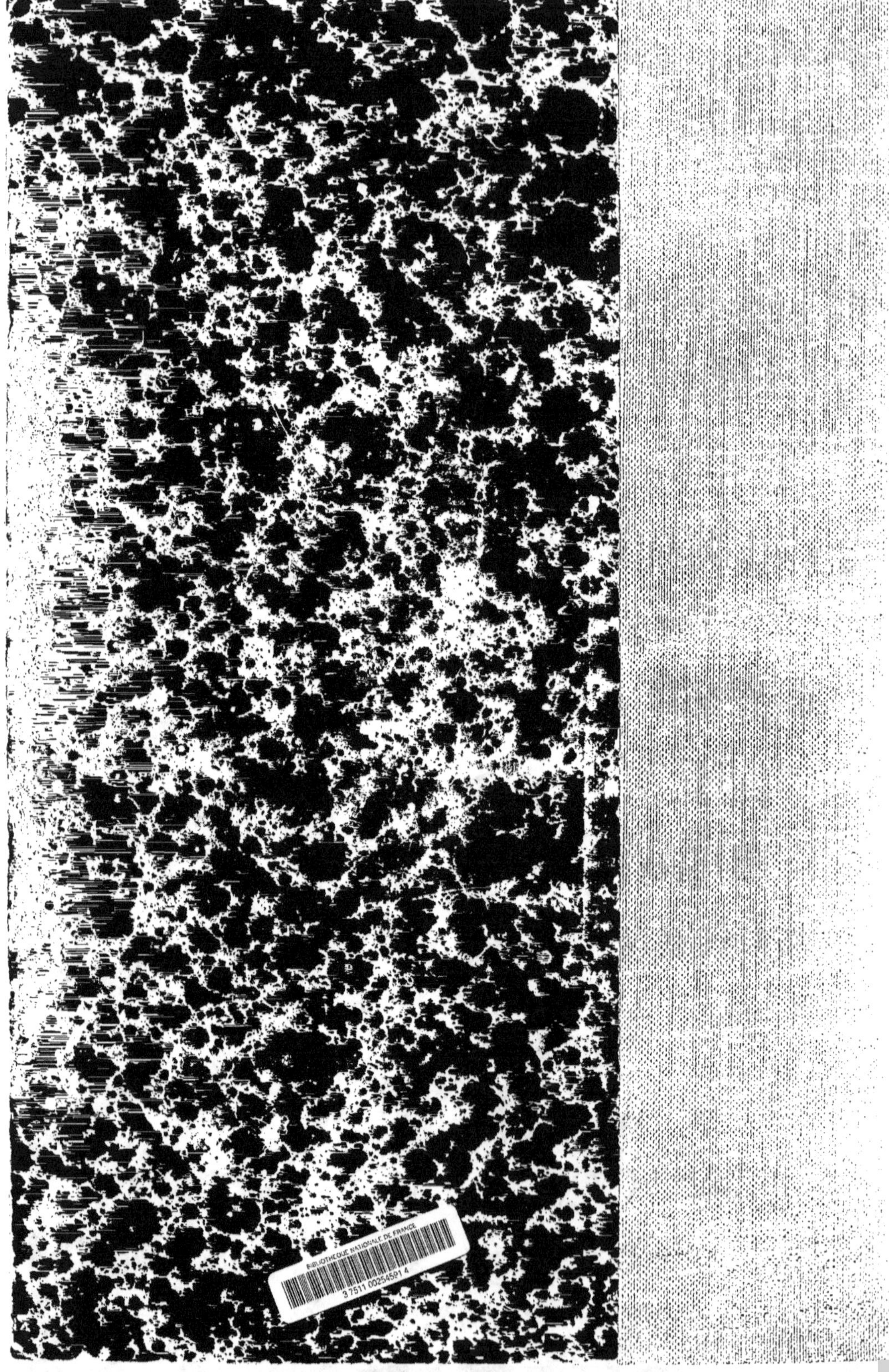

www.ingramcontent.com/pod-product-compliance
Lightning Source LLC
Chambersburg PA
CBHW070748270326
41927CB00010B/2105

* 9 7 8 2 0 1 9 5 9 5 2 2 7 *